원리가 보이는 C 프로그래밍

-프로그래머로 가는 맛있는 C언어 여행-

최 정 훈
김 석 우 공저

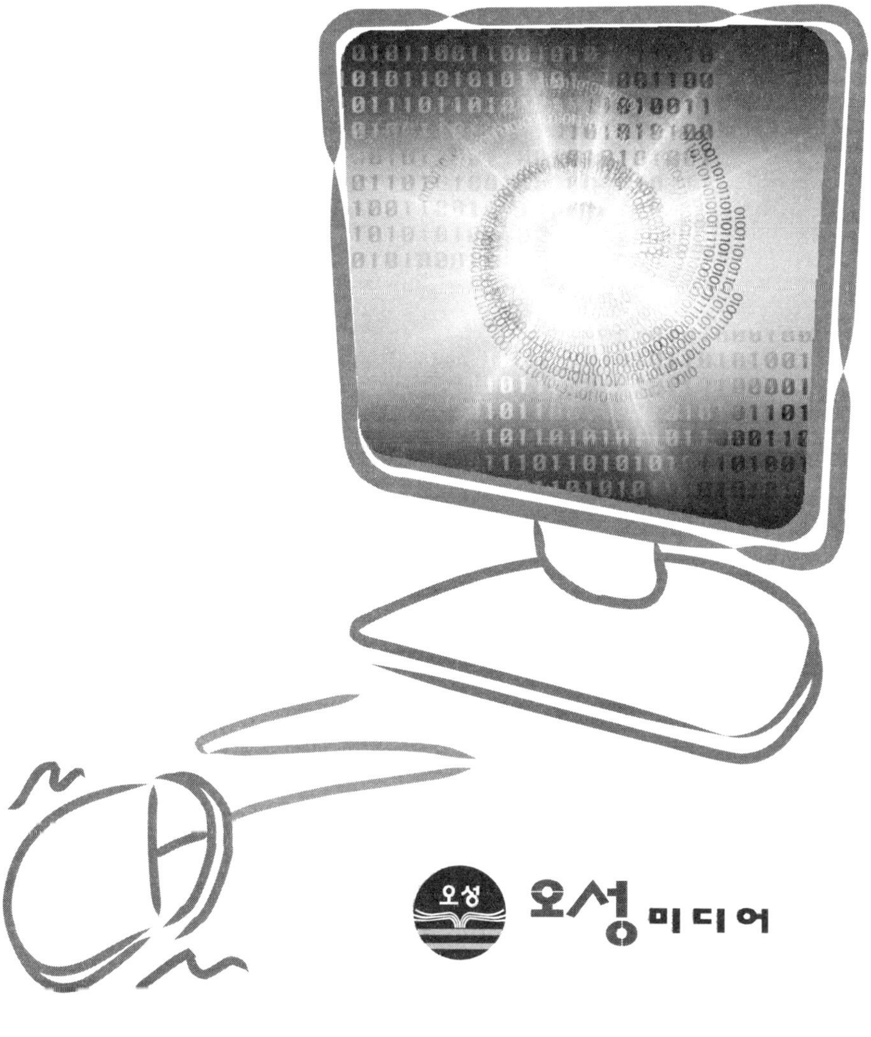

오성 미디어

머리말

C 언어는 간결하고 효율적이며 이식성이 높은 고급 컴퓨터 프로그래밍 언어이다. 또한 어셈블리어에 가까운 기술을 할 수 있으므로 시스템 제어에도 적절하게 이용할 수 있는 등 여러 가지 장점을 지닌 프로그래밍 언어로, 전산, 정보, 통신, 자동제어 관련 분야에서 광범위하게 사용되고 있다.

이러한 C 프로그래밍은 대학의 컴퓨터공학과, 전산학과, 정보통신공학과, 전자공학과, 자동제어공학과, 게임공학과 등의 많은 관련 학과에서 1980년대부터 강의가 시작되어 이제는 이미 C++와 함께 대부분 필수과목으로 지정되어 있고 심지어 비전공학과에서도 교양과목으로 수강하고 있는 상황이지만 여전히 학생들은 스트레스를 받으며 어렵게 프로그래밍 공부를 하고 있는 것 또한 사실이다.

컴퓨터 프로그래밍 언어의 습득을 단순히 매뉴얼과 같은 교재를 통해 문법 사항을 암기하는 것으로 해결해보려는 것은 마치 사전과 문법 암기만으로 영어를 공부한 학생이 미국인을 만나려는 상황과 같다. 컴퓨터 프로그래밍은 이론 암기가 아니고 수영과 같이 지저분한 물을 마셔가며 온몸으로 실행하며 익히는 과정을 거쳐야 한다. 자기 스스로 여러 문제에 대한 프로그램을 직관적인 이해와 알고리즘을 바탕으로 컴퓨터에서 작성하고 수많은 디버깅 과정을 거치면서 나오는 결과를 보면서 자신도 모르게 재미를 느끼고 실력이 붙는 것이다.

이 책은 이러한 점을 염두에 두고 집필 방향을 결정하였다. 즉 이 책은 친근감 있는 문체로 쉽고 재미있고 친절하게 개념을 설명하고 실습 예제로 확인하면서 이해가 되도록 구성하였다. 따라서 C 언어의 초보자는 대학의 1학기 16주 수업에 맞추어 16장으로 구성된 이 책을 흥미를 가지고 한주, 한주 따라하다 보면 컴퓨터 프로그래머가 될 것이라고 확신한다. 물론 이미 경험 있는 프로그래머에게도 소중한 참고 자료가 되리라 생각한다.

끝으로 이 책이 나올 수 있도록 여러모로 도움을 주신 오성 출판사 오성결 사장님께 감사를 드린다.

2011. 2.
최정훈, 김석우 씀.

차 례

제1장. 처음 만나는 C언어 ······ 1

1.1 C언어의 역사 ······ 4
1.2 C언어의 소개 ······ 7
1.3 컴퓨터는 어떻게 동작할까요? ······ 9
1.4 프로그래밍 언어가 무엇일까? ······ 12
1.5 프로그램은 어떤 절차로 만들죠? ······ 14
1.6 프로그램 제작 환경 ······ 23
1.7 C프로그램의 기본 모습 갖추기 ······ 29
연습문제 ······ 34

제2장. C언어 기본 다지기 ······ 35

2.1 변수의 깊은 의미 ······ 38
2.2 변수에는 무엇을 담죠? ······ 41
2.3 변수의 선언 ······ 42
2.4 printf()함수와 scanf()함수 ······ 49
2.5 형변환 ······ 59
연습문제 ······ 69

제3장. 너무 쉬운 기본 문법 I ······ 71

3.1 대입 연산자 ······ 76
3.2 산술 연산자 ······ 78
3.3 증가, 감소 연산자 ······ 81
3.4 관계, 논리 연산자 ······ 85
연습문제 ······ 92

제4장. 너무 쉬운 기본 문법 II 93

4.1 복합 대입연산자 97
4.2 조건부 연산자 100
4.3 나열 연산자 103
4.4 sizeof 연산자 105
4.5 연산자 우선순위 108
연습문제 111

제5장. 마법 같은 조건 분기 제어문 111

5.1 조건 분기문 if 116
5.2 다중 조건 분기문 switch~case문 132
연습문제 139

제6장. 마법 같은 반복 제어문 139

6.1 while문 144
6.2 do~while문 153
6.3 for문 157
연습문제 173

제7장. 내가 만드는 함수 173

7.1 표준 함수와 사용자 정의 함수 180
7.2 내가 만드는 함수 182

7.3 값을 반환하는 함수 ········· 189
7.4 함수의 매개변수 전달 ········· 194
연습문제 ········· 203

제8장. 배열(Array) ········· 203

8.1 배열이란? ········· 208
8.2 배열의 초기화 ········· 216
8.3 다차원 배열 ········· 220
연습문제 ········· 228

제9장. 메모리의 마술사 포인터(Pointer) ········· 229

9.1 포인터란 무엇일까요? ········· 233
9.2 포인터 변수 선언 ········· 235
9.3 포인터 변수의 초기화 ········· 238
9.4 배열과 포인터는 찰떡궁합 ········· 242
9.5 포인터의 연산 ········· 247
9.6 잘못된 포인터 사용 예 ········· 250
연습문제 ········· 252

제10장. 문자열은 이렇게 다뤄요! ········· 253

10.1 문자열의 초기화 ········· 257
10.2 포인터를 이용한 문자열의 참조 ········· 263
10.3 문자열 처리 함수 ········· 267

연습문제 ········ 276

제11장. 변수에 옷 입히기 ········ 277

11.1 전역 변수 ········ 283
11.2 지역 변수 ········ 288
11.3 정적 변수 ········ 291
11.4 레지스터(Register) 변수 ········ 295
11.5 상수 선언 ········ 297
연습문제 ········ 300

제12장. 구조체로 붕어빵 틀 짜기 ········ 303

12.1 구조체란? ········ 307
12.2 구조체 배열 ········ 319
12.3 구조체의 중첩 사용 ········ 322
12.4 구조체와 포인터 ········ 326
연습문제 ········ 330

제13장. 파일 입출력 ········ 331

13.1 파일 열기와 닫기 ········ 335
13.2 파일 입 출력 함수 ········ 340
13.3 오류 처리 함수 ········ 354
13.4 임의 접근 함수 ········ 358
연습문제 ········ 365

제14장. 동적 메모리 할당 ······ 365

14.1 메모리의 할당 방식 ······ 369
14.2 동적 할당의 필요성 ······ 371
14.3 동적 메모리 생성과 해제 ······ 373
연습문제 ······ 384

제15장. 비트(Bit)야 놀자! ······ 385

15.1 10진수와 2진수 ······ 389
15.2 시프트 연산자 ······ 393
15.3 비트 논리 연산자 ······ 395
연습문제 ······ 402

제16장. 선행처리기(Preprocessor) ······ 403

16.1 #define문 ······ 408
16.2 매크로 함수 ······ 412
16.3 SWAP 함수 ······ 415
16.4 #include문 ······ 417
16.5 #undef문 ······ 422
16.6 #if, #elif, #else, #endif, #ifdef, #ifndef 문 ······ 424
16.7 기타 선행처리기 ······ 430
16.8 그 밖의 기능 ······ 433
연습문제 ······ 447

부록 ·· **447**

부록 A. C 표준 함수 ·· 450

부록 B. ASC II CODE TABLE ·· 462

실습문제 해답 ·· **463**

찾아보기 ·· **489**

제 1 장

처음 만나는 C 언어

1.1 C 언어의 역사

1.2 C 언어의 소개

1.3 컴퓨터는 어떻게 동작할까요?

1.4 프로그래밍 언어가 무엇일까?

1.5 프로그램은 어떤 절차로 만들죠?

1.6 프로그램 제작 환경

1.7 C 프로그램의 기본 모습 갖추기

개 요

컴퓨터 프로그램 개발은 컴퓨터로 해결하고자 하는 문제를 정의하고, 문제 해결방법을 프로그램 언어로 기술하는 작업입니다. 따라서 컴퓨터를 이용한 프로그래밍을 하기위해서는 컴퓨터의 기본 구성 원리를 이해하고 있어야 합니다.

C 프로그램은 C 언어를 이용하여 소스 프로그램을 작성하고, 이 프로그램을 컴파일러를 사용하여 컴퓨터에서 실행할 수 있는 프로그램으로 번역하여야 합니다.

C 프로그램은 하나 이상의 함수로 이루어져 있습니다. C 프로그램은 main() 함수의 첫 문장에서부터 끝 문장까지 순차적으로 실행하기 때문에 main() 함수는 필수적입니다.

학습목표

* 프로그램의 개발 절차에 대하여 이해합니다.
* 컴퓨터의 기본 구성과 원리를 이해합니다.
* C 프로그램의 개발 절차를 이해하고 자신이 사용하는 컴파일러의 개발 환경을 숙지합니다.
* C 프로그램의 기본 구성과 실행 방식에 대하여 이해합니다.

제 1 장 : 처음 만나는 C언어

1.1 C 언어의 역사
1.2 C 언어의 소개
1.3 컴퓨터는 어떻게 동작할까요?
1.4 프로그래밍 언어가 무엇일까?
1.5 프로그램은 어떤 절차로 만들죠?
1.6 프로그램 제작 환경
1.7 C 프로그램의 기본 모습 갖추기

제1장. 처음 만나는 C 언어

처음 만나는 C 언어에 대한 전반적인 내용을 알아봅니다. C 언어가 등장한 역사와 소개, C 언어를 이용하여 프로그래밍을 하기 위한 컴퓨터의 기본 구성 원리와 동작, 프로그래밍 언어에 대한 기본지식에 대해서 살펴보도록 하겠습니다.

C Programming

1.1 C 언어의 역사

- C언어의 역사
  - 1972년 : Dennis Ritchie가 개발
  - 1980년대: 표준화 작업 시작 : 미국국립표준협회 ANSI(American National Standards Institute)
  - 1989년 : C언어 표준 제정 : ANSI C(C89)
  - 1990년 : 국제표준화기구(ISO)에서 ISO표준 발표
- C언어의 장점
  - 프로그래머가 작업하기에 효율적이고 편리하게 디자인된 언어
  - 이식성이 좋고 유연하다
  - 절차식 프로그래밍 방식
  - 모듈식(Modular) 프로그래밍 방식
  - 강력한 포인터 기능
  - 융통성이 좋고 확장성이 강하다.

1.1 C 언어의 역사

미국의 Bell 연구소에서 컴퓨터의 운영체계로 UNIX를 개발하여 사용하였는데, 어셈블리 언어로 작성되어 있어서 다른 기종의 컴퓨터와 호환성 측면에서 큰 불편함이 대두되어 1972년 시스템 프로그래머인 Dennis Ritchie가 C 언어를 개발하였습니다.

C 언어는 프로그래머들이 효율적으로 작업을 할 수 있도록 편리하게 디자인된 언어로 평가받았으며, 매우 강력하고 유연성 있는 언어로 각광 받으며 80년대부터 전 세계적으로 확장되면서 89년도와 90년도에 C 언어의 표준안이 제안되었습니다.

1980년대 초반 미국 정부는 프로젝트에 사용하기 위해 미국 국립 표준 협회 ANSI(American National Standards Institute)에서 표준화 작업을 시작하였으며, 1989년에 C 언어의 표준을 제정하였습니다. 지금 세계적으로 사용되고 있는

C 언어의 표준도 이 때 제정된 것을 따르고 있으며, 이것을 우리는 ANSI C라고 부르며 단순히 C89라고도 부르고 있습니다.

국제 표준화 기구인 ISO(International Organization for Standardization)는 C 언어의 국제 표준화를 위해 ANSI C의 표준화 과정을 감독하였으며, 1990년에 ISO표준을 발표하였습니다.

모든 응용프로그램의 근간이 되고 가장 보편적으로 사용하고 있는 C 언어는 프로그래밍 언어로서 많은 장점을 가지고 있습니다.

▣ 이식성이 좋고 유연합니다. 거의 모든 컴퓨터 환경에서 소스를 거의 수정하지 않고도 그대로 파일로 만들어 실행시킬 수 있습니다.

▣ 절차식 프로그래밍 방식을 사용함으로써 규모가 큰 프로그램을 작성할 때 오류를 좀 더 찾기 쉽게 해줍니다.

▣ 사소한 문제가 될 것들은 문제 삼지 않습니다. 즉, 언어가 제한하는 것이 적기 때문에 프로그래머는 상상력만 된다면 거의 모든 것을 C로 구현할 수 있습니다.

▣ 모듈식(Modular) 프로그래밍 방식을 사용함으로써 다수의 소스 코드 파일을 분리하여 작성한 후에 하나로 합쳐 사용할 수 있습니다. 물론, 분리된 소스들을 필요한 프로그램에 붙여서 쓰는 것도 가능하기 때문에 소스의 재사용과 같은 효율적인 작업이 가능합니다.

▣ C 언어는 기존 언어와는 달리 포인터를 이용하여 컴퓨터 메모리에 간접적으로 접근할 수 있으며, 메모리를 효율적으로 관리하면서 프로그램을 작성할 수 있습니다. 이는 비교적 적은 메모리로 구성된 하드웨어에서도 프로그램을 효율적으로 개발 할 수 있다는 의미를 갖습니다.

▣ 예약어(키워드)는 최소한으로 필요한 것만을 갖고 있습니다. 예약어라는 것은 언어가 몇 개의 단어들을 명령어로 지정해둔 것인데, 그 단어들은 사용자가 다른 용도로 쓸 수 없는 것입니다. 그런데 C는 꼭 필요한 것 외에는 사용자의 표현의 자유를 허용해줍니다.

▣ 융통성이 좋고 확장성이 있습니다. 언어가 제공하는 형식 외에도 사용자가 관련된 자료들을 묶어서 하나의 구조화된 자료형태로 쓴다든가 하는 것이 전부 가능하게 됩니다.

1.2 C 언어의 소개

- C 언어는 응용소프트웨어 및 하드웨어를 직접 제어할 수 있는 강력한 시스템 소프트웨어
- C 언어가 적용된 분야 : 각종 가전제품, 산업 장비, 공장 자동화 장비, 비행기, 선박, 자동차, 의료장비등
- 컴퓨터 운영 언어 : 각종 장비에 탑제된 컴퓨터를 구동하여 주변 부품 및 장비를 제어하고 정밀하고 반복적인 일을 수행
- C 언어는 사람과 컴퓨터 간의 의사 소통을 하기 위한 프로그래밍 언어

1.2 C 언어의 소개

C 언어는 지금까지도 수많은 프로그래머들에게 인정받아온 컴퓨터 언어이며, 응용 소프트웨어 및 하드웨어를 직접 제어하는 강력한 시스템 소프트웨어를 만들 수 있는 언어입니다.

C 언어를 배우기 이전에 여러분은 과연 C 언어가 어디에 적용되고 어떻게 구현되는지, 또한 C 언어를 배우면 무엇을 할 수 있을 것인지 궁금하실 것입니다.

우리 주변에 흔히 볼 수 있는 TV, 냉장고, 세탁기 등의 가전제품과 자동차, 전투기, 각종 산업 장비, 공장 자동화 장비 등은 인간의 편리함을 목적으로 사람이 반복적으로 해야 할 일을 대신하기위해 만들어진 전자 제품 또는 장비들입니다. 이들 각 장비 내부에 탑재되어 있는 핵심 전자 부품 모듈은 사람의 두뇌와 같은 역할을 하는 소형 컴퓨터로 구성되어 있으며, 주변 기계 및 부품들을 제어하여 동작시키는 기능을 합니다.

즉, 프로그래밍 언어인 C 언어는 이러한 전자제품 또는 장비들이 동작 할 수 있

도록 내장 탑재된 컴퓨터를 구동하도록 하여서 주변 하드웨어를 제어하고 정밀하고 반복적인 일을 수행하는 역할을 합니다. 또한 알고리즘(Algorithm) 개발, 모바일과 유비쿼터스 내부의 미들웨어(Middleware) 개발, 어플리케이션(Application)을 개발하기 위한 언어로도 C 언어가 많이 사용됩니다.

C 언어는 수많은 컴퓨터 프로그래밍 언어 중 하나입니다. 우리나라 사람이 한국어를 쓰고 미국인이 영어를 쓰고 일본인이 일본어를 사용하듯이, 사람과 컴퓨터가 대화를 통해 의사소통을 하기 위해서는 C 언어와 같은 프로그래밍 언어가 필요한 것입니다. 즉 프로그래밍 언어는 사람의 언어를 컴퓨터가 인식 할 수 없기 때문에 서로간의 통역 역할을 하는 것이랍니다.

그렇다면 프로그래밍 언어인 C 언어를 이용하여 어떻게 컴퓨터와 의사소통을 한다는 것일까요? 이를 이해하기 위해서는 우리는 기본적인 컴퓨터의 구성요소와 작동원리에 대해 알고 있어야 합니다.

C Programming

1.3 컴퓨터는 어떻게 동작할까요?

- C 언어는 컴퓨터를 구동하는 프로그래밍 언어
- 컴퓨터
  - 주어진 명령만 수행하는 기계
  - 컴퓨터의 기본 언어 : 전기 신호의 유무 0(OFF)과 1(ON)
  - 하드웨어(Hardware) : 컴퓨터를 구성하는 물리적인 장치(Device)를 의미
  - 소프트웨어(Software) : 컴퓨터가 수행할 작업을 지시하는 명령어의 집합 (프로그램)
- 컴퓨터의 주요 구성
  - CPU(Central Processing Unit) : 명령에 대한 연산 및 계산 등의 처리
  - RAM(Random Access Memory) : 데이터를 저장 할 수 있는 기억 장소
  - 컴퓨터는 기억장치 RAM에 저장된 기계어의 명령을 읽은 후 프로세서 CPU의 명령을 처리

1.3 컴퓨터는 어떻게 동작할까요?

컴퓨터는 어떤 원리로 동작하는지 기본 원리와 구성요소에 대해 간단히 알아보도록 하겠습니다.

여러분은 어렸을 적에 전지와 전선을 연결해서 전구에 불을 켜본 적이 있나요? 스위치를 열었다 닫음으로써 불이 켜지고 꺼지는 것을 본적이 있을 것입니다.

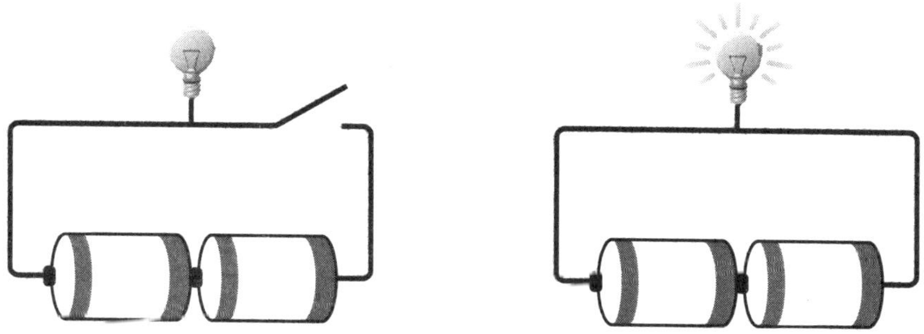

스위치를 열고 닫음으로써 전구에 불이 켜지고 꺼지는 원리가 컴퓨터 동작의 기본 원리라고 볼 수 있습니다. 스위치를 닫았을 때 전구에 불이 켜지는 것을 1로 표현하고, 스위치를 열었을 때 불이 꺼지는 것은 0으로 표현할 수 있으며, 이것이 바로 컴퓨터의 기본 언어로 사용된답니다. 즉, 컴퓨터는 기계에 불과하기 때문에 전기적인 신호의 유무를 나타내는 0과 1의 언어를 이용하여 동작하고 명령처리를 수행하는 것입니다.

컴퓨터의 주요 구성은 명령을 처리하는 프로세서(Processor)인 CPU(Central Processing Unit)와 데이터를 저장 할 수 있는 기억장치(Memory)로 이루어져 있습니다. 컴퓨터는 기억장치에 저장된 기계어의 명령을 읽은 후 프로세서에서 명령을 처리하게 됩니다. 여기서 기억장치를 주기억 장치(Main Memory Unit) 또는 램(RAM : Random Access Memory)이라고 부릅니다.

C Programming

1.3 컴퓨터는 어떻게 동작할까요?

□ **컴퓨터의 동작 원리**

- 컴퓨터는 사람이 할 일을 대신해주는 기계이다.
- 사람의 명령을 컴퓨터가 수행하기 위해 컴퓨터가 인식할 수 있는 언어(프로그램)로 변환하는 작업이 프로그래밍이다.
- 컴퓨터는 전기적 신호 유무인 0, 1의 2진 기계어 형태로 동작한다.
- 컴퓨터는 수행 프로그램을 하드디스크와 같은 저장장소에 저장한다.
- 저장된 프로그램이 실행되면 0, 1의 조합된 명령을 기억장소인 램에 로딩한다.
- 램에 로딩된 데이터를 CPU가 읽어와서 이를 해석한 후 처리한다.
- 처리된 결과를 모니터 등으로 출력 결과를 확인한다.

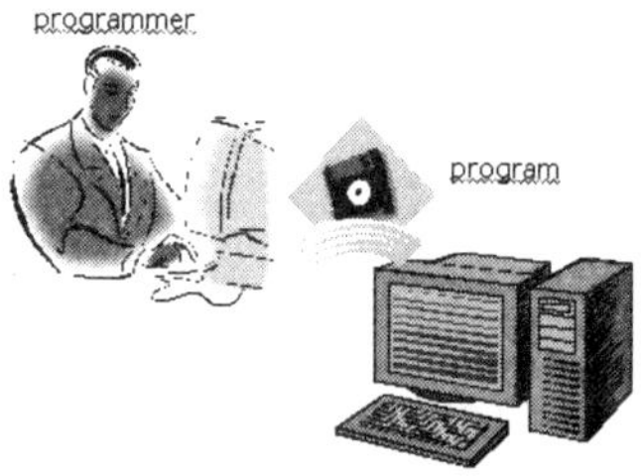

세부 동작 원리를 살펴보면, 컴퓨터는 기본 언어인 0, 1의 조합된 명령을 기억장소인 램에 저장하고 CPU가 저장된 데이터를 읽어 와서 명령에 대한 연산 등의 처리를 수행합니다. CPU에서 처리한 결과를 다시 램에 저장하고 이를 모니터에 지정된 형식으로 출력하거나 기타 장치에 처리 결과를 보내는 일을 하게 되는 것입니다.

전구를 연결하여 불을 밝혔던 기본 원리로부터 발전된 각종 디지털 부품들을 이용하여 전자부품들이 구성되고 이러한 하드웨어 부품들이 조합되어 컴퓨터가 구성되는 것입니다. 컴퓨터는 이러한 원리로 동작되는 것이랍니다.

C Programming

1.4 프로그래밍 언어가 무엇일까?

- 프로그램
  -

- 프로그래밍 언어
  -
  -
  -

- 컴파일
  -

1.4 프로그래밍 언어가 무엇일까?

컴퓨터는 사람이 해야 할 어떠한 문제를 대신 해결하기 위해 만든 기계에 불과합니다. 이러한 컴퓨터가 정해진 절차대로 일을 수행 할 수 있도록 실행할 동작들의 순서를 프로그래밍 언어로 기록해 놓은 것을 프로그램이라고 합니다. 이러한 프로그램을 작성하기 위해서는 컴퓨터가 인식할 수 있는 약속된 문자와 기호를 이용하여 만들어지며, 이러한 언어를 컴퓨터 프로그래밍 언어라고 합니다.

즉, 사람의 명령을 직접 컴퓨터가 알아들을 수 없기 때문에 컴퓨터가 인식할 수 있는 언어로 다시 변환한 것을 프로그래밍 언어라고 하는 것입니다.

사람이 프로그램을 만들어주면 컴퓨터는 그 프로그램의 순서대로 일을 하게 되는 것입니다.

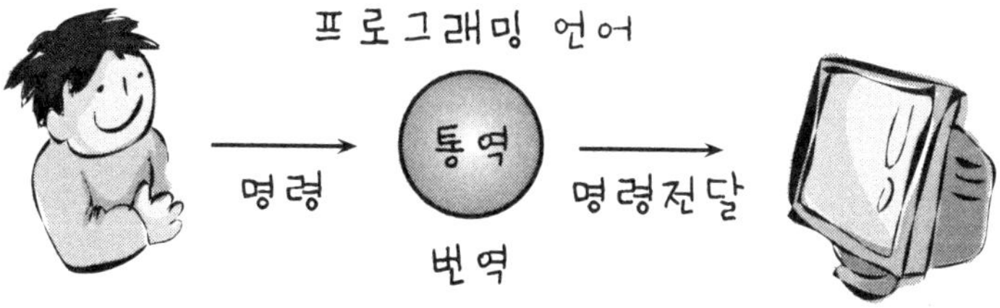

프로그래밍을 구성하는 프로그래밍 언어는 수행하는 일의 목적에 따라 종류가 많습니다. C 언어를 비롯하여 개발 목적에 따라 Visual C++, C++, JAVA, Visual Basic 등등의 수많은 프로그래밍 언어가 있으며, 우리가 사용하는 영어, 일어, 한국어, 불어 등의 외국어처럼 각 프로그래밍 언어도 서로 다른 문법 체계로 구성되어 있답니다.

컴퓨터는 이러한 여러 종류의 컴퓨터 언어를 모두 알아듣고 동작을 수행 할 수 있을까요?

컴퓨터가 오로지 인식하고 알아들을 수 있는 언어는 기계만이 인식 할 수 있는 2진 명령의 집합인 기계어뿐입니다. 따라서 프로그래머가 CPU에게 명령을 내리기 위해서는 프로그램 코드를 작성하고, 작성된 코드를 컴퓨터가 인식할 수 있는 기계어로 번역을 해주어야 합니다. 이처럼 프로그램 언어를 기계어로 바꾸어 주는 것을 컴파일(Compile)이라고 합니다.

컴파일을 하는 방법은 컴파일러라는 번역기가 프로그램 코드를 기계어로 자동 변환을 해줍니다.

C 언어를 비롯한 프로그래밍 언어는 우리 인간이 사용하는 언어와 유사하기 때문에 일반적인 영문자 등을 이용하여 쉽게 프로그래밍 하여 프로그램을 만들고, 이를 컴파일러를 이용하여 컴퓨터가 인식할 수 있는 기계어 즉 0, 1의 디지털 값으로 번역된 기계 프로그램으로 변환하게 되는 것입니다.

1.5 프로그램은 어떤 절차로 만들죠?

❑ **프로그램의 작성 절차**
- 1) 문제의 정의 및 분석
- 2) 알고리즘 작성
- 3) 프로그램의 작성
- 4) 프로그램의 번역, 테스트, 수정
- 5) 프로그램의 문서화, 유지보수

❑ **문제의 정의 및 분석**
- 컴퓨터에게 시키고자 하는 업무의 범위를 파악하고 전산화의 타당성과 기대효과를 검토하여 효율적인 프로그램을 작성하기 위한 준비과정

❑ **알고리즘(Algorithm)**
- 프로그래밍 전 문제의 해결 단계를 논리화, 구조화하는 작업
- 문제를 풀 때 컴퓨터가 수행하는 처리 절차(순서도, 의사코드..)

1.5 프로그램은 어떤 절차로 만들죠?

컴퓨터를 이용하여 어떤 문제를 해결하기 위해서는 데이터를 입력하여 논리적인 순서에 따라 처리한 후 출력할 수 있는 프로그램이 작성되어야 합니다. 좋은 프로그램은 사용자가 쉽게 배우고 활용 할 수 있어야 하고, 그 업무 성격에 따른 신속성과 정확성이 보장 되어야 하며, 컴퓨터의 하드웨어 자원을 절약하고, 프로그램의 내용을 다른 사람이 쉽게 이해할 수 있어야 한답니다. 이와 같은 요건을 동시에 만족하는 프로그램을 작성하는 것은 매우 어렵지만 프로그램 작성 시 이러한 요건을 만족시키기 위해서 최대한 노력해야 합니다.

프로그램이란 어떤 일을 완성하기 위하여 컴퓨터가 수행해야 할 순서에 따라 프로그래밍 언어로 명령문을 나열해 놓은 것으로 구체적인 프로그래밍 절차는 다음과 같습니다.

1) 문제의 정의 및 분석
2) 알고리즘 작성
3) 프로그램의 작성
4) 프로그램 번역, 테스트, 수정
5) 프로그램의 문서화, 유지보수

(1) 문제의 정의 및 분석

프로그램이란 컴퓨터에게 시키고자 하는 일의 처리 방법과 순서를 명령 문장으로 나열한 것이므로 그 일의 처리 방법과 순서를 잘 모르는 사람은 프로그램을 작성할 수 없습니다. 그러므로 컴퓨터에게 시키고자 하는 업무의 범위를 파악하고 전산화의 타당성과 기대 효과를 검토하여 그 업무의 처리 과정과 방법을 분석함으로써 가장 효율적인 프로그램을 작성하기 위한 준비 과정이 필요한데 이를 문제 분석이라고 합니다.

(2) 알고리즘 작성

간단한 프로그램에는 필요하지 않지만, 복잡한 문제를 프로그래밍 하기 위해서는 문제의 해결 단계를 논리화, 구조화 할 필요가 있습니다. 이러한 과정을 거쳐서 프로그램을 작성하게 되면 시행착오를 줄일 수 있고, 효율을 극대화할 수 있습니다. 집을 짓기 전에 설계도를 구성한다고 생각하시면 이해가 쉬울 것입니다.

문제를 풀 때 컴퓨터가 수행하는 처리 절차를 알고리즘(algorithm)이라고 합니다. 알고리즘은 프로그램 언어가 아닌 순서도나 우리가 사용하는 일반 언어로도 작성할 수 있으며, 의사코드(pseudo code)등으로 표현 할 수 있습니다.

C Programming

1.5 프로그램은 어떤 절차로 만들죠?

❑ 프로그램 작성

- 코딩(Coding) : 알고리즘에 따라 컴퓨터가 수행할 수 있는 프로그래밍 언어로 변환하는 작업
- 소스 프로그램(Source Program) : 코딩 작업으로 만들어진 프로그램
- 알고리즘에 따라 문제를 구현하는데 적합한 프로그래밍 언어를 선정하여 컴퓨터가 수행할 절차대로 프로그램을 작성.
- 프로그램 종류(확장자) : 파일이름.c

❑ 프로그램의 번역과 오류 수정

- 컴파일(Compile) : 프로그래밍 한 프로그램 코드를 컴퓨터가 인식할 수 있는 기계어로 변환해주는 것
- 컴파일러 : 컴파일을 수행하는 프로그램
- 목적프로그램(Object Program) : 기계어로 변환된 프로그램 (확장자 : 파일이름.obj)

(3) 프로그램 작성

알고리즘이 완성되면 문제를 처리하는데 가장 적합한 프로그래밍 언어를 선정하게 되고, 알고리즘에 따라 컴퓨터가 수행할 수 있는 프로그래밍 언어로 변환하는 과정을 진행하게 됩니다. 이러한 작업 과정을 코딩(coding)이라고 하며, 이 프로그램을 소스 프로그램(source program)이라고 합니다. 코딩을 할 때 가장 중요한 것은 프로그래밍 언어의 문법을 철저하게 지키는 것인데 사람과 사람 사이에서는 문법적으로 약간 틀려도 미루어 짐작할 수 있지만 컴퓨터는 사람이 가지고 있는 추측, 짐작 등의 지능을 가지고 있지 않기 때문에 사전에 약속한 문법과 조금만 달라도 이해하지 못한답니다. 소스 프로그램의 파일 확장자는 파일이름.c가 됩니다.

(4) 프로그램의 번역과 오류 수정

프로그래밍 언어로 작성한 프로그램은 컴퓨터가 인식할 수 있는 기계어로 번역해주는 과정을 거치게 되며, 이를 컴파일이라고 합니다. 컴파일러에게 소스 프로그램 파일을 번역하라고 지시를 내리면 각 명령 문장 중 명령어와 그 명령의 실행 대상이 되는 데이터 부분을 컴퓨터가 이해할 수 있는 문법 구조에 맞는 기계어로 번역하게 됩니다. 이렇게 기계어로 변환된 프로그램을 목적 프로그램(Object Program)이라고 합니다. 목적 프로그램의 파일 확장자는 파일이름.obj가 됩니다.

C Programming

1.5 프로그램은 어떤 절차로 만들죠?

- 프로그램의 링크와 실행
  - 링크(link) : 목적 파일들과 라이브러리 파일들을 하나로 프로그램으로 합치는 작업
  - 링커(linker) : 링크 과정을 수행하는 프로그램
  - 디버깅(Debugging) : 소스프로그램에 오류가 있을 경우 컴파일이 되지 않거나 불완전한 결과가 생기는데 이것을 수정하는 작업
  - 구문오류(syntax error) : 문법적인 오류
  - 논리오류(logical error) 문법적으로는 오류가 아니지만 논리적으로 잘못된 경우
  - 로더(loader) : 컴파일과 링크과정을 마친 실행파일을 실행하기 위해 주기억장치에 프로그램을 로딩하는 역할 수행
  - 하나의 명령 단위로 CPU에 데이터를 밀어 넣어 명령을 해석 및 처리하게 된다.

이렇게 하여 목적 파일이 완성되었지만 아직 완성된 프로그램 실행파일을 만들려면 링크(link)라는 과정을 거쳐야 합니다.

목적 프로그램 자체는 컴퓨터에 의해 직접 실행이 불가능한 상태입니다. 이 목적 프로그램을 실행하기 위해서는 프로그램에 연결된 라이브러리(library)파일과 컴파일 된 기계코드를 결합 시켜야 하는 것입니다.

즉 링크란, 앞서 말했던 목적 파일들과 라이브러리(library)파일들을 하나로 묶는 것을 의미합니다.

링크과정은 기계어로 번역은 되었지만 실행하기에 모자란 구석이 있는 목적 파일들을 완전하게 연결 편집하여 컴퓨터가 실행할 수 있는 실행파일로 만들어 주는 과정을 말합니다.

이러한 링크 과정은 여러 개의 목적 코드들을 하나의 프로그램으로 합치는 작업을 수행하는 링커(linker : 연결 편집기)에 의해 이루어지며, 이 과정을 거치고 나면 자동적으로 실행파일이 만들어 지게 됩니다.

이때 만들어진 실행 파일 이름은 파일이름.exe가 됩니다.

라이브러리(library) 파일이란?

모르는 단어가 생기면 우리는 사전을 뒤져서 뜻을 찾아보지요? 컴퓨터도 마찬가지랍니다. 프로그램을 만들면서 프로그래밍 언어를 사용하는데 이중에 모르는 것은 컴퓨터가 사전에서 찾아와 해석해야 한답니다. 그 사전 역할을 하는 것이 바로 라이브러리 파일이지요. 라이브러리 파일에는 각종 구문에 대한 정의가 들어있답니다.

이렇게 컴파일과 링크과정 거치면 드디어 완성된 하나의 프로그램이 탄생하게 됩니다.

그러나 소스에 잘못된 문법적 오류가 있다면 컴파일이 되지 않거나 불완전하게 될 수 있습니다. 이를 구문 오류(syntax error)라고 합니다. 반면에 문법적인 오류가 없다고 해도 논리적으로 잘못되었다면 프로그램이 우리가 원하는 대로 작동하지 않을 수 있습니다. 이와 같은 오류를 논리 오류(logical error)라고 합니다. 이와 같은 오류가 발생하면 이를 수정해야겠지요? 이것을 수정하는 작업을 디버깅(debugging)이라고 합니다.

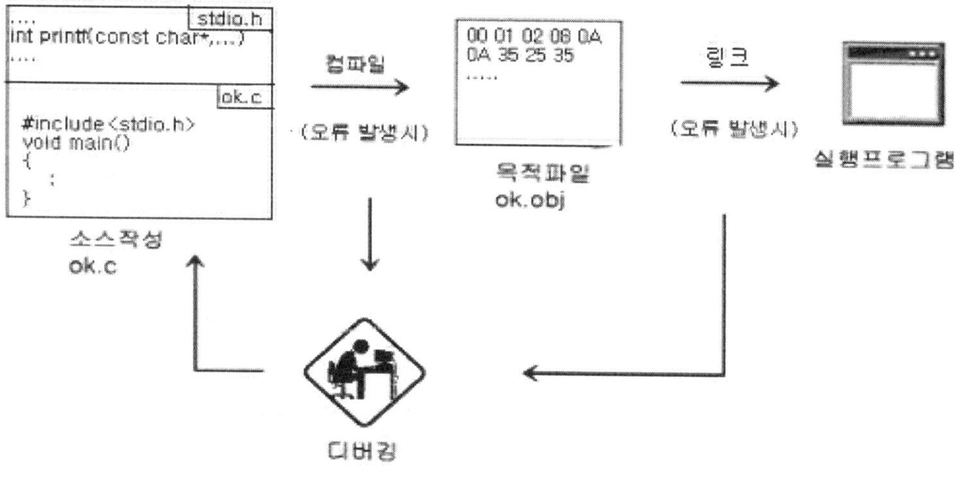

모든 디버깅이 끝나고 컴파일과 링크과정이 끝나면 비로소 우리가 실행해서 사용할 수 있는 프로그램이 만들어지는 것입니다.

C Programming

1.5 프로그램은 어떤 절차로 만들죠?

- 프로그램의 로딩
  -
  -
- 프로그램의 실행 절차
  -
  -
  -

소스 프로그램과 컴파일과 링크 과정을 마친 실행 파일은 하드 디스크(HDD)와 같은 영구 저장 메모리(전원을 공급 하지 않아도 데이터를 잃지 않고 보관 가능한 메모리)에 저장되게 되며, 실행 파일을 실행하게 되면 하드 디스크에 저장된 프로그램이 통째로 램으로 로딩 된 후 기계 코드가 순차적으로 실행 되게 되는 것입니다.

이러한 로딩 과정은 로더(loader)에 의해서 수행되며, 로더는 작성된 프로그램을 컴퓨터의 램에 로드(load)함으로서 프로그램을 실행 가능하게 하는 역할을 수행합니다. 프로그램은 기계어의 집합으로 되어 있기 때문에 하나의 명령 단위로 CPU에 밀어 넣게 되며, CPU는 들어온 명령을 해석한 후 처리하게 됩니다.

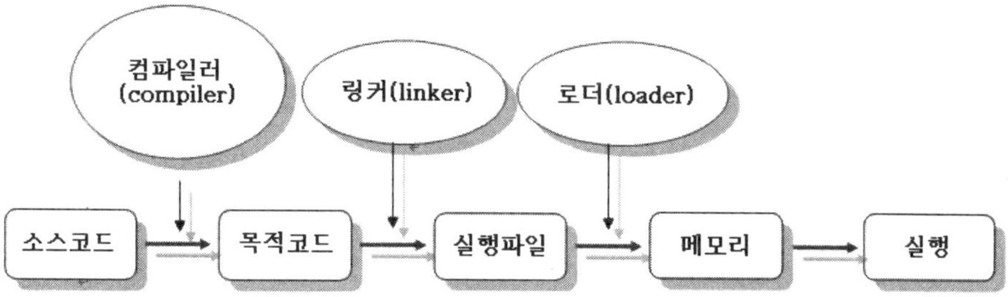

이렇게 프로그램을 램에 로딩한 후 실행하는 이유는 하드디스크와 같은 저장장치들은 속도가 느리기 때문에 CPU와 직접 데이터를 주고받기에는 어렵기 때문입니다. 따라서 램과 같은 저장장치에 프로그램을 전부 로딩한 후 램과 CPU간에 데이터를 주고받도록 하는 것입니다. 즉, 기계 명령을 보다 빠르게 읽어내고, 처리된 결과를 빠르게 저장하기 위해서 램으로 프로그램을 로딩 하는 것이랍니다.

1.5 프로그램은 어떤 절차로 만들죠?

- 프로그램의 문서화, 유지보수
  - 프로그램 작성 과정의 자료를 수집하고 정리하여 보관하는 작업
  - 업무의 처리 과정 변경, 시스템 교체, 프로그래머의 퇴직등의 상황이 발생 할 경우 빠르고 정확하게 이해하고 수정하는데 용이
  - 프로그램의 구성을 파악하는데 중요한 자료

(5) 프로그램의 문서화, 유지보수

프로그램 작성 과정에서 작성된 모든 서류들을 수집하고 정리하여 서류로 보관하는 작업이 필요합니다. 서류의 정리와 수집은 업무의 처리 과정 변경, 시스템 교체, 프로그래머의 퇴직 등의 상황이 발생하였을 때 프로그램을 빠르고 정확하게 이해하고 수정할 수 있도록 도와주는데, 특히 알고리즘 작성 자료는 다른 사람이 그 프로그램의 구성을 파악하는 데 있어서 중요한 자료가 됩니다.

1.6 프로그램 제작 환경

C 언어 편집기로 사용할 Microsoft Visual 2005를 이용하여 간단한 소스 코드의 제작 과정을 실습해 보겠습니다.

① 윈도우즈 화면의 프로그램 시작 메뉴에서 Microsoft Visual Studio 2005를 실행합니다.

② 먼저 프로젝트 파일을 만들어야 합니다.
File(파일) ➜ New(새로 만들기) ➜ 프로젝트(Project)를 선택합니다. (혹은 Ctrl + Shift + N)

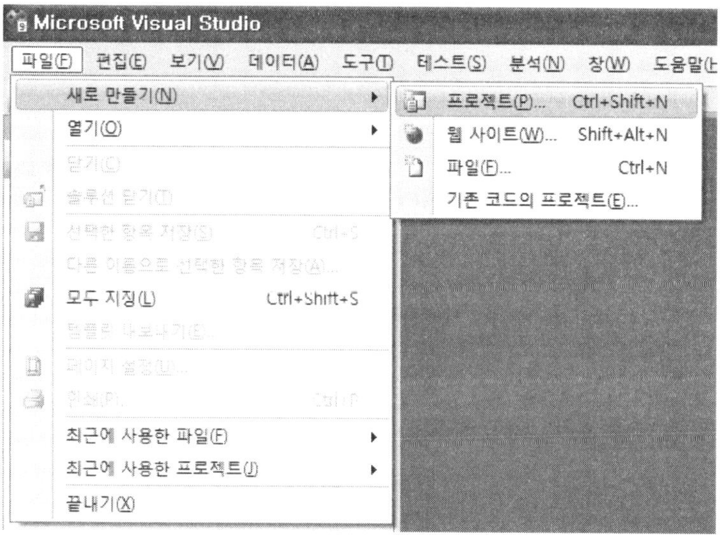

③ 프로젝트 형식의 Visual C++에서 Win32를 선택하고, 템플릿에서 Win32 콘솔 응용 프로그램(Win32 Console Application)을 선택합니다. 그다음, 프로젝트의 **위치**(Location)를 선택하고, **프로젝트 이름**(Project Name)을 적당한 이름으로 입력하고 확인(OK)를 누릅니다. 위치는 실제로 프로젝트가 저장되는 폴더의 위치가 됩니다.

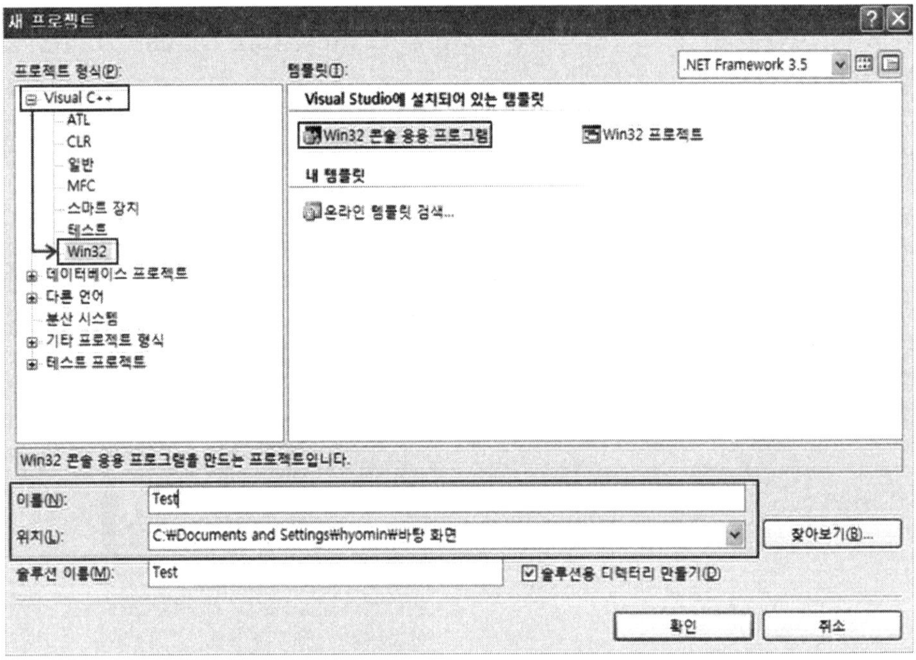

Win32 Console Application이란 기본적인 입출력 환경이 커맨드 라인에서 제공되는 응용 프로그램을 말합니다. 이 환경에서 프로그램을 만들면 운영체제는 cmd나 command.com에서 프로그램을 실행합니다.

⑤ 다음은 프로젝트의 종류를 선택하는 화면입니다. 아래와 같은 Win32 응용 프로그램 마법사에서 **응용 프로그램 설정**을 선택합니다. 그 다음, 응용 프로그램 종류에서 콘솔 응용 프로그램을 선택하고, 실습 중에는 우리가 직접 소스를 입력해서 프로그램을 만들 것이므로 아무 것도 쓰여 있지 않은 **빈 프로젝트**(An empty project)를 선택한 후에 **마침**(Finish)를 누릅니다.

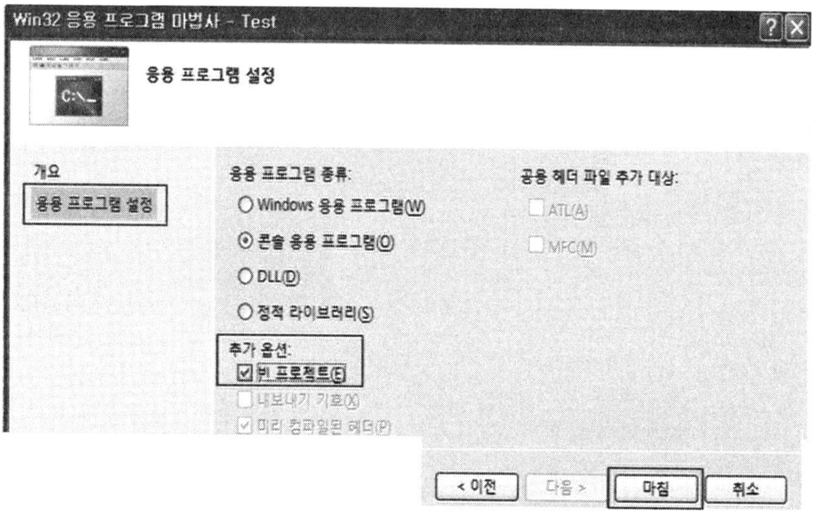

⑥ 이것으로 간단한 프로젝트를 만들었습니다. 여러분이 소스 파일들을 만들어서 이 폴더에 넣으면 하나의 프로그램을 만들 때 사용됩니다.

⑦ 이번에는 프로젝트에 들어갈 소스 파일을 추가해봅시다. 솔루션 탐색기의 솔루션에서 **소스 파일 선택하고 마우스 오른쪽 버튼 클릭 ➜ 추가 ➜ 새 항목**을 선택합니다.

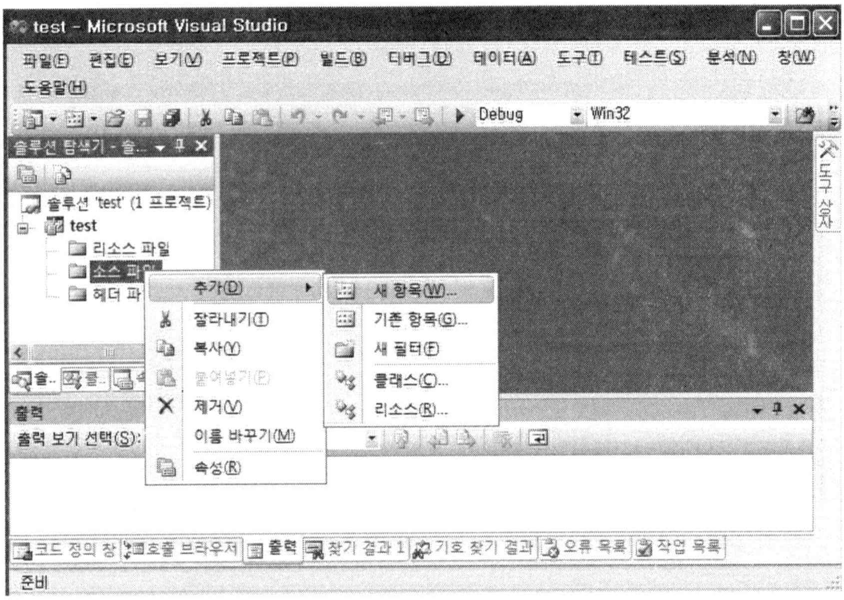

⑧ 아래 화면에서 템플릿의 C++ **파일**(.cpp)을 선택한 다음에 이름(Name) 부분에 적당한 소스 파일 이름을 입력하고 **추가**(Add)를 누릅니다.

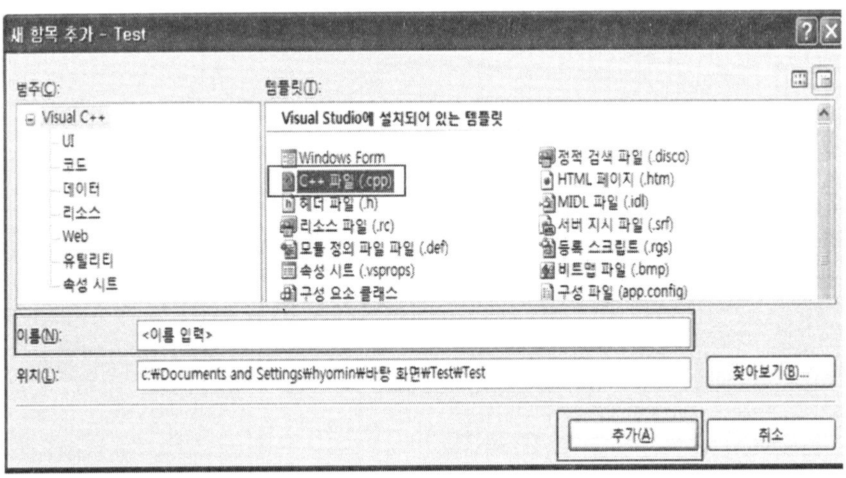

여기서 파일의 확장자를 지정하지 않고 이름만 쓰면 자동으로 확장자가 .cpp인 소스 파일이 만들어지게 됩니다. 이것은 C++언어의 형식으로 코딩을 하겠다는 것을 뜻하는데, C++언어를 지금 배우지는 않지만 C 언어의 모든 코드는 C++ 소스 형에서도 작동하므로 상관이 없습니다. 굳이 C 언어의 형식으로 소스를 작성하고 싶다면 확장자를 .c로 입력하면 됩니다.

⑨ 자! 이제 Microsoft Visual 2005를 이용한 소스 코드 작성법에 대해 알아봅시다. 이제 간단한 프로그램 코드를 작성해보고 컴파일과 링크과정을 거쳐 실행 파일을 만들어 보겠습니다.

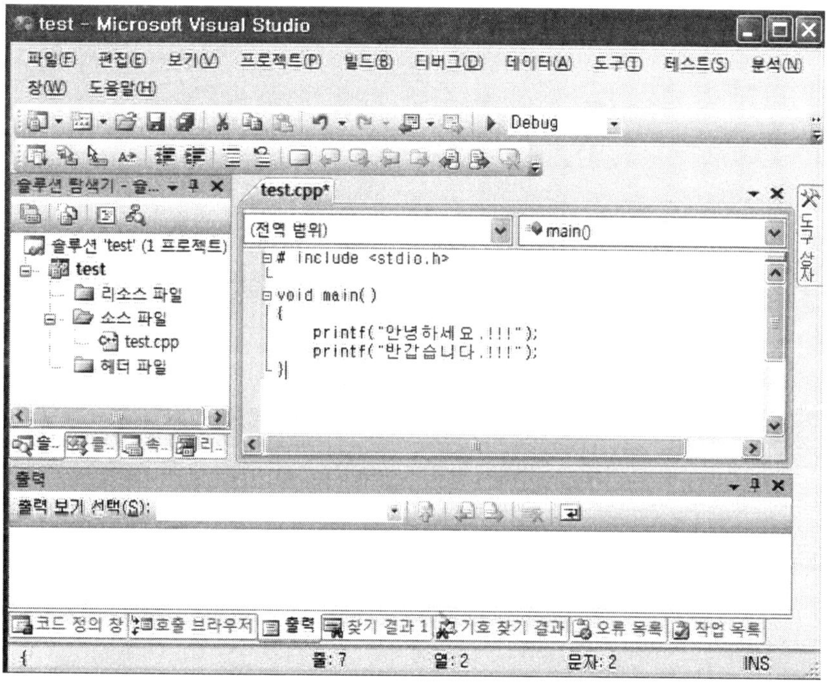

⑩ 소스코드를 다 작성하였다면 컴파일과 링크과정을 수행합니다. 빌드(Build) 메뉴의 컴파일(compile)을 선택(Ctrl + F7) 합니다. 이 과정에서 오류가 없다면 실행파일이 만들어 지게 됩니다.

1) 솔루션 단위: 빌드(Build) 메뉴➜솔루션 빌드(Solution Build) 선택 또는 선택

2) 프로젝트 단위: 빌드(Build) 메뉴➜(프로젝트 명) 빌드 선택 또는 선택

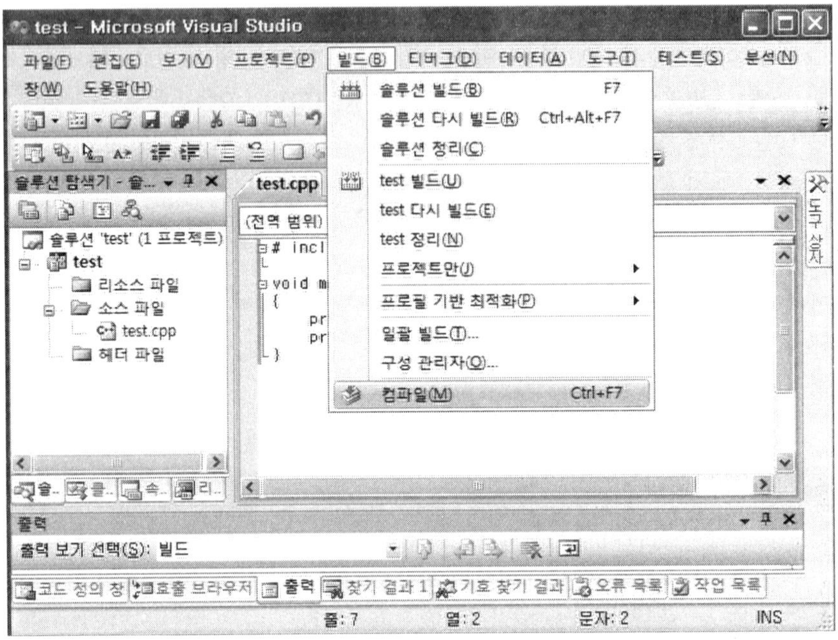

⑪ 마지막으로 완성된 프로그램을 실행해 보겠습니다. 디버그(Debug) 메뉴의 디버깅하지 않고 시작(Ctrl + F5)를 선택하면 콘솔 모드에서 실행결과를 확인해 볼 수 있습니다.

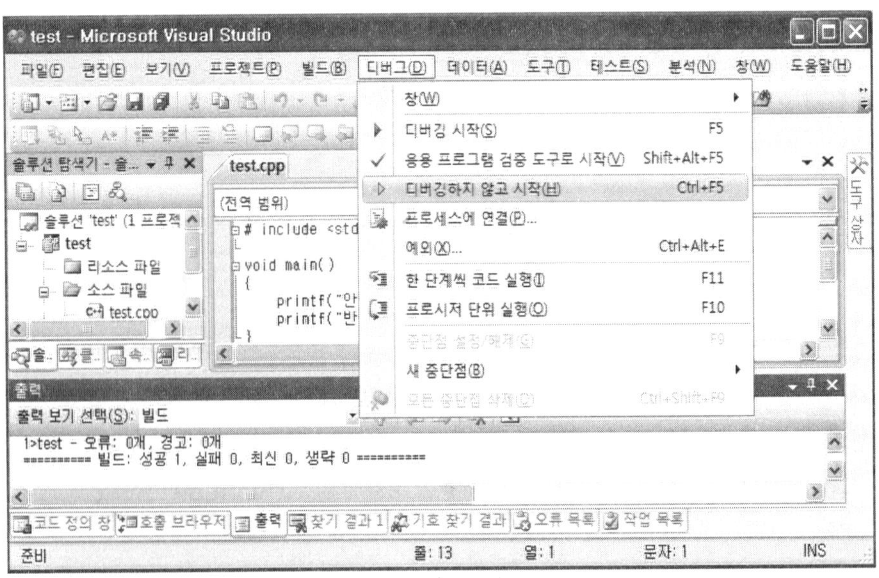

C Programming

1.7 C 프로그램의 기본 모습 갖추기

- C 프로그램의 기본 구성
  - 프로그램의 실행은 main() 함수로부터 시작
  - 함수의 구성 단위 : 중괄호 ({ : 함수의 시작), (} : 함수의 끝)
  -

```
함수 이름()
{
    :
}
```

  -
  - 문장 ; 프로그램이 수행하는 하나의 동작, 문장 끝에 ';' 기호 사용

1.7 C프로그램의 기본 모습 갖추기

C 언어에서 main()함수는 프로그램이 실행되는 함수로 반드시 하나만 존재해야 합니다.

C 프로그램을 작성하기에 앞서 기본적으로 구성되는 부분은 다음과 같습니다.

■ C 언어는 반드시 프로그램의 맨 처음 부분에 #include 헤더파일을 넣어야 합니다. 이를 선행처리기(Preprocessor)라고 하고, 선행처리기에 대한 내용은 뒷부분에서 자세히 설명하도록 하겠습니다.

■ 문장은 프로그램 실행 시 수행하는 하나의 동작을 나타내며, 프로그램의 각 명령 마지막에는 문장의 끝을 의미하는 ;(세미콜론)을 붙여야 합니다. 한 줄에 여러 개의 문장을 써도 상관없으며, 공백은 무시합니다. 다음의 예외에서는 ;을 문장 마지막에 붙이지 않습니다.

* 문장 앞에 #이 붙는 경우(#include, #define 등)
* 실행 함수 이름 뒤(main() 등)

■ 프로그램의 실행은 main()이라는 함수로부터 시작됩니다.

■ 함수의 구성단위는 중괄호 { }로 표시됩니다. "{"는 프로그램의 시작을 의미하며, "}"는 프로그램의 마지막 부분임을 의미합니다.

```
리턴타입 함수 이름( )
{
        :
        :
}
```

C Programming

1.7 C 프로그램의 기본 모습 갖추기

- 들여쓰기 (indentation)
  - 프로그램 코딩 시 새 블록이 형성되면 일정 간격 오른쪽으로 들여 씀
  - 프로그램의 가독성을 높이기 위해서 필수적
- 주석(comment)
  - /* 기호와 */ 사이에 있는 내용은 컴파일러가 무시
  - 프로그램에 들어 있는 설명문
  - 프로그램의 실행에 영향을 미치지 않음
  - 프로그램을 가독성을 높이기 위함

프로그램에서는 하나의 실행 단위를 형성하는 문장의 집합을 블록(block)이라 합니다. 프로그램을 작성하다 보면 각각의 라인이 왼쪽을 기준으로 줄이 맞추어져 있는 것을 볼 수 있습니다.

C프로그램을 코딩할 때 문장의 새로운 블록이 형성되면 일정한 간격을 두어 들여쓰기(indentation)를 하는 것이 일반적입니다. 들여쓰기는 프로그램 실행에는 아무런 영향을 미치지 않으며, visual C++ 에서는 자동으로 들여쓰기가 설정됩니다. 들여쓰기를 하는 이유는 프로그램을 쉽게 읽고 이해하기 위해서이며 프로그램의 들여쓰기는 필수적입니다.

같은 이유로 프로그램에 주석(comment)을 달 수 있습니다. 주석은 프로그램 소스 코드에 대한 설명문입니다. 역시 주석은 프로그램 실행에는 아무런 영향을 미치지 않으며 단지 프로그램의 이해를 돕기 위한 역할을 합니다.

/* */ 로 된 주석 : /*와 */사이에 있는 모든 행을 주석처리 합니다.
// 로 된 주석 : // 뒤에 있는 한 행만 주석으로 처리합니다.

C 언어로 작성한 프로그램이 어떻게 실행되는지를 간단한 아래의 예제를 통해 알아보겠습니다.

예제 1-1 간단한 C 프로그램

```
1   #include <stdio.h>
2   /*
3      (예제 1-1) C 언어 첫 예제 프로그램 작성
4   */
5   int main()
6   {
7     printf("C 언어 첫 프로그램입니다 ^^ \n");
8     printf("프로그래머가 되기 위한 첫 도전!");
9
10    return 0;
11  }
12
13  // 처음 작성해보는 프로그램
```

실행결과

```
C 언어 첫 프로그램입니다 ^^
프로그래머가 되기 위한 첫 도전!
```

위의 프로그램은 간단한 문장을 모니터에 출력하는 프로그램입니다. 컴퓨터는 1행부터 순차적으로 아래로 내려가면서 명령을 실행하게 됩니다. 왼쪽의 숫자는 설명의 편의를 위해서 행의 번호를 나타낸 것입니다. 실제 C 언어로 코딩을 할 때에는 행 번호를 입력하면 안 됩니다!

1행 : 선행처리기 #include <stdio.h>

#이 붙어있는 문장을 선행처리기(preprocessor)라고 합니다. 선행처리 문장은 컴파일 과정을 수행하기 전에 미리 구성해 놓은 stdio.h코드를 불러와서 소스코드에 포함시키도록 하는 것입니다. 컴파일 전에 소스코드 단계에서 처리되기 때문에 선행처리기라고 부르는 것입니다.

stdio.h는 기본 입출력에 관련된 헤더 파일이라고 하며 입출력 함수들의 형태를 선언해 둔 파일입니다. printf()함수와 같은 입출력 함수를 프로그램에서 사용하

기 위해서는 함수의 형태를 컴파일러에게 미리 알려주어야 사용할 수 있기 때문에 컴파일 전에 헤더 파일을 포함시키는 것입니다. 뒷부분에서 선행처리기에 대한 자세한 내용을 설명 하겠습니다.

5행~11행 : main() 함수

main함수는 C언어 프로그래밍 구성에 있어서 반드시 있어야 하고 오직 한개만 존재하여야 하며 프로그램의 시작과 종료의 일을 수행합니다.

7행, 8행 : printf() 함수

printf() 함수는 화면 출력의 기능을 담당하는 표준 라이브러리 함수입니다. printf()라는 표준 라이브러리 함수의 정의 코드는 기계 코드 형태로 존재합니다. 또한 함수의 원형 선언은 헤더파일인 stdio.h에 정의되어 있으며, 주로 모니터에 문자열을 출력하거나 메모리에 저장된 데이터를 확인하는 용도로 사용됩니다. 실행 결과에서 보는 바와 같이 두 번째 문장은 다음 줄에 출력 되었습니다. 이것은 형식지정자 '₩n'에 의해 줄 바꿈의 기능을 한 것입니다. '₩n'을 개행(newline)문자라 하며, 자신은 모니터에 출력되지 않고 줄을 바꾸어 다음 줄의 맨 앞으로 이동하는 기능을 가지고 있습니다.

2~4행, 10행 : 주석

프로그램에서 /*로 시작하여 */로 끝나는 부분이나 // 가 있는 부분을 주석이라고 합니다. 컴파일러는 주석으로 지정된 구역은 컴파일하지 않기 때문에 보통 주석은 프로그램 소스코드에 보조 설명을 넣을 때 사용합니다.

실습 1-1

예제 1-1에 새로운 문장을 삽입하지 않고 형식지정사를 이용하여 다음과 같이 출력되도록 프로그램을 수정해 보세요.

C 언어
첫 프로그램입니다 ^^
프로그래머가 되기 위한
첫 도전!

1. 다음의 용어들을 설명해 보세요.
   (1) 소스 프로그램
   (2) 목적 프로그램
   (3) 코딩
   (4) 디버깅
   (5) 컴파일
   (6) 링크
   (7) 주석
   (8) 라이브러리 파일
   (9) 기계어

2. C 언어 프로그램의 개발 절차를 설명해 보세요.

3. C 언어를 이용하여 개발된 분야에 대해서 알아보세요.

4. 모니터 화면에 본인의 학교 이름, 과명, 학번, 성명이 차례대로 출력 되도록 프로그램을 작성해 보세요.

5. 컴퓨터의 중요 구성 요소인 CPU와 RAM에 대해 설명해 보세요.

제 2 장

C 언어 기본 다지기

2.1 변수의 깊은 의미

2.2 변수에는 무엇을 담죠?

2.3 변수의 선언

2.4 printf()함수와 scanf()함수

2.5 형변환

개 요

프로그램에서 변수란 어떤 값을 저장할 수 있도록 이름이 붙여진 메모리를 말합니다. C 언어에서는 변수를 사용하기 위해서는 먼저 변수 선언을 하여야 합니다.
C 언어에서 사용하는 변수의 형 즉 데이터 타입에는 기본적으로 char, int, double 등이 있습니다. 변수 선언 시 그 변수가 저장할 데이터 타입을 반드시 명시하여야 합니다.

학습목표

* 변수의 개념에 대하여 이해합니다.
* 변수의 종류, 특징, 그 선언 방법에 대하여 학습합니다.
* 변수 및 상수의 입출력 방법에 대하여 학습합니다.
* 문장에서의 데이터 타입의 자동변환에 대하여 이해합니다.
* 데이터 타입의 강제 변환(cast연산자를 이용한) 방법을 학습합니다.

C Programming

제 2 장 C 언어 기본 다지기

2.1변수의 깊은 의미

2.2 변수에는 무엇을 담죠?

2.3 변수의 선언

2.4 printf() 함수와 scanf() 함수

2.5 형 변환

제2장. C 언어 기본 다지기

C 언어의 기본이 되며 가장 많이 사용하는 변수의 기본개념을 이해하고 변수의 종류, 특징, 사용방법을 알아보도록 하겠습니다.

C Programming

2.1 변수의 깊은 의미

- 변수(Variable Number)
  - 컴퓨터가 어떤 데이터를 기억해야 할 경우 변수라는 확보된 메모리를 이용하여 데이터를 기억한다
  - 변수는 프로그램에서 이용하는 저장장소로 실질적으로 컴퓨터의 메모리에 데이터를 기억 및 저장한다
  - 변수는 데이터를 저장하는 상자나 저장 창고
  - 변수는 썼다 지웠다 할 수 있는 칠판과 같은 역할

2.1 변수의 깊은 의미

컴퓨터가 간단한 연산 과정을 수행하는 경우 내부적으로는 어떠한 과정을 거쳐서 계산 결과를 처리하는지를 생각해 보겠습니다.

먼저 사람의 경우 1+2를 계산한다고 할 때, 사람은 1과 2의 정수를 각각 머리에 기억하고 두 수를 계산하여 결과를 말하는 절차를 수행합니다. 컴퓨터는 계산 명령을 처리하기 위해, 먼저 1과 2의 수를 어딘가에 기억해야 하고, 두 수를 계산한 뒤 결과를 화면에 보여주는 과정을 진행할 것입니다.

연산과정에서 사람이 계산을 위해 데이터를 기억하는 것처럼, 컴퓨터는 데이터를 메모리라는 램(RAM)에 기억하며, 메모리에 기억된 데이터를 중앙처리장치(CPU)에서 가져와 연산처리를 하고 결과를 모니터에 표시하는 과정을 거치게 됩니다.

2.1 변수의 깊은 의미

- 프로그램을 실행하는 동안 프로그램 실행 코드와 자료를 컴퓨터 내에 있는 주기억 장치(메인 메모리, RAM)에 저장
- 모든 자료를 2진수로 저장(0 과 1)
- 비트(bit) : 저장의 기본 단위(0또는 1이 저장 될 수 있는 최소 공간)
- 바이트(byte) : 8bit, 자료저장의 기본단위(영문자, 특수문자)

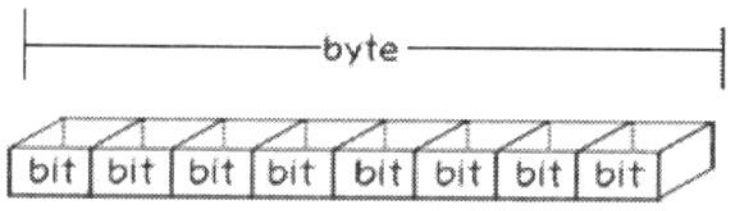

- 메모리는 주소를 갖는 바이트들의 집합
- 컴파일러는 변수가 선언되면, 메모리의 빈곳을 찾아 그 변수를 저장할 수 있도록 기억장소를 할당

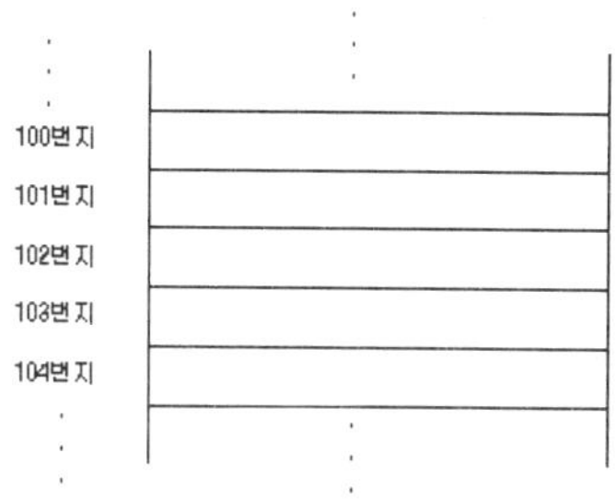

변수는 컴퓨터의 기억장소 메모리와 깊은 관련이 있습니다. 컴퓨터가 어떤 데이터를 기억해야 할 경우 메모리를 이용하여 메모리 공간을 확보하고 확보된 공간을 이용하여 데이터를 기억하도록 합니다.

즉 변수는 데이터의 기억을 위해 확보된 메모리 공간을 말하며, 쓰고 지울 수 있는 칠판과 같이 메모리 공간 안에 데이터를 변화하여 저장하는 특성을 갖고 있기 때문에 변수(Variable Number)라고 합니다.

메모리 RAM(Random Access Memory)은 컴퓨터가 데이터를 저장하고 기억할 수 있는 공간입니다. 메모리 최소 기억 공간은 비트(bit) 라고 하며, 비트는 컴퓨터 언어인 0과 1을 저장하는 최소의 단위로 구성됩니다.

저장 용량에 따라 256MBytes, 512MBytes, 1GBytes등의 메모리가 있으며 단위는 바이트(Byte)를 사용합니다.

비트 8개가 모여서 1바이트를 구성합니다. 비트가 컴퓨터 저장신호를 저장할 수 있는 최소 단위라고 한다면, 바이트는 비트로 구성된 컴퓨터 언어를 나타낼 수 있는 최소 의미를 지닌 단어 또는 문장이라고 이야기 할 수 있습니다.

비트하나만 가지고는 단지 0과 1을 저장할 뿐이지 정보의 의미를 전달 할 수가 없답니다. 최소 1바이트는 되어야 어떤 정보를 표현할 수가 있습니다.

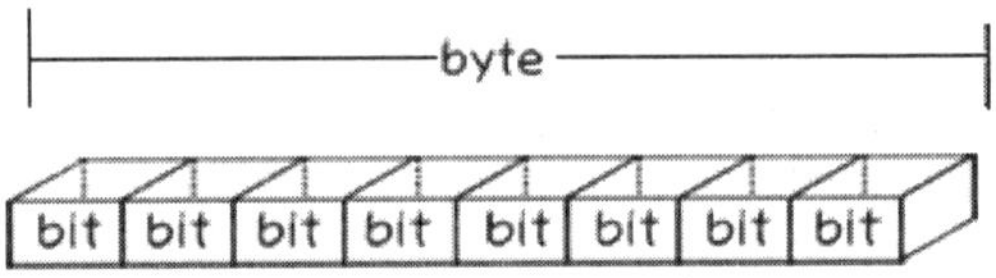

예를 들어 우리가 사용하는 한국어를 살펴봅시다. 내가 옆에 친구에게 "ㄱ(기역)"이라고 말해 봅시다. 무슨 의미인지 알아들을 수 있을까요? 하지만 "가구"라고 말하면 알아듣습니다. 덩그러니 "ㄱ(기역)"만 가지고는 의미가 없습니다.

우리가 사용하는 언어가 자음과 모음이 구성되어 정보의 의미를 나타내는 것 처럼 컴퓨터 언어도 최소의 정보의 의미를 전달하려면 최소 비트가 8개가 모여서 1바이트를 구성하여야 합니다. 1바이트는 1캐릭터(character)라고도 부릅니다. 그 이유는 1바이트가 되어야 비로소 한가지의 의미를 표현할 수 있기 때문입니다.

C Programming

2.2 변수의 깊은 의미

- 변수는 데이터를 저장 할 수 있는 기억 공간
- 변수는 메모리 공간을 확보하고 공간 안에 데이터를 수시로 바꾸어 저장 할 수 있는 특성
- 메모리에 저장 될 데이터의 종류에 따라서 메모리에 확보되는 저장 공간의 크기가 달라진다.
- 변수선언을 통해 변수의 메모리 공간이 만들어 진다.

2.2 변수에는 무엇을 담죠?

변수는 데이터를 저장 할 수 있는 기억 공간이라고 했습니다. 변수를 사용하기 위해선 변수에 무엇을 담을 것인지를 구분해야 합니다. 또한 변수는 메모리 공간을 확보하고 그 안에 데이터를 수시로 바꾸어 저장할 수 있는 특성을 갖습니다.

변수는 메모리에 저장되는 데이터 타입에 따라 저장 공간의 크기가 구분됩니다. 만약 변수에 저장하려는 데이터가 정수라면 int라는 예약어를 사용하여 변수 선언을 하게 되며, 32비트 운영체제에서는 이를 통해 정수가 들어가기에 적합한 4byte의 공간을 확보합니다.

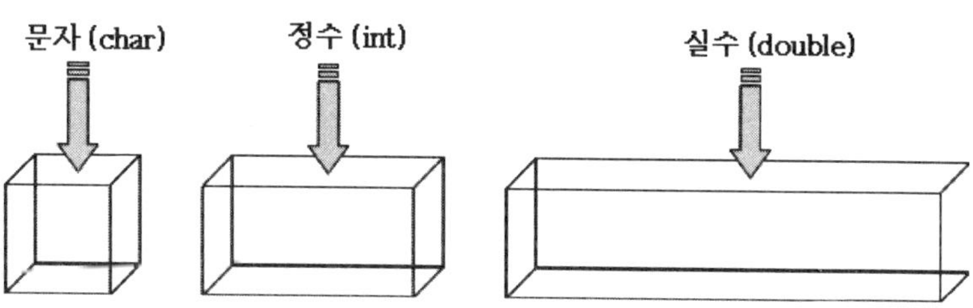

2.3 변수의 선언

- 변수선언:저장하고자 하는 데이터가 기억되기에 적합한 메모리 공간을 확보
- 변수를 선언할 때, 그 변수에 어떤 자료를 저장할 것인가에 따라 변수의 데이터 타입(data type)을 명시
- 변수 선언 방법 : **데이터타입 변수이름;**

  (예) int x;

- 변수는 선언과 동시에 그 값을 대입할 수 있음(초기화)

  (예) int n = 10;

2.3 변수의 선언

저장하고자 하는 데이터의 종류에 따라 해당 데이터가 기억되기에 적합한 메모리 공간을 확보하기 위해서는 '변수선언' 이라는 규칙을 이용합니다.

변수 선언이란 컴퓨터가 데이터를 기억하기 위한 저장 공간을 메모리에 확보하는 것을 말합니다. 변수 선언을 통해 데이터가 저장되기에 적절한 공간을 메모리에 확보하고 이 메모리에 변수 선언에서 지정한 이름을 설정합니다.

```
데이터타입   변수이름;
```

변수 선언을 하는 방법은 메모리에 저장하고자 하는 데이터의 타입을 정하고 변수이름을 명시합니다. 변수를 선언할 때, 그 변수에 어떤 데이터를 저장할 것인가에 따라 변수의 데이터 타입을 설정해야 합니다.

C Programming

2.3 변수의 선언

- 데이터 타입 : 변수에 어떤 데이터를 저장할 것인가에 따라 명시
- 데이터 타입의 종류
  - 문자 하나의 문자를 저장하며 바이트의 메모리 할당
  - 정수 정수를 저장 할 때 사용하며 바이트의 메모리 할당
  - 실수 실수를 저장 할 때 사용하며 바이트의 메모리 할당
- 데이터 타입 수정자 : 기본 데이터 타입에 수정자를 이용하여 변수 특성을 바꾼다.
  - 등

◉ C 언어의 기본 데이터 타입

데이터타입	예약어(keyword)	메모리 크기	값의 저장 범위
문자형	char	1바이트	-128 ~ 127
정수형	int	4바이트	-1.2E38 ~ 3.4E38
실수형	float	4바이트	-1.2E38 ~ 3.4E38
배정도 실수형	double	8바이트	2.2E-308 ~ 1.8E308

예) int x ;

정수의 데이터를 기억하기에 적합한 4byte의 메모리 공간을 할당받고, 이 메모리 공간의 이름을 x로 사용합니다.

변수를 선언하였다면, 할당된 메모리에 적합한 데이터를 넣을 수 있습니다.

변수에 값을 넣는 것을 대입이라고 하며, 연산자는 '=' 을 사용합니다. 뒷장에서 자세히 설명하겠지만 이를 대입연산자라고 한답니다.

예) int x = 10;

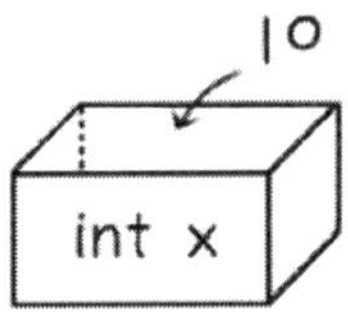

변수 선언과 동시에 정수값 10을 초기화 할 수 있습니다. 위의 식처럼 선언과 동시에 값을 대입하는 것을 '초기화' 라고 합니다.

C 언어에서는 앞에서 제시한 4개의 기본 데이터 타입에 타입 수정자를 이용하여 더욱 풍부한 데이터 타입을 사용 할 수 있습니다. 타입 수정자에는 다음과 같은 것들이 있습니다.

◉ 확장된 데이터 타입

예약어(keyword)	의 미	메모리 크기	값의 저장 범위
unsigned char	부호 없는 문자형	1바이트	0 ~ 255
unsigned int	부호 없는 정수형	4바이트	0 ~ 4,294,967,295
long double	긴 배정도 실수형	10바이트	3.4E-4932 ~ 1.1E4932

■ signed : 정수의 양수, 음수를 모두 표현하도록 한다.

■ unsigned : 양수만 표현하도록 한다. 모든 기본 데이터 타입에 적용된다.

■ long : double형과 같이 사용하여 그 저장 크기를 늘린다.

◉ 변수에 값을 초기화 하지 않으면?

변수를 선언하면 컴파일러는 데이터를 저장할 수 있는 메모리를 확보하게 됩니다. 변수에 데이터를 초기화 하지 않을 경우 메모리에 이전에 사용되었던 임의의 값이 남아 있게 되며, 이러한 임의의 값을 쓰레기 값(garbage value)라고 합니다. 변수 선언 후 데이터 초기화 과정을 거치지 않을 경우, 쓰레기 값 때문에 연산 수행 시 예기치 않은 오류가 발생되는 경우가 종종 있답니다.

```
#include<stdio.h>
int main()
{
        int i,j;
        i=10;
        printf("%d\n",i);
        printf("%d\n",j);

    return 0;
}
```

변수 j의 출력 결과를 확인하면, -858993460이라는 쓰레기 값을 확인 할 수 있습니다.

```
10
-858993460
Press any key to continue_
```

변수는 변수선언을 통해 확보된 메모리 공간에 데이터를 계속해서 바꾸어 저장할 수 있습니다. 마치 칠판 같이 여러 번 다시 썼다 지웠다 할 수 있답니다. 이러한 특성 때문에 "변수"라고 이야기 하는 것 입니다.

◉ 변수 이름을 정하는 규칙

- ▣ 변수 이름은 영문자(A~Z, a~z)와 숫자(0~9), 밑줄(_)을 사용합니다.
- ▣ 영문 대문자와 소문자는 구별합니다. (서로 다른 문자로 인식함)
- ▣ 첫 문자는 숫자로 시작할 수 없습니다.
- ▣ 31자 이내로 줄 수 있습니다.
- ▣ 변수의 역할에 맞는 의미 있는 이름을 붙이는 것이 좋습니다.
- ▣ C 언어에서 사용하는 다음의 키워드는 사용할 수 없습니다.

auto	double	int	long	break	else	long	switch
register	typedef	char	extern	return	union	const	float
case	enum	short	unsigned	do	if	continue	for
signed	void	default	goto	sizeof	volatile	static	while

예제 2-1 변수의 사용

```
1   #include <stdio.h>
2   int main()
3   {
4      int x, y, z;
5      x = 10;
6      y = 20;
7      z = x + y;
8      printf (" x + y = %d \n", z);
9      z = 40;
10     printf (" z = %d\n", z);
11
12     return 0;
13  }
```

실행결과

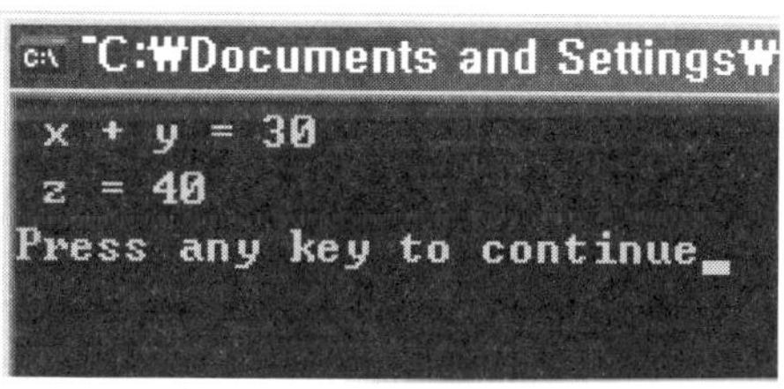

4행 : int x , y , z;
이 문장은 3개의 변수를 선언한 문장입니다. 나열연산자 쉼표(,)를 이용하여 int x; int y; int z;의 세 문장을 위와 같이 한 문장으로 변수선언을 할 수 있습니다. 정수의 데이터가 저장될 x, y, z의 이름을 가진 메모리 기억 공간 3개를 만듭니다.

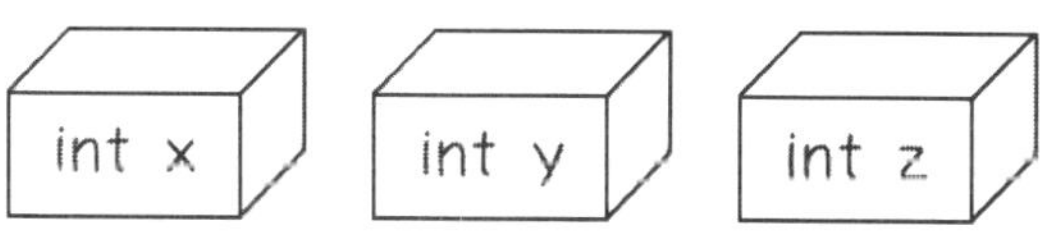

5행 , 6행 : x=10; , y=20;
선언한 변수 중 x변수에는 10을, y변수에는 20을 대입합니다.

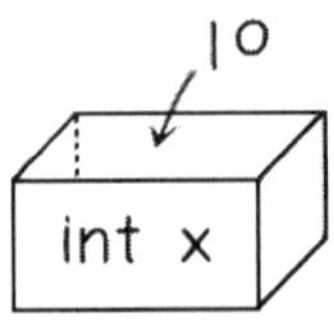

7행 : z = x+ y;
x변수 안에 저장된 값과 y변수 안에 저장된 값을 더한 결과를 z변수 안에 대입하라는 문장입니다. 10+ 20의 값인 30이 z변수 안에 저장 됩니다.

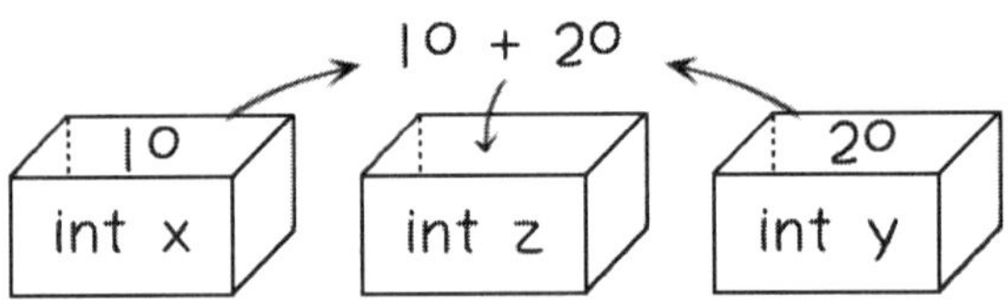

8행 : printf ("x+ y = %d₩n" , z)
printf()함수는 “” 안의 내용을 모니터에 출력해주는 기능을 갖고 있습니다. 여기서 형식지정자 %d는 모니터 화면에 쉼표(,) 뒤에 있는 변수(값)의 데이터를 10진수의 형식으로 변환하여 화면에 출력하라는 것입니다. 즉, 이 문장에서는 z변수 안에 담겨있는 데이터를 10진수로 변환하여 화면에 출력합니다.

9행 : z = 40
9행을 실행하기 전에는 z변수 안에는 30이란 값이 저장 되어 있습니다. z변수에 저장된 30을 지우고 40이란 새로운 값을 다시 저장 합니다. 즉, 변수의 이름이 갖는 의미처럼 메모리 공간 안에 데이터를 계속해서 변화시킬 수 있답니다.

10행 : printf ("z = %d", z)
z변수에 저장되어 있는 데이터 값을 10진수의 형식(%d)으로 변환하여 모니터에 z = 40 이라고 출력합니다.

2.4 printf()함수와 scanf()함수

- 표준 입출력 라이브러리 함수 scanf()와 printf()함수
  - scanf() 함수
  - printf() 함수

2.4 printf()함수와 scanf() 함수

C 언어에서 자주 사용하는 표준 입출력 표준 라이브러리 함수 scanf()와 printf() 함수에 내해 알아보겠습니다. scanf() 함수는 키보드로부터 입력된 데이터를 지정된 형식으로 해석하여 컴퓨터의 지정된 변수에 저장하는 기능을 하며, printf() 함수는 해당 변수에 저장되어 있는 데이터를 형식에 맞게 변환하여 모니터에 출력하는 기능을 합니다.

간단한 예제를 통해 printf() 함수의 사용 방법에 대해 자세히 알아보겠습니다.

예제 2-2 printf()에 관한 예제(1)

```
1    #include<stdio.h>
2    int main()
3    {
4        int a;
5        a= 21;
6        printf("%d                \n", a);
7        printf("                  \n");
8
9        return 0;
10   }
```

실행결과

3행 : int a;
정수가 저장될 수 있는 공간 a를 만드는 변수 선언입니다.

4행 : a = 21;
a 변수에 정수 21을 대입합니다. 대입연산자(=)는 우측의 결과 값을 좌측 변수에 대입하는 기능을 합니다. 대입연산자에 대한 자세한 내용은 다음에 설명하도록 하겠습니다.

6행 : printf("%d세기 명문대학 ₩n", a);
변수 a에 저장된 데이터를 형식지정자 %d를 이용하여 10진수의 형식으로 출력됩니다. printf() 함수의 중괄호 안에 " " 안에 문자열을 작성하면 화면에 문자열이 그대로 출력됩니다.

그러면 printf()함수에서 사용한 '₩n'은 어떤 기능을 수행할 까요?

이 문자의 기능은 화면에 출력되는 문장을 줄 바꿈을 하는 기능을 수행합니다. 이러한 문자의 종류를 이스케이프(Escape Sequence) 문자라고 합니다.

◉ 이스케이프 문자

escape 문자	기능
\a	내장 벨소리(beep sound)를 냄 : alert
\b	커서를 그 행의 1문자 앞으로 이동 : back space
\f	커서를 새 페이지로 이동 : form feed
\n	커서를 다음 행으로 이동 : line feed
\r	커서를 그 행의 맨 앞으로 이동 :
\t	커서를 일정한 간격(tab)만큼 수평이동 :
\v	커서를 일정한 간격(tab)만큼 수직이동 : vertical tab
\\	\ : back-slash 자신
\'	' : 문자상수 ' 자신
\"	" : 문자상수 " 자신
\?	? : 문자상수 ? 자신
\0	null 문자 : 종단문자로도 사용
\0101	A : 문자상수 A 자신(8진수로 표현)
\0x41	A : 문자상수 A 자신(16진수로 표현)

printf() 함수에서 적용된 형식지정자 ₩n은 화면에서 줄 바꿈의 기능을 합니다. 형식지정자는 다음 표와 같이 화면에 나타나는 출력의 형식을 제어하는 역할을 합니다.

◉ 형식 지정자

제 어 문 자	의 미
%d	부호 있는 10진수 정수
%ld	부호 있는 long형 10진수 정수
%u	부호 없는 10진수 정수
%lu	부호 없는 10진수 정수
%o	8진수 정수
%x 또는 %X	16진수 정수
%f	10진수 실수
%lf	double형 10진수 실수
%e 또는 %E	10진수 실수의 지수표현
%c	단일 문자
%s	문자열
%%	%기호 자체

예제 2-3 printf()에 관한 예제 (2)

```
1   #include<stdio.h>
2   int main()
3   {
4           int a, b;
5           a= 10; b=20;
6           printf(" a + b = %d\n", a+b);
7
8           return 0;
9   }
```

실행결과

```
a + b = 30
```

6행 : printf(" a + b = %d₩n", a+b);
a + b의 계산 결과를 10진수 형식으로 변환(%d)하여 출력합니다.

◉ 실수 출력 시 소수점 이하의 개수도 조절해서 출력할 수 있답니다!

형식지정자 앞에 %.(자리수)lf와 같이 자리수를 지정 해주면 됩니다. 예를 들어 %.2lf라 하면 소수점 이하 두 자리까지민 화면에 출력하라는 것입니다.

예제 2-4 실수 출력 예제

```
1   #include<stdio.h>
2   int main()
3   {
4           double f;
5           f =10;
6           printf("%lf\n",f);
7           printf("%.4lf\n",f);
8           printf("%.3lf\n",f);
9           printf("%.2lf\n",f);
10          printf("%.1lf\n",f);
11
12          return 0;
13  }
```

실행결과

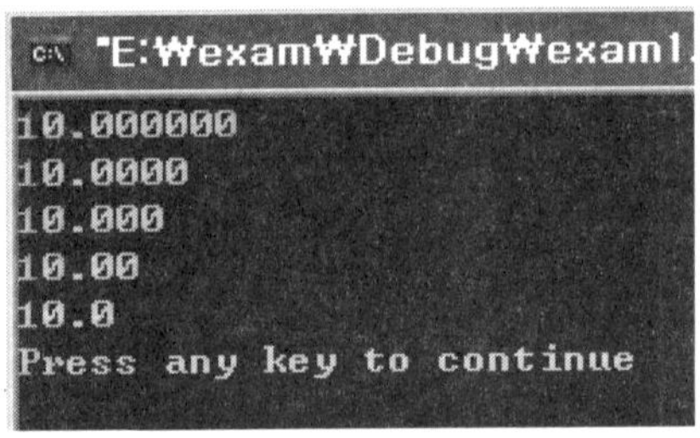

6행 printf("%lf₩n", f);
f변수에 저장된 데이터를 실수 형식(%lf)으로 변환하여 출력하라는 것입니다. 소수점이하 6개자리가 기본으로 출력 됩니다.

7행 printf("%.4lf₩n", f);
형식지정자 %.4lf는 소수점 이하 4자리까지 출력하라는 것입니다. 결과를 확인하면 소수점 이하 4자리까지 출력됩니다.

8행, 9행, 10행
역시 마찬가지로 소수점 이하 자리수를 지정한 데로 결과가 출력됩니다.

C Programming

2.4 printf()함수와 scanf()함수

- scanf()함수 : 키보드로부터 선언되어 있는 변수에 값을 입력
- 기본 형식 scanf("형식지정자", &변수이름);

  (예) scanf("%d", &x);
- 프로그램 실행 중 scanf()함수를 만나면 실행을 중단하고, 사용자가 형식지정자에 맞는 자료를 입력하고 Enter 키를 누르면 자료를 변수에 저장하고 계속 실행
- 여러 변수값의 입력

  (예) scnaf("%d%d", &x, &y);
  - 키보드에서 두 수를 입력할 때 두 수 사이를 공백으로 분리하거나, 한 수를 입력하고 Enter키를 친 후 다음 수를 입력

scanf()함수는 키보드로부터 숫자나 문자 상수를 입력받아 지정된 변수에 저장하는 기능을 갖는 표준 라이브러리 함수입니다. 기본적인 형식은 다음과 같습니다.

```
scanf (" 형식지정자 ", &변수이름);
```

형식지정사에 맞는 형식의 데이터를 키보드로부터 입력받아 &연산자 뒤에 지정된 변수에 저장하는 기능을 합니다. 여기서 주소연산자 '&'는 변수의 메모리 주소를 나타내며, 입력되는 데이터를 변수가 위치한 주소번지에 저장하라는 의미입니다.

정수를 저장할 수 있는 변수 x가 선언되어 있고, 십진수 형식으로 키보드로부터 입력된 데이터를 변수 x에 대입하려고 한다면, scanf("%d", &x)와 같이 사용하면 됩니다.

이 문장이 실행되면 출력화면에 키보드로부터 입력을 받기 위해 커서가 깜빡이게 됩니다. 키보느에서 임의 정수를 입력하고 Enter키를 누르면 입력한 정수가 변수에 저장하게 됩니다.

하나의 scanf() 함수를 이용하여 두 개 이상의 변수에 값을 저장하는 경우에는 다음과 같이 사용할 수 있습니다.

예) scanf("%d %d", &x, &y);

형식지정자와 변수를 차례로 나열하여 두 개 이상 지정할 수 있습니다. 변수들 사이에는 콤마로 분리합니다. 형식지정자와 변수는 차례대로 대응됩니다. 키보드에서 두 수를 입력할 때, 두 수 사이를 공백으로 분리하거나, 한 수를 입력하고 Enter키를 친 후 다음 수를 입력하면 됩니다.

다음의 예제는 키보드로부터 정수와 실수를 입력받아 화면에 출력하는 예입니다.

예제 2-5 변수의 입출력

```c
#include <stdio.h>
int main()
{
   int i;
   double f;
   printf ("정수를 입력해주세요!!:");
   scanf ("%d" , &i);
   printf ("입력한 정수는 %d입니다.\n" , i);
   printf ("실수를 입력해주세요!!:");
   scanf ("%lf" , &f);
   printf ("입력한 실수는 %lf입니다." , f);

   return 0;
}
```

실행결과

```
"E:₩exam₩Debug₩exam1.ex
정수를 입력해주세요!!: 3
입력한 정수는 3입니다.
실수를 입력해주세요!!: 3.5
입력한 실수는 3.500000입니다.
Press any key to continue_
```

5행 , 6행 : int i , double f
이 문장은 정수의 데이터를 저장 할 수 있는 i라는 이름을 갖는 변수를 만들고, 실수의 데이터를 저장 할 수 있는 f라는 이름의 변수를 만듭니다.

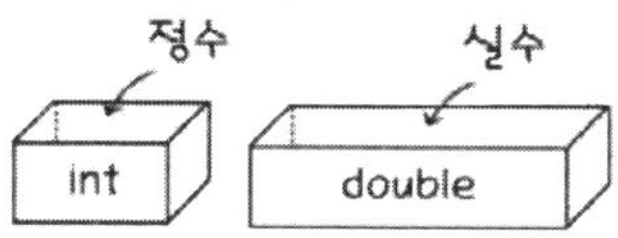

6행 , 9행 : printf ("정수...") printf ("실수...")
“” 안에 있는 문장을 모니터 화면에 출력합니다.

7행 , 10행 : scanf ("%d" , &i) scanf ("%lf" , &f)
십진수의 형식으로 입력받은 데이터를 i변수에 저장하고, 배정도 실수의 형식으로 입력받은 데이터를 f변수에 저장합니다.

8행 , 11행 : printf ("입력한 정수..." , i) printf ("입력한 실수..." , f)
i 변수에 저장된 데이터와 f변수에 저장된 실수를 출력합니다.

다음의 예제는 두 개의 정수를 입력받아 정수의 합을 계산하여 결과를 화면에 출력하는 예입니다.

예제 2-6 변수의 입출력

```
#include <stdio.h>
int main()
{
   int a, b, z;
   printf ("두개의 정수를 차례대로 입력 :");
   scanf("%d %d" , &a, &b);
   z = a + b;
   printf (" %d + %d = %d \n " , a, b, z);
   return 0;
}
```

실행결과

```
"F:\01_EXE\df\Debug\df.exe"
두개의 정수를 차례대로 입력 : 5 10
 5 + 10 = 15
Press any key to continue
```

6행 : scanf ("%d %d", &a, &b)
scanf("%d",&a), scanf("%d",&b) 2개로 작성 할 것을 위와 같이 하나의 scanf() 함수로 구성하였습니다.

실습 2-1

키보드로부터 두 개의 정수 값을 변수에 입력받아 그 합을 출력하는 프로그램을 작성해 봅시다. 또한 입력 값을 실수로 바꾸어 봅시다.

실습 2-2

scanf() 함수를 이용하여 본인의 나이를 변수에 저장하고 이름과 나이를 printf() 함수를 이용하여 출력하는 프로그램을 작성해보세요.

C Programming

2.5 형변환 : 자동형변환, 강제형변환(cast연산자)

- 자동 형 변환
  - 하나의 수식이나 대입문에서 여러 데이터타입을 혼용할 때 규칙에 따라 자동으로 데이터타입을 변환
  - **대입문에서 발생하는 형변환** : 대입문에서 왼쪽 항과 오른쪽 항이 서로 자료형이 틀릴 경우 왼편항의 데이터타입으로 변환
  - **두개의 다른 데이터타입 간 연산이 이루어질 때** 우선 순위가 낮은 데이터타입은 두 타입 중 우선 순위가 높은 타입으로 데이터타입이 바뀌어 계산 결과는 우선 순위가 높은 데이터타입
  - 데이터타입의 우선순위는 저장 크기가 클수록 높음.
    double > int > char

2.5 형변환

데이터를 변수에 대입할 때 대입하려는 데이터와 변수로 지정된 메모리의 크기가 다른 경우 형변환이 발생합니다. 데이터의 형식이 작은 곳에서 큰 곳으로 대입되는 경우는 문제되지 않지만, 큰 데이터의 형식에서 작은 곳으로 대입되는 경우 데이터의 손실이 발생되는 문제를 감안해야 한답니다.

■ 자동 형변환

① 대입문에서 발생하는 형변환

대입문에서 왼쪽 항과 오른쪽 항이 서로 데이터형태가 다른 경우 왼쪽항의 데이터 형태로 변환됩니다. 즉, 정수타입의 데이터가 들어갈 수 있는 x라는 변수를 선언하고(int x;), 변수 x에 실수 10.01을 대입(x=10.01)하려고 할 경우 소수점

이하의 데이터는 삭제되고 정수 부분 10만 변수 x에 대입됩니다.

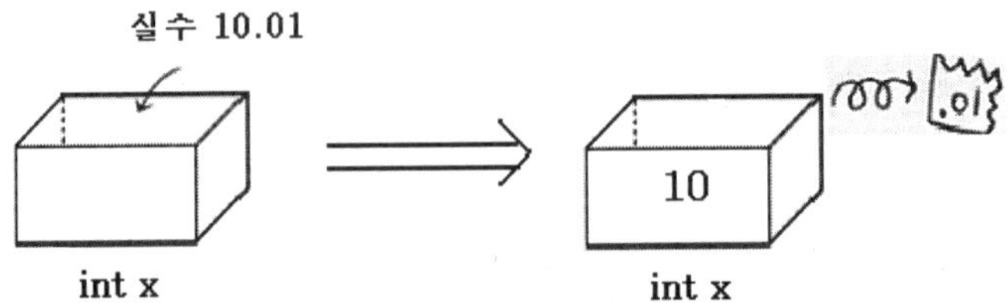

즉, 실수와 같은 데이터 형식의 큰 데이터가 정수와 같은 작은 메모리 공간으로 대입되는 경우 소수점 이하가 손실되는 형변환이 발생됩니다.

② 서로 다른 데이터 타입과의 연산이 이루어질 경우

우선순위가 낮은 타입의 데이터는 두 타입의 데이터 중 우선순위가 높은 형으로 타입이 바뀌어 계산되며, 계산 결과는 우선순위가 높은 타입의 데이터로 형변환이 발생됩니다.

double > int > char

예제 2-7 변수의 입출력

```
#include <stdio.h>
int main()
{
   int x;
   x = 10.01;
   printf (" %d \n " , x);
   printf (" %lf \n " ,(double)x);

   return 0;
}
```

실행결과

```
"F:\01_exe\dfdsf\Debug\d
10
10.000000
Press any key to continue
```

5행 : x = 10.01
변수 x는 정수형으로 선언된 변수이며, 우측의 실수 데이터가 정수형 변수 x에 대입되면 소수점 이하 데이터는 소실됩니다.

예제 2-8 변수의 입출력

```
1   #include <stdio.h>
2   int main()
3   {
4     double x;
5     x = 2/5;
6     printf (" 2/5 = %lf \n", x);
7     x = 2.0/5;
8     printf (" 2.0/5 = %lf \n" ,x);
9
10    return 0;
11  }
```

실행결과

```
"F:\01_exe\dfdsf\Debug\
 2/5 = 0.000000
 2.0/5 = 0.400000
Press any key to continue
```

5행 : x = 2/5;
우측 항의 2 나누기 5의 결과 값이 좌측의 실수형 변수 x에 대입됩니다. 2/5의 결과는 0.4이지만 우측의 정수형 데이터 간의 연산 결과는 정수형이 되기 때문에 소수점이 소실된 0값이 좌측의 x변수에 대입됩니다.

7행 : x = 2.0/5;

우측 항의 2.0/5는 실수형 데이터 나누기 정수형 데이터의 형식이기 때문에 결과 형식은 우선순위가 높은 실수형 데이터의 결과가 됩니다. 따라서 계산 결과는 0.4가 되며 이 값이 x변수에 대입됩니다.

C Programming

2.5 형변환 : 형변환의 규칙

- 형 변환의 규칙
  - 하는 것을 감안해야 한다
  -
  -
  -

서로 다른 데이터형의 연산을 할 경우에도 형변환이 발생되는데, 이러한 형변환의 규칙을 정리해 보면 다음과 같습니다.

- 큰 수와 작은 수를 연산했을 경우 큰 수로 형변환 됩니다.
- 정수와 실수를 연산 할 경우 실수형으로 형변환 됩니다.
- 덜 정밀한 수와 정밀한 수를 연산할 경우 정밀한 수로 형변환 됩니다.
- 큰 데이터 타입의 데이터를 작은 데이터 타입에 대입할 경우 데이터 손실이 발생됩니다.

예제 2-9 데이터 타입 자동변환

```
1   #include <stdio.h>
2   int main()
3   {
4      char ch;
5      int i;
6      double f;
7      f = i = ch = 'A';
8      printf ("ch = %c , i = %d , f = %.2lf \n" , ch , i , f);
9      ch = ch + 1;
10     i = f +2*ch;
11     f= 2.0*ch + 1;
12     printf ("ch = %c , i = %d , f = %.2lf \n" , ch , i , f);
13
14     return 0;
15  }
```

실행결과

```
ch = A , i = 65 , f = 65.00
ch = B , i = 197 , f = 133.00
```

(7행) fl = i = ch = 'A';

대입연산자에 의하여 문자 'A'에 해당되는 2진 데이터(ASCII CODE) 100 0010가 먼저 문자형 변수 ch에 저장되고, 변수 ch에 저장된 데이터가 다시 정수형 변수 i에 저장되며, i변수의 데이터가 다시 실수형 변수 fl에 대입되게 됩니다.

작은 크기의 데이터가 큰 크기의 데이터 형 변수로 대입되는 것이기 때문에 char형은 int형으로 int형은 double형으로 형변환이 자동으로 됩니다. 8행의 결과를 확인해 보면 ch = A , i = 65 , f = 65.00로 출력됨을 확인할 수 있습니다.

(9행) ch = ch + 1;
우측의 문자형 변수 ch와 정수 1을 더하는 것은 char형과 int형의 연산이기 때문에 정수형이 됩니다. 정수형의 결과를 다시 char형 변수 ch에 대입하게 되면 char형으로 형변환이 됩니다. 따라서 ch 변수에는 문자 'B'에 해당되는 데이터가 저장되게 됩니다.

(10행) i = f + 2.0 * ch;
대입문 우측에 실수형 변수 f와 실수 2.0과 문자형 변수 ch의 연산 결과를 정수형 변수 i에 대입하라는 문장입니다. 우측 계산 결과는 데이터 형이 가장 큰 실수형으로 형변환이 됩니다. 따라서 우측 계산 결과는 197.00이 되며 이 실수형 결과 값이 좌측의 정수형 변수 i에 대입되면서 소수점 이하 데이터가 손실된 정수값(197)이 저장됩니다.

즉 큰 데이터형의 데이터가 작은형의 데이터로 들어가는 경우 데이터의 손실이 발생하게 됩니다.

(11행) f = 2.0*ch + 1;
우측의 2.0*ch+ 1의 결과는 double형이 되며, 따라서 계산 결과 133.0 값이 실수형 변수 f에 대입됩니다.

◉ 아스키 코드(ASCII : American Standard Code for Information Interchange)

2.5 형변환 : 자동형변환, 강제형변환(cast연산자)

- 강제형변환(cast연산자)
  - 연산자를 이용하여 강제적으로 자료형을 변환

    형식 **(데이터타입) 값;**

    (예) (int) x ;

  - 값(변수 또는 상수)의 데이터타입을 괄호 내에 명시한 데이터타입으로 강제로 형 변환

■ 강제 형변환 : cast 연산자

cast 연산자를 이용하여 강제적으로 데이터 타입을 변환 시킬 수 있습니다. cast 연산자의 사용형식은 다음과 같습니다.

(데이터 타입) 변수 또는 값

예) `(int)x;`

값 또는 변수 앞에 데이터 타입을 괄호 내에 명시하면 강제로 형변환을 할 수 있습니다.

예제 2-10 cast 연산자의 사용

```
1    #include <stdio.h>
2    int main()
3    {
4       int i, j;
5       double f;
6       f = 1.6;
7       i = f + 1.5;
8       j = (int)f + (int)1.5;
9       printf (" i = %d , j = %d ", i , j);
10
11      return 0;
12   }
```

실행결과

```
i = 3 , j = 2
```

6행 , 7행 : `f = 1.6;   i = f + 1.5;`

실수형 데이터를 저장할 수 있는 f 변수에 1.6을 대입하고, 7행에서 1.6+1.5의 결과 3.1을 정수형 변수 i에 저장하게 되면 소수점 이하 데이터가 손실되어 정수형 변수 i에는 정수 3값이 저장됩니다.

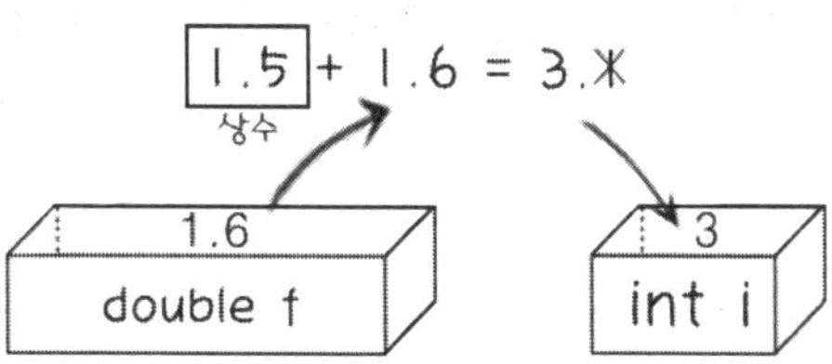

8행 : `j = (int)f + (int)1.5;`
실수형 변수 f와 실수 1.5앞에 정수형으로 강제 형변환 하게 되며, 따라서 (int)1.6 = 1, (int)1.5 = 1의 결과를 더한 결과가 변수 j에 대입되게 됩니다.

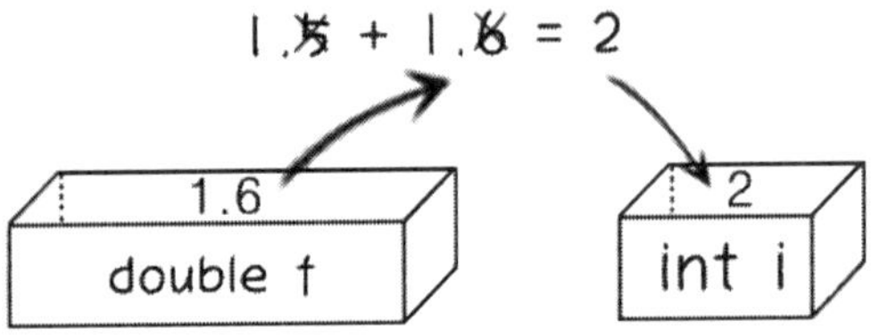

◉ C 언어에서의 문장이란?

◉ 오버플로우(Overflow)와 언더플로우(Underflow)

1. 키보드로부터 영문자 소문자를 입력 받아 대문자로 바꾸어 출력하는 프로그램을 작성해 보세요.

2. int형으로 선언된 변수에서 상한치와 하한치를 넘으면 어떤 결과가 나오는지 프로그램을 작성해서 설명해 보세요.

3. 임의의 정수값을 키보드로 입력받고, 입력받은 정수에 해당하는 ASCII 문자로 변환하여 출력하는 프로그램을 작성해 보세요.

4. 데이터 타입을 달리하여 변수 선언을 할 경우 메모리 할당은 어떻게 되는지 설명해 보세요.

5. 키보드로부터 임의의 한 문자를 입력받아 변수에 저장하고, 저장된 데이터를 10신수, 8진수, 16진수 형식으로 변환하여 출력하는 프로그램을 작성해보세요.

6. 프로그램 작성 시 cast연산자는 어떤 경우에 사용해야 하는지 설명해 보세요.

7, 변수의 이름을 정할 때 고려해야 하는 사항에 대해서 설명하세요.

제 3 장

너무 쉬운 기본 문법 I

3.1 대입 연산자

3.2 산술 연산자

3.3 증가, 감소 연산자

3.4 관계, 논리 연산자

개 요

주어진 문제를 컴퓨터가 인식할 수 있는 C 언어로 변환하는 작업, 즉 프로그래밍을 하기 위해서 사용되는 기본적인 문법사항인 연산자를 소개합니다.
C 언어에서는 다양한 연산자를 이용하여 수식을 만들 수 있고 이 수식을 이용하여 문장을 구성합니다. 대입연산자(=)를 이용하여 변수에 수식의 값을 할당하며, 산술연산자를 비롯하여 관계연산자, 논리연산자 등을 이용하여 다양한 형태의 수식을 만들 수 있습니다.

학습목표

* 문장과 수식에 대하여 이해합니다.
* 대입문의 의미를 이해하고, 산술연산자의 사용법을 익힙니다.
* 관계, 논리연산자를 이용하여 조건식을 구성하는 방법을 익힙니다.
* 증가, 감소연산자의 사용법을 이해합니다.

제3장 : 너무 쉬운 기본 문법I

3.1 대입 연산자

3.2. 산술 연산자

3.3 증가, 감소 연산자

3.4 관계, 논리 연산자

제3장. 너무 쉬운 기본 문법 I

C 언어에서는 다양한 연산자를 이용하여 수식을 만들 수 있고, 이 수식을 이용하여 문장을 구성하게 됩니다.

대입연산자(=)를 이용하여 변수에 수식의 값을 할당하며, 산술연산자를 비롯하여 관계연산자, 논리연산자 등을 이용하여 다양한 형태의 수식을 만들 수 있습니다.

C Programming

문장과 수식 : 문장

- **문장** 컴퓨터에게 어떤 일을 수행하도록 지시하는 명령
- 문장은 프로그램을 구성하는 기본 요소, 프로그램은 문장들의 나열
- 문장의 끝을 나타내기 위하여 문장 끝에 세미콜론(;)을 붙임.
- 선언문(Declaration statement) : 변수나 함수를 선언하는 문장
  (예) int i;
- 대입문(Assignment statement) : 변수에 값을 할당하는 문장
  (예) i = 10 + j;
- **함수 호출문** : 함수를 호출하여 함수를 수행시키는 문장
  (예) printf("Hello World");

컴퓨터에게 어떤 일을 수행하도록 지시하는 명령을 문장(statement)이라 합니다. 문장은 프로그램을 구성하는 기본 요소이며, 프로그램은 문장들의 나열이라 볼 수 있습니다. C 언어에서 문장의 끝을 나타내기 위하여 세미콜론(;)을 문장 끝에 붙여야 합니다.

C 언어의 문장은 그 역할에 따라 다음과 같은 종류로 나눌 수 있습니다.

(1) 선언문(Declaration statement) : 변수나 함수를 선언하는 문장을 말합니다. 변수의 선언은 이미 알고 있으나, 함수의 선언에 대해서는 후에 알아볼 것입니다.

예) int i;   /* 정수형 변수 i의 선언 */

(2) 대입문(Assignment statement) : 변수에 값을 할당하는 문장을 말합니다.

예) i= 10+j;   /* 변수 i에 10과 변수 j값의 합한 값을 할당 */

(3) 함수 호출문 : 함수를 호출하여 함수를 수행시키는 문장.

예) printf("Hello World");
/* printf()함수를 호출하여 “Hello World"를 출력 하도록 함 */

C Programming

3.1 대입 연산자

- 대입연산자(=) : ‘ ’의 우측 수식 값을 좌측에 변수에 할당
  - 대입연산자의 우측 수식을 먼저 계산하여 좌측의 변수에 저장
  - 좌측에는 변수만 올 수 있음
  - 한 문장 내에서 한꺼번에 여러 개를 함께 사용

  연산 순서는 우측에서 좌측 차례로 이루어짐

3.1 대입 연산(Assignment Operator)

수학에서 사용하는 등호 표시(=)를 C 언어에서는 대입 연산자로 사용됩니다.

예)
```
int a, b;
a = b;
```

위와 같은 문장을 우리가 수학에서는 “a와 b가 같다”라는 의미로 배웠습니다.

그러나 C 언어에서는 “변수 b의 값을 좌측 변수 a에 할당 한다”라는 의미로 사용됩니다. 반드시 좌측에는 데이터를 저장 할 수 있는 변수가 와야 하며, 오른쪽에는 변수 혹은 수식을 써주어야 합니다.

이때 연산 순서는 오른쪽의 수식을 계산한 결과를 왼쪽의 변수에 대입합니다.

대입연산자는 한 문장 안에서 여러 개의 대입연산자를 함께 사용할 수 있습니다.

예) x = y = z = 2;

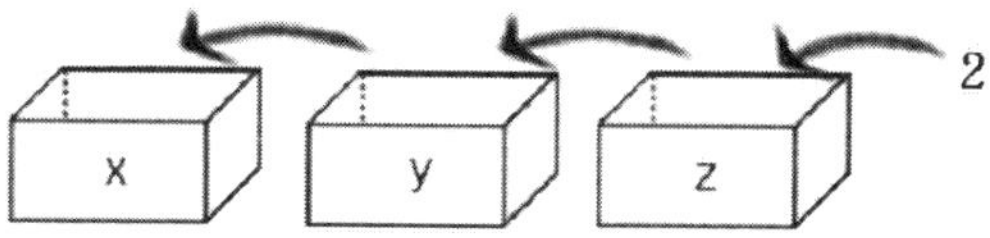

연산 순서는 우측의 데이터 2값을 z변수에 대입하고, z변수에 저장된 데이터를 y 변수에 저장하고, y변수에 저장된 데이터를 x에 차례대로 대입하게 됩니다.

따라서 문장 수행 후의 각 변수의 결과는 변수 x, y, z에 각각 2가 저장됩니다.

예제 3-1 대입 연산자의 사용

```
1   #include <stdio.h>
2   int main()
3   {
4     int x, y, z;
5     x = 10;
6     y = 20;
7     z = 30;
8     printf (" %d \t %d \t %d \t \n" , x, y, z);
9     x = y = z = 5;
10    printf (" %d \t %d \t %d \t \n" , x, y, z);
11
12    return 0;
13  }
```

실행결과

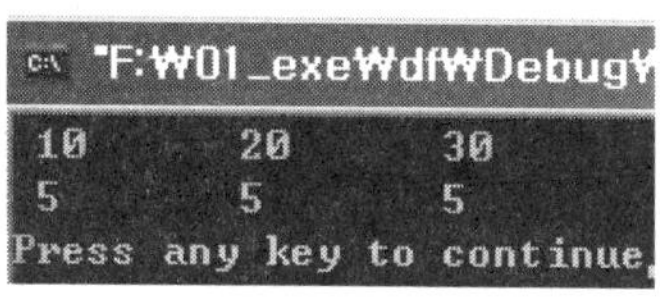

9행 : x = y = z = 5;

대입문이 적용된 문장은 대입문 우측부터 실행하게 됩니다. 정수 5값을 z변수에 대입하고 z변수의 값을 y변수, y변수의 값을 x변수에 대입됩니다.

3.2 대입, 산술 연산자

❑

❑

- 덧셈 : +
- 뺄셈 : -
- 곱셈 : *
- 나눗셈 : /
- 나머지 연산 : %

나머지를 구하는 %(모듈로)연산자는 당연히 피연산자로 정수만을 쓸 수 있다.

3.2 산술 연산자

C 언어에서 사용하는 산술연산자를 정리하면 다음과 같습니다.

◉ 산술연산자

예제 3-2 산술 연산자의 사용

```
#include <stdio.h>
int main()
{
   int x , y;
   x = 10;
   y = 2;
   printf (" %d + %d = %d \n" , x, y, x+y);
   printf (" %d + %d = %d \n" , x, y, x-y);
   printf (" %d + %d = %d \n" , x, y, x*y);
   printf (" %d + %d = %d \n" , x, y, x/y);
   printf (" %d + %d = %d \n" , x, y, x%y);

   return 0;
}
```

실행결과

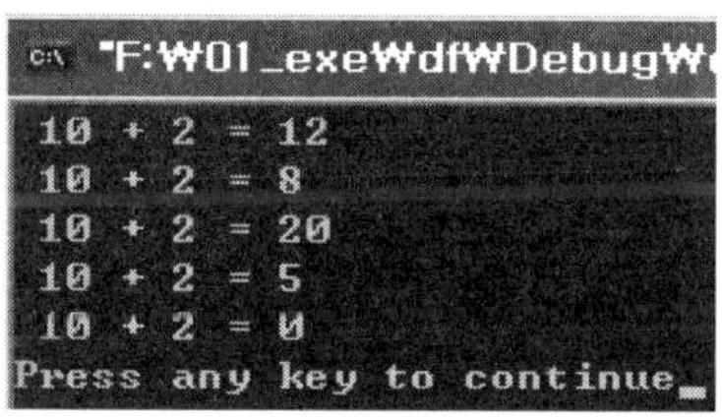

두 변수에 저장되어 있는 정수 값의 덧셈, 뺄셈, 곱셈, 나눗셈, 잉여연산(나눈 나머지 값)의 계산 결과를 확인 할 수 있습니다.

예제 3-3 산술 연산자의 사용

```
1   #include <stdio.h>
2   int main()
3   {
4      int i , j;
5      double f;
6      i=4;
7      j=10;
8      f=4.0;
9      printf(" 4/10*10 = %d \n" , i/j*10);
10     printf(" 4.0/10*10 = %f \n" , f/j*10);
11     printf(" 10 %4 = %d \n " , 10%4);
12
13     return 0;
14  }
```

실행결과

```
4/10*10 = 0
4.0/10*10 = 4.000000
10 % 4 = 2
```

9행 : printf (" 4/10*10 = %d ₩n" , i/j*10); (9행)
i/j*10에서 4/10*10 하면 일반적인 수학 계산 결과 값은 4가 나와야 하는데 실제 프로그램 실행 결과는 0이 나옵니다.

i와 j는 정수만을 저장할 수 있는 정수형 저장 공간입니다. 따라서 i와 j를 나눈 결과는 소수점 이하를 버리고 정수 부분만 남게 됩니다. 따라서 4/10의 결과 0.4에서 소숫점 이하가 손실되어 0이 되고, 결과 0과 10을 곱하게 되는 것입니다. 그래서 4/10*10의 결과는 4가 아니라 0이 나오게 되는 것입니다.

10행 : printf (" 4.0/10*10 = %lf ₩n" , f/j*10);
실수를 저장하도록 설정한 f변수와 정수형 변수 j의 값을 나눈 결과는 실수형인 0.4가 되며, 다시 10을 곱한 결과 4.00를 실수의 형식(%lf)으로 변환하여 출력하게 됩니다.

C Programming

3.3 증가,감소 연산자

- 변수의 값을 1씩 증가시키거나 감소시키는 역할을 하는 단항 연산자
- 변수의 앞(전치,prefix) 또는 뒤(후치,postfix)에 붙임
- 전치의 경우

  y = ++x; → x = x + 1; y = x;

- 후치의 경우

  y = x++; → y = x; x = x + 1;

3.3 증가, 감소 연산자

증가, 감소 연산자는 변수에 저장된 데이터를 1씩 증가하거나, 1씩 감소시키는 기능을 하는 연산자입니다. 연산자는 변수의 앞에 위치할 수도 있고, 뒤에 위치할 수도 있습니다. 연산자의 위치에 따라 실행 결과의 차이가 있습니다.

◉ 증가, 감소 연산자

◉ 전치 증가(감소)연산자와 후치 증가(감소) 연산자

예제 3-4 증가, 감소 연산자의 사용

```
#include <stdio.h>
int main()
{
   int x,y,z;
   x=y=1;
   z = x++ -1;
   printf (" x = %d , y = %d , z = %d \n", x, y, z);
   z = ++x + y--;
   printf (" x = %d , y = %d , z = %d \n", x, y, z);

   return 0;
}
```

실행결과

```
x = 2 , y = 1 , z = 0
x = 3 , y = 0 , z = 4
```

6행 : z = x++ -1;
x++는 증가연산자가 x변수 뒤에 붙은 경우이며, 이 때 후치 증가연산자라고 합니다. 후치 증가연산자의 경우에는 변수의 데이터를 증가하는 시점이 나중입니다. 즉 x++의 결과는 1이며, 우측의 계산결과는 1-1이 되어 0이 되며, 결과 값이 좌측 변수 z에 저장됩니다. 계산 후 x변수의 데이터가 1에서 2로 증가됩니다.

7행 : printf (" x = %d , y = %d , z = %d ₩n", x, y, z)
x, y, z변수에 저장되어 있는 데이터 값을 확인해 볼 수 있습니다.

변수 x에는 2, 변수 y에는 1, 변수 z에는 0의 데이터가 저장된 것을 확인 할 수 있습니다.

8행 : z = ++x + y--
x에는 전치연산자가 y에는 후치연산자가 위치하고 있습니다. ++x에서 x변수 앞에 증가연산자가 위치할 경우 전치 증가연산자라고 합니다. 전치 증가연산자의 경우 바로 그 자리에서 변수의 데이터를 하나 증가시킵니다.

++x의 결과는 3이 되고, y--의 결과는 1이 됩니다. y--의 후치 감소연산자의 경우에도 마찬가지로 나중에 변수의 데이터를 하나 감소합니다. 즉 3+1의 결과 4가 변수 z에 대입됩니다.

9행 : printf (" x = %d , y = %d , z = %d ₩n", x, y, z)
x, y, z 변수의 데이터 결과를 확인해 보면 3, 0, 4로 변해있음을 알 수 있습니다.

실습 3-1

아래 프로그램을 실행 해 보고 밑줄 친 두 문장을 하나의 문장으로 고쳐 실행해 보세요.

```
#include<stdio.h>
void main()
{
    int a, b=10;
    b=b+1;
    a=b*2;
    printf("a는 %d ₩n, b는 %d ₩n", a, b);
}
```

C Programming

3.4 관계, 논리 연산자 : 관계 연산자

- 관계 연산자의 결과값
- 관계 연산자 : 연산자 좌우항의 대소관계를 비교하는 연산자

3.4 관계, 논리 연산자

관계연산자와 논리연산자를 사용한 수식의 그 결과 값은 항상 참(true)이나 거짓(false)으로 나타납니다. 수식의 결과가 참이면 1, 거짓이면 0으로 표현합니다. 또한 모든 수식의 결과 값이 0이면 거짓으로 판정하고, 0이외의 수는 참으로 판정합니다.

■ 관계 연산자

관계 연산자는 연산자 좌우항의 대소 관계를 비교하는 연산자입니다. 관계연산자에 대해서 표를 보고 자세히 알아봅시다.

◉ 관계 연산자

관계연산자는 연산자의 좌, 우항의 대소 관계와 등호 관계를 비교하며, 식의 결과를 참(1)과 거짓(0)으로 판단합니다.

수학에서 '='는 좌, 우항이 같다(등호)는 의미로 사용되나, C 언어에서 대입연산자로 사용된다는 것은 알고 있습니다.

C 언어에서 이와 같은 등호의 역할을 하는 것이 '==' 연산자입니다. '!=' 연산자는 이와 반대의 의미로 사용됩니다.

관계연산자는 비교한 식의 결과가 참일 경우 1(True)을 거짓일 경우 0(False)으로 계산된 결과를 판단합니다.

예제 3-5 관계, 논리 연산자의 사용

```c
#include <stdio.h>
int main()
{
   int x, y;
   x = 10;
   y = 20;
   printf (" x < y = %d \n", x<y);
   printf (" x > y = %d \n", x>y);
   printf (" x <= y = %d \n", x<=y);
   printf (" x >= y = %d \n", x>=y);
   printf (" x == y = %d \n", x==y);
   printf (" x != y = %d \n", x!=y);

   return 0;
}
```

실행결과

```
"F:₩01_exe₩df₩Debug₩
 x < y = 1
 x > y = 0
 x <= y = 1
 x >= y = 0
 x == y = 0
 x != y = 1
Press any key to continue
```

관계, 논리 연산의 결과가 참인 경우 1, 거짓인 경우 0의 결과를 확인 할 수 있습니다.

3.4 관계, 논리 연산자 : 논리 연산자

- 논리 연산자의 결과값
  -
  -
- 논리 연산자
  -
  -
  -

■ 논리연산자

논리연산자는 연산자 좌우항의 논리적 관계를 판단하는 연산자입니다. 이를 정리하면 다음 표와 같습니다.

◉ 논리 연산자

논리연산자에는 !, &&, || 연산자가 있습니다. !연산자는 부정의 의미를 갖는 NOT 연산자로서 하나의 수 또는 식에만 사용됩니다. 변수 또는 값의 앞에 위치하게 되며, 변수 또는 값이 0이면 !연산자가 적용된 식의 결과 값은 1이 됩니다.

C언어에서의 참, 거짓 판단은 0을 제외한 모든 수를 참(True)값으로 판단하기 때문에 변수 또는 값이 0이 아닌 경우에 !연산자가 적용된 식의 결과 값은 0(거짓)이 됩니다.

```
int x = 0;
!x --> 결과 : 1(True)
!0 --> 결과 : 1(True)
!22 --> 결과 : 0(False)
```

논리연산자 &&는 논리곱 AND연산자라고 하며, 좌우항의 결과가 둘 다 참인 경우에만 결과가 참이 되며, 좌우항 중 한쪽이라도 거짓일 경우 결과가 거짓으로 계산됩니다.

```
0(False) && 0(False)  --> 결과 : 0(False)
0(False) && 1(True)   --> 결과 : 0(False)
1(True) && 0(False)   --> 결과 : 0(False)
1(True) && 1(True)    --> 결과 : 1(True)
```

논리연산자 ||는 논리합 연산자로서 OR연산자라고 하며 좌우항의 결과가 하나라도 참일 경우 전체 결과가 참이 됩니다.

```
0(False) || 0(False)  --> 결과 : 0(False)
0(False) || 1(True)   --> 결과 : 1(True)
1(True) || 0(False)   --> 결과 : 1(True)
1(True) || 1(True)    --> 결과 : 1(True)
```

예제 3-6 논리연산자의 이용

```
1   #include<stdio.h>
2   int main()
3   {
4           int x, y, z, n;
5           x=0; y=1; z=2;
6           n = x<y;
7           printf("%d , %d\n", n, 1>=2);
8           printf("%d , %d , %d\n", y<z , y!=z , y==z);
9           printf("%d , %d , %d\n", !0, !1, !10);
10          printf("%d , %d , %d\n", 0&&1 , 2&&1 , x<y&&y<z);
11          printf("%d , %d , %d\n", 0||0, 2||0, x>y||y<z);
12
13          return 0;
14  }
```

실행결과

```
1 , 0
1 , 1 , 0
1 , 0 , 0
0 , 1 , 1
0 , 1 , 1
```

7행 : printf("%d , %d₩n" , n , 1>=2);
x<y의 결과를 판단하면, 0<1이 참이므로 참의 결과 값 1이 좌측 변수 n에 대입됩니다. 또한 1>=2는 거짓이므로 거짓의 결과 0을 확인 할 수 있습니다.

8행 : printf("%d , %d , %d₩n" , y<z , y!=z , y==z);
y<z는 1<2가 되므로 결과는 참이며, y!=z는 1!=2이 되며 1과 2는 같지 않으므로 참이 됩니다. y==z는 1==2이 되어 1과 2는 같지 않으므로 거짓이 됩니다. 따라서 참, 참, 거짓의 결과이므로 화면에서 1, 1, 0을 확인 할 수 있습니다.

9행 : printf("%d , %d , %d₩n", **!0, !1, !10**);
논리부정에서는 !뒤의 값이 0이면 모두 참이고 그 외의 값은 모두 거짓입니다.

따라서 !뒤에 0이 있으므로 결과 값은 참이 됩니다.

역시 !1과 !10는 !뒤의 값이 0이 아니므로 참의 부정은 거짓이 됩니다.

10행 : printf("%d , %d , %d₩n", 0&&1 , 2&&1 , x<y&&y<z);
논리곱 &&연산자는 양쪽의 결과가 참(1)인 경우에만 결과가 참이 되는 조건입니다. 따라서 0&&1는 0은 거짓이고 1은 참이기 때문에 결과는 거짓이 되며, 2&&1는 2도 참이고 1도 참이기 때문에 최종 결과는 참이 됩니다.

x<y&&y<z는 0<1&&1<2식으로 표현 할 수 있고, 0<1의 참 결과 값과 1<2의 참 결과 값을 논리곱 연산한 결과는 참이 됩니다.

11행 : printf("%d , %d , %d₩n" , 0||0 , 2||0 , x>y||y<z);
논리합 ||연산자는 양쪽의 결과가 거짓(0)인 경우에만 결과가 거짓이 되는 조건입니다. 따라서 0||0는 양쪽 다 거짓 0이므로 결과는 거짓이 됩니다.

2||0의 2의 결과 값 참과 0의 논리합 결과는 참이 됩니다.

x>y||y<z는 0>1||1<2식으로 표현 할 수 있고, 0>1의 거짓 결과와 1<2의 참결과를 논리합 연산 결과는 참이 됩니다.

실습 3-2

아래에 기술되어 있는 내용을 C 언어의 수식으로 표현하고, 주어진 변수의 값이 아래와 같을 때 수식의 결과를 프로그램으로 알아보세요.

(1) 정수형 변수 number는 1보다 크거나 같지만 9보다 작다.
  number = 8

(2) 정수형 변수 ch는 q와 같지 않거나 k보다 크다.
  ch=8, q=10, k=5

1. 임의의 두 정수에 대해서 사칙연산과 나머지를 구하는 프로그램을 작성하고 결과를 출력해 보세요.

2. 임의의 원의 반지름 값을 입력하면 원의 면적과 원의 둘레를 계산하는 프로그램을 작성하세요.

3. 한 변의 길이를 키보드로부터 입력받아 이 값을 이용하여 정삼각형과 정사각형의 면적을 구하는 프로그램을 작성하세요.

4. 키보드로부터 임의의 섭씨(Celsius)온도를 입력하면 화씨(Fahrenheit)온도로 변환하는 프로그램을 작성해 보세요.

5. 키보드로부터 초단위의 시간을 입력받아 이를 몇 시간, 몇 분, 몇 초로 변환하여 출력하는 프로그램을 작성하세요.

6. 임의의 센티미터(cm)값을 입력하면 피트(feet)로 변환하여 출력하는 프로그램을 작성해보세요. (1피트는 30.48센티미터)

제 4 장 너무 쉬운 기본 문법 Ⅱ

4.1 복합 대입연산자

4.2 조건부 연산자

4.3 나열 연산자

4.4 sizeof 연산자

4.5 연산자 우선순위

개 요

복합관계연산자를 이용하면 대입연산자와 산술연산자로 구성된 수식을 간략화 할 수 있습니다.
조건부연산자를 이용하면 간단한 조건에 따라 실행 형태를 달리하는 프로그램 개발이 가능합니다. sizeof 연산자를 이용하면 컴퓨터 시스템의 C컴파일러가 제공하고 있는 데이터 타입의 크기를 알아볼 수 있습니다. 이러한 연산자가 한 수식에 섞여 있을 경우 그 우선순위 및 실행 방향에 따라 실행됩니다.

학습목표

* 복합관계연산자의 사용법을 익힙니다.
* 조건부연산자를 이해하고 활용합니다.
* sizeof 연산자의 사용법을 확인합니다.
* 나열연산자의 사용법을 익힙니다.
* 연산자의 우선순위를 익힙니다.

제 4 장 : 너무 쉬운 기본 문법II

4.1 복합 대입연산자

4.2 조건부 연산자

4.3 나열 연산자

4.4 sizeof 연산자

4.5 연산자 우선순위

제4장. 너무 쉬운 기본 문법 II

복합관계 연산자를 이용하면 대입 연산자와 산술 연산자로 구성된 수식을 간략화 할 수 있습니다. 조건부 연산자를 이용하면 간단한 조건에 따라 실행 형태를 달리하는 프로그램의 개발이 가능해십니다. 이러한 연산자가 한 수식에 섞여 있을 경우 그 우선순위 및 실행 방향에 따라 실행됩니다.

C Programming

4.1 복합 대입 연산자

- 복합 대입 연산자 : 대입연산자와 산술연산자로 구성
- 장점 : 구성된 수식을 간략화
  -
  -
  -
  -
  -
- 증/감 연산자를 복합 대입 연산자로 표현
  - →
  - →

4.1 복합 대입 연산자

C 언어에서는 대입문에서 변수의 값이 일정하게 증가, 감소한다거나 일정한 비율로 변할 때 산술 연산자와 함께 묶어 사용할 수 있는 간편한 연산자를 제공합니다. 이러한 연산자를 복합 대입 연산자라고 하며 아래 표에서 확인해 보겠습니다.

+=	x+=2	x = x+2
-=	x-=y	x = x-y
*=	x*=y+1	x = x*(y+1)
/=	x/=2.0	x = x/2.0
%=	x%=2	x = x%2

복합 대입 연산자는 대입 연산자와 다른 연산자가 결합된 형태의 연산자입니다. 간단한 예를 보도록 하겠습니다.

예) x = x +2;

이 수식은 대입문을 기준으로 우측 식부터 먼저 처리하게 되며 x변수의 값에 2를 더하고 더한 결과를 x변수에 다시 대입하여 x변수의 값을 2만큼 증가시킵니다. 변수의 현재 값을 기준으로 상대적으로 값을 증감시킬 때 많이 사용하는 형식의 식입니다.

이처럼 좌변의 변수가 우변의 수식에 포함되어 있을 때는 이것을 복합 대입 연산자로 바꿀 수 있습니다.

예) x += 2;

여기서 사용된 +=이라는 연산자가 복합 대입 연산자의 형태이며 좌변의 값을 우변만큼 증가 시키게 됩니다.

변수의 이름이 긴 경우와 복잡한 표현식인 경우 복합 대입 연산자를 사용하는 것이 편리합니다.

증가, 감소 연산자를 복합 대입 연산자로 표현하면 다음과 같습니다.

```
++x  ->  x += 1;
--x  ->  x -= 1;
```

예제 4-1 복합 대입 연산자 이용

```
1   #include <stdio.h>
2   int main()
3   {
4      int x=23, y=10;
5      printf("초기 값 x=%d, y=%d\n", x, y);
6      x %= y;
7      printf (" 복합 대입 연산자 연산 후 할당된 값 :x=%d, y=%d\n", x, y);
8      x = 23;
9      x = x % y;
10     printf (" 일반 연산 후 할당된 값 :x=%d, y=%d\n", x, y);
11
12     return 0;
13  }
```

실행결과

```
초기 값 x=23, y=10
복합 대입 연산자 연산 후 할당된 값 : x=3, y=10
일반 연산 후 할당된 값 :x=3, y=10
```

6행 : x %= y;

x%=y는 x = x % y;의 문장을 압축시킨 복합 대입 연산자를 이용한 문장입니다. 즉 x변수와 y변수의 나눈 나머지를 계산하여 결과를 다시 x변수에 대입합니다.

6행의 복합 대입 연산자를 적용한 식과 9행의 일반 연산자로 적용한 식의 결과는 같다는 것을 실행 결과를 통해 확인 할 수 있습니다.

C Programming

4.2 조건부 연산자

- 조건부 연산자 : 주어진 조건에 따라 실행을 달리할 수 있는 연산자
  - 형식 : **수식 ? 식1 : 식2**
  - 의미 : 수식의 조건을 검사하여 참이면 식1를 수행하고,
    거짓이면 식2를 수행
  - (예)
    y = (x>0) ? x+1 : x-1;

  (의미) 변수x 값이 0보다 크다면, y = x+1;와 같이 수행되고. 변수 x 값이 0보다 작거나 같다면, y = x-1;와 같이 수행.

- 나열 연산자 : 여러 문장을 쉼표(,)로 묶어 하나의 문장으로 표현
  - 예 : x = 1, y = 2, z+=1;
  - 연산순서는 좌에서 우로 진행

4.2 조건부 연산자

주어신 조건에 따라 실행을 달리할 수 있는 연산자가 있습니다. 이를 조건부 연산자라 하며 그 형식은 다음과 같습니다.

```
수식 ? 식1 : 식2
```

수식의 조건을 검사하여 그 조건의 결과가 참이면 식1을 수행하고, 거짓이면 식2를 수행합니다.

예) y = (x>0) ? x+1 : x-1;

x>0의 식을 판단하여 참이면 x+1식을 선택하고, 거짓이면 식 x-1은 선택하게 됩니다.

변수 x값이 0보다 크다면,
    y = x+1; 의 문장이 수행되고,
변수 x값이 0보다 작거나 같다면,
    y=x-1; 의 문장이 수행됩니다.

예제 4-2 조건부 연산자와 나열연산자를 이용해서 큰 수 구하기

```
1   #include<stdio.h>
2   int main()
3   {
4       int x,y,z;
5       printf("정수를 입력하세요:");
6       scanf("%d" , &x);
7       printf("또 다른 정수 하나를 입력하세요:");
8       scanf("%d" , &y);
9       z = (x>y) ? x : y;
10      printf ("두개의  정수 중에 더 큰 수는 %d입니다.\n" , z);
11
12      return 0;
13  }
```

실행결과

```
정수를 입력하세요:3
또 다른 정수 하나를 입력하세요:5
두개의 정수 중에 더 큰 수는 5입니다.
```

9행 : z = (x>y) ? x : y

정수 3과 5를 입력 받은 경우, z = (3>5) ? 3 : 5 으로 확인 할 수 있습니다. 조건식 3>5는 거짓이므로 두 번째 식 5를 선택하게 되며 선택한 z변수에는 5가 대입됩니다.

실습 4-1

한 실수를 입력 받아 그 수의 절대 값을 출력하는 프로그램을 조건부 연산자를 이용하여 작성해 봅시다.

실습 4-2

임의의 정수를 입력하면 입력 받은 값이 홀수인지 짝수 인지를 판단하여 결과를 출력하는 프로그램을 작성하세요.
(출력 형식 : 입력한 정수는 짝수입니다!)

실습 4-3

임의의 정수를 입력하면 입력 받은 정수 값이 양의 정수인지 음의 정수인지를 판단하여 결과를 출력하는 프로그램을 작성하세요.
(출력 형식 : 입력한 정수는 음의 정수입니다!)

4.3 나열 연산자

나열 연산자는 두 개 이상의 변수를 동시에 선언하는 경우와 두 개 이상의 문장을 한 줄에 선언하는 경우 유용하게 사용할 수 있는 연산자입니다.

변수 x와 y를 다음과 같이 두 문장으로 선언합니다.

```
int x ;
int y ;
```

선언된 두 문장은 나열 연산자를 적용하면 다음과 같이 한 문장으로 선언할 수 있습니다.

```
int x, y ;
```

여러 개의 문장을 쉼표(,)로 묶어 하나의 문장으로 표현할 수 있습니다. 이 때 사용하는 쉼표를 나열 연산자라 합니다. 다음과 같은

```
x = 1 ;
y = 2 ;
z +=1 ;
```

3개의 문장은 나열 연산자를 이용하여,

```
x=1, y=2, z+=1;
```

과 같이 한 문장으로 표현할 수 있습니다.

이 때 연산순서는 좌에서 우로 진행됩니다.

예제 4-3 나열연산자를 이용한 예제

```
#include<stdio.h>
int main()
{
    int x,y,z;
    x=10, y=20, z=30;
    printf("%d \n", x), printf("%d \n", y);
    printf("%d \n", z;

    return 0;
}
```

실행결과

```
10
20
30
```

C Programming

4.4 sizeof 연산자

- sizeof 연산자 : 데이터 타입의 예약어, 변수, 상수가 저장되어 있는 메모리의 크기를 확인하는 연산자
  - 형식 : **sizeof(**데이터타입**)**
sizeof 변수이름
  - (예) sizeof(int)

4.4 sizeof 연산자

C컴파일러에서 지원하는 sizeof 연산자를 이용하면 각 데이터 타입의 예약어나 변수, 상수가 저장되어 있는 메모리의 크기를 확인할 수 있습니다.

```
sizeof(데이터 타입)
sizeof 변수이름
```

예) sizeof(int)

int형은 32비트 운영체계에서는 4바이트이기 때문에 정수형 변수에 어떤 값이 들어있든 간에 그 변수는 4바이트의 메모리를 차지하므로 4의 결과가 나옵니다.

예제 4-4 데이터 타입의 크기

```
#include<stdio.h>
int main()
{
        char c;
        int i;
        float f;
        double ff;

        printf("Size of char type = %d bytes ₩n", sizeof(char));
        printf("Size of character 'A' = %d bytes ₩n", sizeof 'A');
        printf("Size of variable c = %d bytes ₩n", sizeof c);
        printf("Size of int type = %d bytes ₩n", sizeof(int));
        printf("Size of integer 10 = %d bytes ₩n", sizeof(10));
        printf("Size of variable i = %d bytes ₩n", sizeof(i));
        printf("Size of float type = %d bytes ₩n", sizeof(float));
        printf("Size of variable f = %d bytes ₩n", sizeof(f));
        printf("Size of double type = %d bytes ₩n", sizeof(double));
        printf("Size of number 10.0 = %d bytes ₩n", sizeof(10.0));
        printf("Size of variable ff = %d bytes ₩n", sizeof ff);

        return 0;
    }
```

실행결과

```
Size of char type = 1 bytes
Size of character 'A' = 4 bytes
Size of variable c = 1 bytes
Size of int type = 2bytes
Size of integer 10 = 2 bytes
Size of variable i = 2bytes
Size of float type = 4 bytes
Size of variable f = 4 bytes
Size of double type = 8 bytes
Size of number 10.0 = 8 bytes
Size of variable ff = 8 bytes
```

C Programming

4.5 연산자의 우선 순위

- 하나의 문장에 여러 연산자가 섞여있는 경우 연산자의 우선순위에 의거하여 우선 순위가 높은 순서대로 실행된다.
- 일반적인 연산자의 적용방향은 좌측에서 우측으로 적용된다
- 우측에서 좌측으로 적용되는 경우
  - !, ++, --, cast 연산자 : (데이터 타입)
  - =, +=, -=, *=, /=, %=

4.5 연산자 우선순위

지금까지 우리는 C 언어에서 사용하는 연산자에 대하여 정리해 보았습니다. 하나의 수식에 여러 연산자가 사용되면 그 연산순서를 알아야 합니다.

한 문장이 여러 개의 복잡한 연산 수식으로 구성되어 있다면 이러한 수식은 연산자의 우선순위에 따라 계산이 진행되며, 연산 순서와 방향이 정해져 있습니다.

연산의 우선순위란 한 수식에서 +와 *이 있는 경우 *을 먼저 계산하는 것과 같이 연산자 관계에서도 먼저 처리하게 되는 순서가 있다는 것입니다.

연산자 적용방향은 같은 우선순위의 연산자들이 섞여 있는 경우 좌측에서 우측으로 적용하는 방법과 우측에서 좌측으로 적용하는 방법이 있습니다.

여러 연산자가 함께 쓰이는 복잡한 수식을 사용하는 경우 가장 연산 순위가 높은 ( )(괄호)를 이용하여 연산순서를 명확히 나타내는 것이 프로그램의 해독력을 높이는 바람직한 프로그램 방법입니다.

◉ 연산자 우선순위 및 방향

순위	연산자	의미	연산방향
1. 괄호 연산자	()	소괄호	-->
	[]	중괄호	<--
2. 단항 연산자	!	논리 부정 연산자	
	~	1의 보수	
	++	증가 연산자	
	--	감소 연산자	
	-	음수	
	*	포인터 간접 연산자	
	&	주소 연산자	
	sizeof	sizeof 연산자	
	(type casting)	형 변환 연산자	
3. 산술 연산자	*	곱셈	-->
	/	나눗셈	
	%	나머지	
4. 산술 연산자	+	덧셈	
	-	뺄셈	
5. 시프트 연산자	<<	왼쪽 이동	-->
	>>	오른쪽 이동	
6. 관계 연산자	<	작다	-->
	<=	작거나 같다	
	>	크다	
	>=	크거나 같다.	
7. 등가 연산자	==	같다.	-->
	!=	같지 않다.	
8. 비트 연산자	&	비트 단위 AND	-->
	^	비트 단위 XOR	
	|	비트 단위 OR	
9. 논리 연산자	&&	논리적 AND	-->
	||	논리적 OR	
10. 조건 연산자	? :		-->
11. 대입 연산자	=, *=, /=, %=, +=, -=, >>=, <<=, &=, ^=, !=	대입	<--
12. 나열 연산자	,	여러 문장의 나열	-->

연산자의 우선순위에 관한 내용을 정리하면 다음과 같습니다.

(1) 소괄호 ()안의 문장을 최우선적으로 처리합니다.

(2) 단항 연산자를 먼저 처리 합니다.

(3) 이항 연산자는 산술, 시프트, 관계, 등가, 비트, 논리 연산자 순으로 처리합니다.

(4) 조건부 연산자를 처리합니다.

(5) 대입 연산자를 처리하며 변수에 값을 대입합니다.

(6) 나열형 연산자와 후치 증감 연산자(++, --)를 처리합니다.

(7) 동등 순위의 연산자는 문장의 왼쪽의 연산자를 먼저 처리합니다.

1. 임의의 3개 정수 값을 키보드로부터 입력받아 그중 큰 수를 출력하는 프로그램을 조건부 연산자를 이용하여 작성하세요.

2. 임의의 연도를 입력하면 윤년인지 평년인지를 판단하는 프로그램을 작성하세요.

3. 조건부 연산자를 이용하여 키보드로부터 입력받은 값이 60점 미만이면 F, 70점 미만이면 D, 80점 미만이면 C, 90점 미만이면 B, 90점 이상이면 A를 출력하는 프로그램을 작성하세요.

4. 임의의 정수를 입력하면 홀수인지 짝수인지를 판단하여 결과를 출력하는 프로그램을 조건부 연산자를 이용하여 작성하세요.

5. 한 문자를 입력받아 그 문자가 영문자인지를 판정하여 영문자이면 그 ASCII 코드 값을 출력하고 영문자가 아니면 “Out of range"라는 문자열을 출력하는 프로그램을 작성하세요(조건부 연산자 이용).

6. 네 개의 수 19, 36, 22, 97중에서 최대 값을 구하는 프로그램을 조건부 연산자를 이용하여 작성하세요.

7. 양의 정수를 입력하면 음의 정수로, 음의 정수를 입력하면 양의 정수로 변환하여 출력하는 프로그램을 작성하세요.

제 5 장

마법 같은 조건 분기 제어문

5.1 조건 분기문 if

5.2 다중 조건 분기문 switch~case문

개 요

프로그램의 실행을 제어하여 실행 순서를 변경시키는 명령어를 제어문(control statement)라 합니다.
C 언어의 제어문은 크게 조건 분기문과 반복문의 두 종류로 나눌 수 있습니다. 조건 분기문에는 if문과 switch문이 있습니다. if문은 주어진 수식을 평가하여 수식이 참일 때와 거짓일 때 실행 할 문장을 달리합니다. if문에는 수식을 하나만 가질 수도 있고 여러 수식을 두어 수식의 조건에 따라 여러 방향으로 분기할 수 있도록 할 수 있습니다.

학습목표

* 마법 같은 제어문에 대하여 이해합니다.
* 조건 분기문 if의 사용방법을 이해합니다.
* 조건 분기문 switch~case의 사용방법을 이해합니다.

C Programming

제 5 장 : 제어문(I) – 조건분기문 if

5.1 조건분기 if문

5.2 다중 조건 분기문 : switch ~ case문

제5장. 마법 같은 조건 분기 제어문

C 언어 프로그램은 main()함수에 작성되어 있는 문장들을 첫 문장부터 끝 문장까지 순서대로 실행을 합니나. 따라서 실행순서가 순차적으로 진행되는 순차적 실행 특성을 갖습니다. 지금까지 살펴본 순차적인 실행 순서를 갖는 언어의 특성 외에 C 언어는 특정 문장을 반복하거나 선택적으로 제어하여 실행 하는 방식으로 효율적인 프로그래밍을 작성 할 수 있습니다. 이와 같이 프로그램의 실행을 제어하여 실행 순서를 변경시키는 명령어를 제어문(control statement)라고 합니다. C 언어의 제어문은 크게 조건 분기문과 반복문의 두 종류로 나눌 수 있답니다. 조건 분기문은 주어진 조건식에 따라 실행할 문장을 달리하도록 하는 것으로 if문과 switch문이 있습니다. 반복문은 조건식에 따라 일정한 문장을 반복하여 실행하도록 하는 것으로 for문과 while문 등이 있습니다. 이러한 제어문들을 이용하여 우리는 더욱 다양한 문제들을 손쉽고 효율적으로 프로그램 할 수 있습니다.

C Programming

5.1 단일조건 if문

- if문
  : 주어진 조건에 따라 실행을 달리하여 분기 형태로 실행하도록 하는 제어문

- 형식 :

```
if(수식)
    문장1;
```

- 실행 방식
  : if문 소괄호 속의 수식을 판정하여 그 결과가 참이면 뒤의 문장1을 수행하고, 거짓이면 뒤의 문장1을 수행하지 않고 건너 뛰어 if문 다음 문장을 실행

5.1 조건 분기문 if

조건 분기문은 주어진 조건에 따라 실행할 문장을 달리하여 분기 형태로 실행 하도록 하는 제어문으로 C 언어의 조건 분기문 중 가장 많이 사용됩니다.

if 문은 주어진 조건의 식의 결과 참 또는 거짓에 따라 하나 이상의 문장을 실행할 것인지 말 것인지를 결정하는 제어문입니다.

if 문의 기본 형식은 다음과 같습니다.

```
if(조건식)
문장 1;
```

프로그램이 실행되다가 if 문을 만나면, if문 소괄호 안의 수식을 판정하여, 그 결과가 참이면 문장 1을 실행하고, 거짓(0)이면 문장 1을 수행하지 않고 건너뛰어 if 문 다음 문장들을 실행합니다.

예제 5-1

```
1   #include <stdio.h>
2   int main()
3   {
4      int x;
5      printf(" 임의의 정수 입력 :");
6      scanf("%d",&x);
7      if( x%2 )
8         printf("홀수 값 출력 : %d",i);
9
10     return 0;
11  }
```

실행결과

```
임의의 정수 입력 : 5
홀수 값 출력 : 5
```

7행 : if(x%2)

if문 안의 조건식 x%2의 결과는 입력 받은 값 x변수의 데이터가 짝수이면 결과가 0이 되고 홀수이면 결과가 1이 됩니다. 따라서 홀수 값을 입력 받은 경우에만 조건식의 결과가 1, 즉 참의 결과식이 되어 if문이 제어하는 printf()함수를 실행합니다.

5.1 조건분기문 if

- 문 수식의 조건에 따라 실행해야 하는 문장이 둘 이상이라면 이 문장들을 중괄호 로 묶어 줌
- 하나 이상의 문장들을 중괄호를 이용하여 묶은 것을 복합문 또는 **블록**(block)이라 함.
- C언어에서 **블록은 하나의 실행 단위를 구성**

```
if(수식){
        문장1;
        문장2;
          :
}
```

조건식의 결과에 따라 제어해야 할 문장이 둘 이상인 경우 이 문장들을 중괄호({,})로 묶어 주면 됩니다. 이와 같이 하나 이상의 문장들을 중괄호를 이용하여 묶은 것을 복합문 또는 블록(block)이라고 합니다. C 언어에서 블록은 하나의 실행 단위를 구성합니다. 조건식이 참일 때 블록 안의 문장들이 전부 실행되며 만약 if 문의 수식이 거짓이라면 이 블록 안의 문장들을 실행하지 않고 전부 건너뛰어서 다음의 문장들을 실행하게 됩니다.

```
if(조건식)
{
    문장 1;
    문장 2;
      :
    마지막 문장;
}
```

예제 5-2 큰 수의 출력

```
1   #include <stdio.h>
2   #include <stdlib.h>
3   int main()
4   {
5      int i,j;
6      printf(" 정수 두개를 입력 하세요:");
7      scanf("%d%d",&i,&j);
8      if( i > j )
9      {
10        printf("%d",i);
11        exit(0);
12     }
13     printf ("%d\n",j);
14
15     return 0;
16  }
```

실행결과

```
정수 두개를 입력 하세요:5 3
5
```

8행 : if(i > j)
if문 안의 조건식 i>j의 참 거짓 결과를 판단하여 블록 내의 문장을 실행할지를 결정합니다. 만약 프로그램을 실행하여 정수 5와 3을 차례대로 입력한 경우 조건식에시는 5와 3중 어느 쪽이 더 큰 지를 평가합니다. 조건식의 결과가 참(1) 이기 때문에 if문 안의 문장을 출력할 것이고, 변수 i의 저장된 값 5를 출력합니다.

11행 : exit(0);
exit()함수는 2행의 선행처리기의 stdlib.h에 정의되어 있는 함수로, 프로그램을 종료할 때 사용하는 표준 라이브러리 함수입니다.

exit(0) : 정상적인 프로그램 종료

exit(1) : 비정상적으로 프로그램 종료

if문의 조건식의 결과가 참인 경우 exit(0) 함수를 실행하게 되며, 따라서 그다음의 문장의 여부에 상관없이 프로그램이 종료됩니다.

◉ stdlib.h 파일

stdlib.h은 stdio.h와 같은 기본 헤더파일로서, stdio.h에는 기본 입출력함수를 모여 있다면, stdlib.h에는 exit(), atoi(), rand(), srand(), system() 등의 시스템 함수들을 모아놓은 헤더파일입니다.

실습 5-1

키보드로부터 임의의 정수값을 입력받아 절대값을 구하는 프로그램을 작성해 보세요.

실습 5-2

키보드로부터 두 개의 정수 n1, n2를 입력받아 그 중 큰 수를 출력하는 프로그램을 작성해 보세요.

실습 5-3

키보드로부터 두 개의 정수 n1, n2를 입력받아 그 중 큰 수를 n1에, 작은수를 n2에 기억시킨 후 두수를 모니터에 출력하는 프로그램을 작성해 보세요.

5.1 이중 조건 if문 : else절의 사용

❑ if ~ else 형식 :

```
if (수식)
        문장1;
else
        문장2;
```

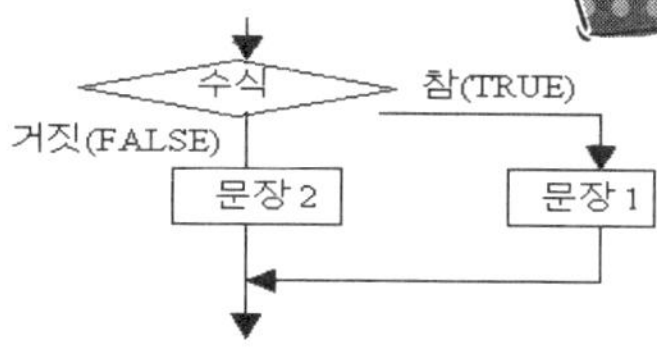

❑ 실행방식 : if문의 수식이 참이면 문장1를 실행하고 문장2는 실행하지 않음
수식이 거짓이면 문장2를 실행하고 문장1은 실행하지 않음.

❑ if문 수식의 조건에 따라 실행해야 하는 문장이 둘 이상인 경우

```
if(수식){
        블록 1
}else{
        블록2
}
```

■ 이중 조건 if 문: else 절의 사용

만약, if문에서 조건 수식이 거짓인 경우에 실행할 문장을 제어해야 할 경우 어떻게 해야 할까요? if 문에 else절을 넣어주면 이 문제를 해결 할 수 있답니다. else를 사용한 if문의 기본 형태는 다음과 같습니다.

```
if(조건식)
   문장 1;
else
   문장 2;
```

if 문에 조건식을 판단하여 결과가 참이면 문장 1을 실행하고, 문장 2는 실행하지 않습니다. 그러나 조건식의 결과가 거짓(0)이면 문장 1은 실행하지 않고 문장 2를 실행합니다. 이는 조건식의 결과에 따라 문장 1과 문장 2 둘 중 하나만 실행

되도록 하는 방식입니다. 어떤 경우라도 두 문장이 모두 실행되지는 않습니다. 이를 흐름도로 표현하면 다음과 같습니다.

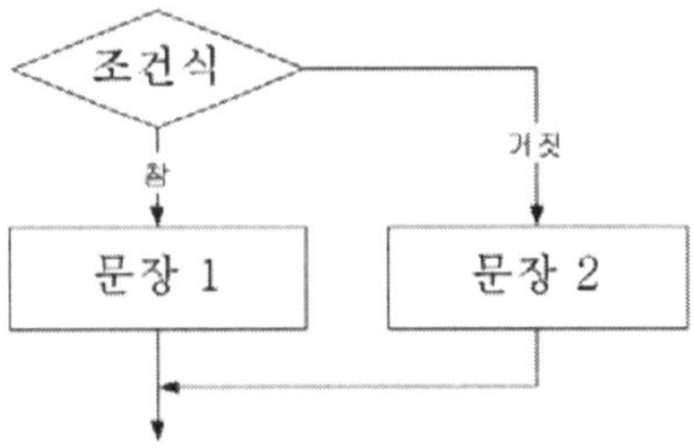

예제 5-3 큰 수의 출력 (else 절의 사용)

```
1    #include <stdio.h>
2    int main()
3    {
4      int x,y;
5      printf("정수를 입력하세요:");
6      scanf("%d%d",&x,&y);
7      if( x > y )
8        printf("%d\n",x);
9      else
10       printf("%d\n",y);
11
12     return 0;
13   }
```

7행 ~ 8행 :
if 문의 조건식이 x > y이므로 사용자가 두 정수 중 먼저 큰 숫자를 입력했다면 조건식은 참(1)이 되어 변수 x의 값을 출력합니다. 두 개의 정수 중 큰 수를 나중에 입력하였다면 if문의 조건식은 거짓이 되며 else절에서 제어하는 문장을 실행하게 되어 변수 y의 값을 출력하게 됩니다.

만일 if문 수식의 조건에 따라 실행해야 하는 문장이 둘 이상이라면 이 문장들을 중괄호로 묶어 블록화 할 수 있습니다. 수식의 결과가 참이라면 블록 1의 문장을 실행하고, 거짓이라면 블록 2의 문장들을 실행합니다.

```
if(조건식){
    블록 1;
}else{
    블록 2;
}
```

예제 5-4

```
#include <stdio.h>
int main()
{
  int x,y;
  printf(" 정수 두 개를 입력 하세요:");
  scanf("%d%d",&x,&y);
  if( x > y )
  {
    printf("입력한 정수 중 큰 수는 \n");
    printf("%d",x);
  }
  else
  printf("입력한 정수 중 큰 수는 \n");
  printf ("%d\n",y);

  return 0;
}
```

실행결과

```
정수 두개를 입력 하세요:5 3
입력한 정수 중 큰 수는
5
```

◉ 조건 연산자와 if 문의 비교

조건 연산자를 이용하면 if 문을 더 간단히 바꾸어 사용 할 수가 있습니다.

```
if (count > 10)
    result = count * 100;
else
    result = count * 80;
```

위의 if ~ else문을 조건부 연산자 식으로 바꾸어 보면 다음과 같습니다.

```
result = (count > 10) ? count * 100 : count * 80 ;
```

실습 5-4

키보드로부터 정수 n을 입력 받아, n이 짝수인지 홀수인지를 판별하여 출력하는 프로그램을 if문을 이용하여 작성해 보세요. 짝수이면 "Even", 홀수이면 "Odd"를 출력하세요.

실습 5-5

실습 5-4의 문제를 조건부 연산자를 이용하여 같은 결과가 출력되도록 프로그램을 작성해 보세요.

C Programming

다중 조건 if문

- 다중 조건문 형식

```
if (수식1)
        문장1;
else if(수식2)
        문장2;
          :
else if(수식n-1)
        문장n-1;
else
        문장n;
```

- 실행방식
  - 수식 이 참인 경우 문장 만을 실행하고 문을 탈출
  - 수식 이 거짓인 경우 수식 의 결과가 검사하여 참인 경우 문장 만을 실행하고 문을 탈출
  - 수식 가 거짓인 경우 계속해서 다음 수식을 검사하여 위에서와 같이 실행
  - 모든 수식이 거짓일 경우 마지막 부분의 문장 를 실행 는 생략 가능)

■ 다중 조건 if 문

판단해야 할 조건이 여러 개가 된다면 다중 조건 if문을 사용하여 여러 개의 조건을 만들어 사용할 수 있습니다.

```
if(조건식 1)
   문장 1;
else if(조건식 2)
   문장 2;
     :
     :
else if(조건식 n-1)
   문장 n-1;
else
   문장 n;
```

여기서 else if는 15단계까지 허용됩니다. 마지막의 else는 생략해도 됩니다. 이러한 다중 if문의 실행 방식은 다음과 같습니다.

1. 조건식 1이 참인 경우, 문장 1만을 실행하고 if 문을 빠져 나옵니다.
2. 조건식 1이 거짓인 경우, 수식 2의 결과가 검사하여 참인 경우 문장 2만을 실행하고 if 문을 빠져 나옵니다.
3. 조건식 2가 거짓인 경우, 계속해서 다음 수식을 검사하여 2번에서와 같이 실행합니다.
4. 모든 수식이 거짓일 경우, 마지막 else 부분의 문장 n을 실행합니다.

이와 같은 다중 if문의 실행 형태는 다음 그림과 같습니다.

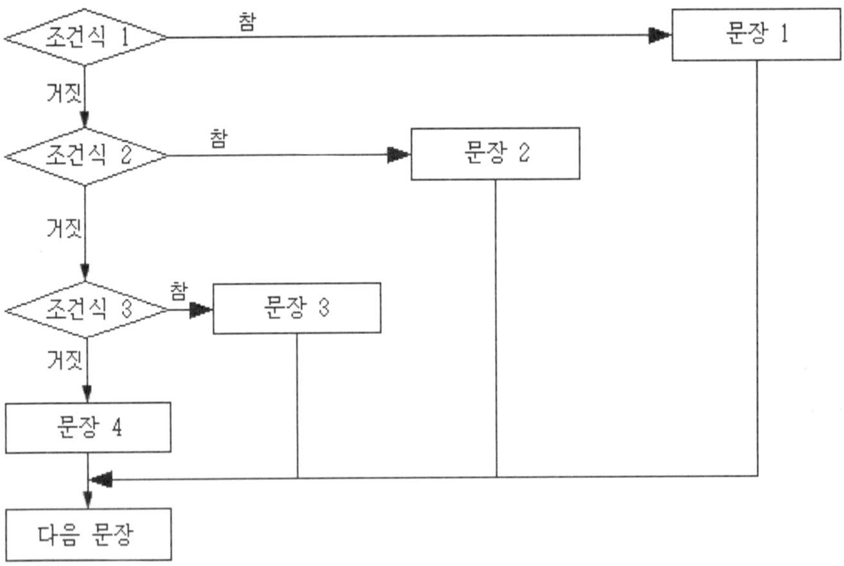

예제 5-5

```
#include <stdio.h>
int main()
{
   int x,y;
   printf(" 첫 번째 정수를 입력 하세요:");
   scanf("%d",&x);
   printf(" 두 번째 정수를 입력 하세요:");
   scanf("%d",&y);
   if( x > y ){
      printf("큰 수는 첫 번째 입력한 정수 : ");
      printf("%d", x);
   } else if(x < y){
          printf("큰 수는 두번째 입력한 정수 :");
          printf("%d", y);
    } else
         printf ("입력한 정수 %d와 %d는 같은 수입니다.\n", x, y);

   return 0;
}
```

실행결과

```
정수 두개를 입력 하세요:5 3
큰 수는 첫 번째 입력한 정수 :5
```

예제 5-6은 다중조건 if 문을 이용하여 입력받은 정수가 양수인지, 음수인지, 0 인지를 판단하는 프로그램입니다.

예제 5-6 다중 if 문의 사용

```
1   #include <stdio.h>
2   int main()
3   {
4     int n;
5     printf("정수를 입력하세요:");
6     scanf("%d",&n);
7     if( n > 0 )
8       printf("%d는 양의 정수입니다.",n);
9     else if( n < 0 )
10      printf("%d는 음의 정수입니다.",n);
11    else
12      printf("0입니다");
13
14    return 0;
15  }
```

7행 : if(n > 0)

7행의 조건식이 참(입력한 수가 양수인 경우)이라면 8행을 실행합니다. 하지만 7행의 조건식이 거짓이라면(입력한 수가 양수가 아닌 수) 8행을 실행하지 않고 9행의 조건식을 검사합니다.

9행 : else if(n < 0)

만약 9행의 조건식이 참인 경우 즉, 사용자가 입력한 수가 0이 아닌 음수라면 10행의 문장을 실행합니다. 그러나 양수도 음수도 아닌 수를 입력한 경우(0을 입력한 경우) 12행의 문장을 실행하게 됩니다.

실습 5-6

키보드로부터 점수(정수만 입력) score를 입력 받아 score가 100에서 90점 사이면 grade가 A, 90에서 80점 사이면 B, 80에서 0점 사이면 F이고, 그 외의 점수가 나오면 E로 출력하는 프로그램을 작성하세요.

C Programming

if문의 중첩 사용

- if문의 중첩 사용

```
if(수식1)
  if(수식2)
    문장 1;
```

- if문과 if ~ else문이 중첩되어 쓰일 경우 else는 가장 가깝게 있는 if문과 짝을 이룬다.
- if문의 중첩 사용시에 정확한 문장 제어를 위해서는 블록을 만들어 주면 된다.

if 문은 중첩하여 사용할 수 있습니다.

```
if(수식 1)
  if(수식 2)
     문장 1;
```

위와 같이 if문을 중첩하여 사용할 수 있으며 첫 번째 if문의 수식 1이 참인 경우, 두 번째 if문의 수식 2를 판단할 것입니다. 두 번째 if문의 내용을 블록으로 설정하는 것이 결과가 잘못되는 것도 예방할 수 있고 또 동시에 문장 전체의 의미를 명확하게 할 수 있습니다.

다음과 같은 프로그램의 일부를 가지고 그 실행 방식을 알아보겠습니다.

```
if(number > = 6)
if(number < 12)
   printf("You are close! ₩n");
else
   printf("Sorry, you lose a turn! ₩n");
```

이 프로그램의 의도는 변수 number가 6보다 작으면 "Sorry, you lose a turn!"을 출력하도록 작성한 것으로 하겠습니다. 그러나 실제 실행결과는 다음과 같습니다.

- number가 6보다 작으면 아무것도 출력하지 않습니다.
- number가 10이면 "You are close!"을 출력합니다.
- number가 12이면 "Sorry, you lose a turn!"을 출력합니다.

즉, 위 프로그램의 else는 if(number<12)와 결합합니다. if문이 중첩으로 쓰일 때, else는 가장 가깝게 있는 if와 짝을 이룹니다. 위 프로그램을 원래의 의도대로 실행되도록 하기 위해서는 다음과 같이 가운데 if문 부분을 블록으로 만들어 주면 됩니다.

```
if(number > = 6){
 if(number < 12)
   printf("You are close! ₩n");
}else
   printf("Sorry, you lose a turn! ₩n");
```

실습 5-7

한 수험생의 기사 시험 성적을 입력하면 합격 여부를 출력하는 프로그램을 작성해 보세요. 시험 과목은 3과목으로 하며, 합격 조건은 다음과 같습니다.
(각 과목 점수는 정수입니다.)

(1) 총 평균이 60점 이상이어야 합니다.

(2) 과락은 40점 이하이며, 한 과목도 과락이 없어야 합니다.

● 출력 조건
- 총점이 60점 미만인 경우 : "Failure"
- 합격인 경우 : "Success"
- 총점은 60점 이상이나 과락이 있음 :"Subject failure"

● 프로그램 조건
if문을 중첩 사용하여 프로그램을 작성하세요.

C Programming

5.2 조건분기문: switch ~ case

❑

```
switch(수식){
        case 상수1:
            문장1;
            break;
        case 상수2:
            문장2;
            break;
            :
        default:
            문장;
}
```

◈수식은 그 결과값이 정수나 문자이어야 함

❑ 실행방식

- 문 안의 수식의 결과값을 계산
- 수식의 결과값을 첫번째 의 상수 과 비교하여 두 값이 같으면 이후의 문장들을 문을 만날 때까지 계속 실행 문을 만나면 블록 탈출
- 수식의 결과값이 상수 과 같지 않으면 다음 의 상수 와 비교하여 같은 방식으로 실행
- 모든 의 상수와 일치하지 않으면 default: 이후의 문장을 실행 는 생략가능

5.2 다중 조건 분기문 : switch~case문

switch~case 문은 if 문과 같이 수식을 판단하여 그 결과에 따라 다른 실행을 하도록 하는 제어문입니다. switch~case 문이 if 문과 다른 점은, 조건식의 결과에 해당하는 문장만을 실행하는 제어문입니다. switch~case 문의 기본적인 형태는 다음과 같습니다.

```
switch(수식)
{
case 상수 1:
   문장 1;
   break;
case 상수 2:
   문장 2;
   break;
     :
default:
   문장;
}
```

switch(수식)에서 수식 값은 결과 값이 정수 또는 문자이어야 합니다.

실행 방식을 기술하면 다음과 같습니다.

1. 조건식에서 수식의 결과가 case의 상수들 중에 하나와 일치하면 case에 해당하는 문장들을 차례대로 실행합니다.
2. 수식이 어느 case 와도 일치하지 않으면 default의 문장들을 실행합니다. 즉, default는 수식의 결과와 case의 상수가 일치하는 경우가 없을 경우 기본적으로 문장을 실행하는 경우 사용합니다.
3. default가 없을 때 수식이 어느 case 와도 일치하지 않으면 switch문을 빠져나옵니다.(default는 생략 가능합니다.)
4. case 의 문장들을 실행하다가 break 문을 만나면 switch{ }를 완전히 빠져 나오고, 만약 break 문이 없다면 다음 case의 문장들을 차례대로 실행합니다.

switch~case문이 실행되는 순서는 다음 그림과 같습니다.

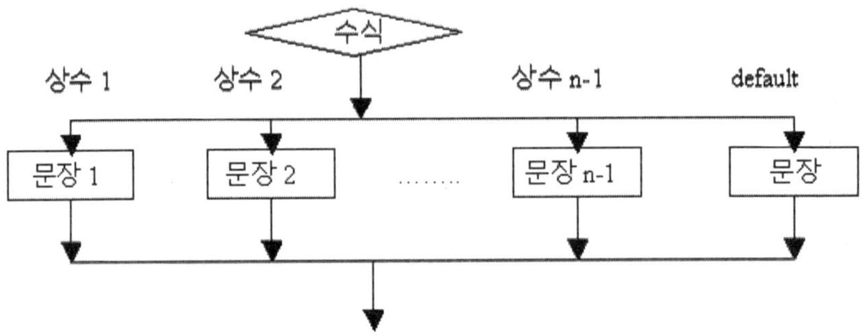

switch문은 수식의 결과와 case의 상수 값을 비교하며, 그 중 일치하는 case를 선택하여 case내 문장을 실행하고 switch문을 빠져 나옵니다.

수식의 결과와 case의 상수가 일치하는 것이 없는 경우 default내의 문장을 실행하고 switch문이 종료됩니다.

C Programming

5.2 조건분기문: switch ~ case

❑ break문

- 반복문이나 문 내부에서 문장의 실행 중에 문이 사용되면 그 문의 블록을 강제로 벗어 난다
- 반복문이 중첩되어 있을 경우 하나의 반복문 블록만 벗어난다.

❑ continue문

- 반복문 블록 내부에서 주로 사용
- continue문을 만나면 continue문 이후의 문장들은 실행하지 않고 건너뛰어 다음 반복을 수행한다.

break 문은 반복문이나 switch 문내에서 사용 할 수 있으며 문장의 실행 중에 break문을 만나면 그 문의 블록을 강제로 벗어나게 됩니다. 또한 반복문(for, while문)이 중첩되어 있을 경우 하나의 반복문 블록만 벗어납니다.

continue문을 사용하는 경우는 반복문에서 블록 내부에서 사용하며, continue문을 만나면 그 이후의 문장들은 실행하지 않고 건너뛰어 다음 반복을 수행합니다.

다음 예제 5-7는 정수 1, 2, 3, 4 중 한 수를 입력하면 입력한 수에 해당하는 영문을 출력하는 프로그램을 switch~case 문을 이용하여 작성한 것입니다.

예제 5-7 switch 문의 활용

```
#include <stdio.h>
int main()
{
   int a;
   printf("1~4까지의 정수를 입력하세요:");
   scanf("%d",&a);
   switch(a)
   {
   case 1:
      printf("ONE");
      break;
   case 2:
      printf("TWO");
      break;
   case 3:
      printf("THREE");
      break;
   case 4:
      printf("FOUR");
      break;
   default:
      printf("범위를 벗어난 정수입니다!");
   }

   return 0;
}
```

1~4까지의 수를 입력했을 때는 입력한 숫자와 case문의 상수와 비교하여 일치하는 case의 문장을 실행하고, 만약 5이상의 수를 입력한 경우에는 일치하는 case의 상수 값이 없기 때문에 default의 문장을 실행 하고 프로그램이 종료됩니다.

예제 5-8 switch 문을 이용한 사칙연산

```
#include <stdio.h>
void main()
{
   int nA = 100, nB = 50;
   char ch;
   printf("사칙 연산자(+, -, *, /)를 입력하세요 :");
   scanf("%c",&ch);
   switch(ch)
   {
   case '+':
      printf("%d + %d = %d\n", nA, nB, nA+nB);
      break;
   case ‘-’:
      printf("%d + %d = %d\n", nA, nB, nA-nB);
      break;
   case ‘*’:
      printf("%d + %d = %d\n", nA, nB, nA*nB);
      break;
   case ‘/’:
      printf("%d + %d = %d\n", nA, nB, nA/nB);
      break;
   default:
      printf("사칙연산자를 입력하세요!\n");
   }
}
```

사칙연산자 기호를 입력하면 case문의 문자 상수와 비교하여 일치하는 case문의 연산 구문을 수행하여 두수의 결과를 나타냅니다.

실습 5-8

'+' , '-' , '*' , '/' 중 한 문자(연산자)를 입력하고 두 정수를 입력하면, 입력한 연산자에 맞게 두 수를 계산하여 결과를 출력하는 프로그램을 작성해 보세요.

● 입력 방법
연산자를 입력하세요(+, -, *, /) : +
두 정수를 입력하세요 : 10 20

● 출력
10 + 20 = 30

실습 5-9

'알파벳 대문자 A ~ E 중 한 문자를 입력하면 알파벳 첫 글자로 시작하는 나라 이름을 출력하는 프로그램을 작성하세요.
(그 외의 문자 입력 시에는 "잘못 입력하였습니다." 를 출력)

연습문제

1. 택시의 기본요금은 주행거리 2000m까지 1900원이며, 이후 500m마다 200원씩 가산된다고 할때, 주행거리를 입력하면 택시의 요금을 계산하여 출력하는 프로그램을 작성하세요.

2. 1 ~ 5위까지 순위를 입력하면 최근 비디오 대여순위에 해당하는 영화 이름을 출력하는 프로그램을 작성하세요.

3. 임의의 정수를 키보드로부터 입력받아 양수인지, 음수인지, 0인지를 판단하여 출력하는 프로그램을 작성하세요.

4. 정수 값을 키보드로부터 입력받아 그 값이 0보다 크면 그 값에 10을 더하고 그렇지 않으면 10을 빼어 그 결과를 출력하는 프로그램을 작성하세요.

5. 1월부터 12월까지 임의의 월을 입력하면 해당 월이 총 몇일인지를 출력하는 프로그램을 작성하세요. (예, 1월은 31일입니다.)

6. 임의 한 개의 문자를 입력하면 자음과 모음을 판별하여 결과를 출력하는 프로그램을 switch~case문을 이용하여 작성하세요.

제 6 장

마법 같은 반복 제어문

6.1 while문

6.2 do~while문

6.3 for문

개 요

반복문은 주어진 조건에 따라 일정한 문장을 반복적으로 실행할 수 있도록 하는 제어문 입니다. 여기에는 while, do~while, for문 등이 있습니다.
while문은 주어진 조건식이 참이면 while 블록 내의 문장을 실행한 후 또 다시 조건식을 판정하여 참이면 다시 블록내의 문장을 수행하는 방식으로 조건식이 거짓이 되어야만 while문 블록을 탈출합니다.
do~while문은 do와 while 사이의 문장을 실행하고 마지막에 조건식을 판정하여 결과가 참이면 다시 do와 while사이의 문장을 실행하는 방식으로 실행됩니다.
for문은 주어진 조건식이 참이면 블록 내의 문장을 반복 실행합니다. for문은 반복 실행을 제어하는 변수를 초기화하고 증가 또는 감소하는 기능을 부여하여 주어진 문제의 성격에 따라 while문보다 간결한 프로그램을 가능하게 합니다.

학습목표

* 반복문을 이용한 문제 해결 방법을 이해합니다.
* while문의 실행 방식에 대하여 이해합니다.
* do~while문의 실행 방식에 대하여 이해합니다.
* continue문의 실행 방식에 대하여 이해합니다.
* 주어진 문제를 반복문을 이용하여 해결할 수 있는 능력을 배양합니다.

C Programming

제 6 장 마법 같은 반복 제어문

6.1 while문

6.2 do~while 문

6.3. for 문

제6장. 마법 같은 반복 제어문

프로그램에서 어떤 일을 반복해서 처리해야한다면 어떻게 해야 할까요?

반복문이란 주어진 조건에 따라서 실행을 반복하는 문장입니다. 대표적인 반복문은 while문, do~while문, for문이 있습니다.

반복문의 기본 문법을 익히고 사용 방식에 대해서 알아보도록 하겠습니다.

C Programming

6.1 while문

- 기본 형식

```
while(          )
          ;
```

(실행방법) 식의 결과를 판정하여 참이면 문장을 실행하고 다시 식을 판정 식의 결과가 거짓이 될 때 까지 문장을 반복 실행

- 반복 실행해야 할 문장이 둘 이상인 경우 블록 이용

```
while(조건식)
{
        블록
}
```

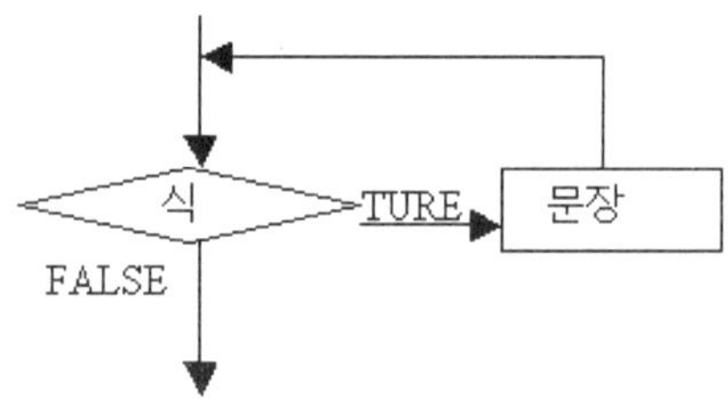

6.1 while 문

while 문은 조건식의 결과를 판단하여 일정한 문장을 반복실행 하도록 하는 반복문의 하나입니다. 먼저 조건식이 참인지 거짓인지를 판단한 뒤에, 참이면 문장을 반복 실행하고, 다시 조건을 판단하여 조건식의 결과가 거짓인 경우에 while문을 빠져 나오게 됩니다.

while 문의 기본 형식은 다음과 같습니다.

```
while(조건식)
    문장 1;
```

실행순서는 다음과 같습니다.

1. 조건식의 결과를 판단합니다.
2. 조건식이 거짓(0)으로 판단되면 문장 1을 실행하지 않고 바로 while 문을 종료합니다.
3. 조건식이 참(0이외의 값)으로 판단되면 문장 1을 실행합니다.
4. 단계 1로 돌아가서 계속 반복합니다.

반복 실행해야 할 문장이 둘 이상이라면 중괄호를 이용하여 다음과 같이 블록으로 설정할 수 있습니다.

```
while(조건식)
{
   문장 1;
   문장 2;
       :
}
```

예제 6-1 반복해서 입력한 수 출력

```
#include <stdio.h>
int main()
{
   int a;
   printf("정수를 입력하세요(0 입력시 종료): ");
   scanf("%d",&a);
   while( a != 0 )
   {
      printf("입력한 값은 %d입니다 \n", a);
      printf("정수를 입력하세요(0 입력시 종료): ");
      scanf("%d",&a);
   }

   return 0;
}
```

7행 : while(a != 0)
조건식 a !=0은 0을 입력하지 않았다면 결과가 참이 되어 while문에서 제어하는 중괄호내의 문장을 반복합니다.

예제 6-2 홀수, 짝수 판별 (while문)

```
1   #include <stdio.h>
2   int main()
3   {
4      int a;
5      printf("정수를 입력하세요: ");
6      scanf("%d",&a);
7      while( a != 0 )
8      {
9         if( a % 2 == 0 )
10           printf("짝수입니다\n");
11        else
12           printf("홀수입니다\n");
13        printf("다음 정수를 입력하세요:");
14        scanf("%d",&a);
15     }
16
17     return 0;
18  }
```

7행 while(a != 0)
조건식이 참인지 거짓인지를 판별합니다. 0을 입력하지 않았다면 a != 0 은 참이 되어 while문의 문장을 반복 실행 합니다.

9행 ~ 12행
while문의 조건식 결과가 참인 경우 9행부터 14행까지 프로그램을 실행합니다. 9 ~ 12 행의 if - else 문은 a % 2 = 0 즉, 변수 a를 2로 나눈 나머지가 0 이면 (짝수 값을 입력한 경우) '**짝수입니다**' 를 출력하고, 1 이면 '**홀수입니다**' 를 출력하는 문장입니다.

14행

다시 새로운 정수 값을 입력 받기 위한 입력 함수를 실행합니다. 새로운 정수 값을 입력받은 후 다시 7행의 조건식을 판단하기 위하여 반복됩니다.

예제 6-3 A ~ Z까지 출력

```
1   #include <stdio.h>
2   int main()
3   {
4      char ch = 'A';
5      while( ch <= 'Z' )
6      {
7         printf( "%c", ch++ );
8         printf(" \n ");
9       }
10
11     return 0;
12  }
```

4행 ~ 5행

문자 'A'는 ASCII code에서 약속된 값 정수 65에 해당되며, 'B'의 ASCII code값은 66입니다. 따라서 문자 'A' 가 저장된 ch 변수에 대해 증가연산자를 이용하여 1증가하면(ch++) 문자 'B' 로 변환됩니다.

반복문에 의해 ch++가 반복 실행 될 때 마다 알파벳 문자가 저장된 변수 ch의 데이터가 1씩 증가되며, 그에 해당되는 ASCII code값이 증가 하게 되어 문자 A부터 차례대로 Z까지 출력됩니다.

예제 6-4 1부터 100까지 더하는 문제 (while문)

```
1   #include <stdio.h>
2   int main()
3   {
4      int i = 1, sum = 0;
5      while( i <= 100 )
6      {
7         sum = sum + i;
8         i = i + 1;
9      }
10     printf("1 ~ 100까지의 합 = %d \n", sum);
11
12     return 0;
13  }
```

실행결과

```
"F:₩01_exe₩df₩Debug₩d
1 ~ 100까지의 합 = 5050
Press any key to continue_
```

5 ~ 9행 :
sum = sum + i 문장은 우측 항의 sum+i의 계산 결과를 좌측 sum에 대입하는 문장이며, i값의 변화된 값을 계속 누적해서 덧셈을 하여 sum변수에 저장하고 있습니다. 반복문의 반복 실행에 따라 i = i + 1 문장을 실행 할 때 마다 i값이 1씩 증가되며 1부터 하나씩 증가된 값을 계속 누적하여 덧셈을 합니다.

while문의 제어식 i<=100은 i값이 101이 되었을 때 거짓이 되어 반복문이 종료됩니다.

실습 6-1

입력한 문자 중 영문자에 대하여 대문자는 소문자로 소문자는 대문자로 변환시켜 입력하는 과정을 계속하는 프로그램을 작성해 보세요. 입력 값이 -999가 되면 프로그램이 종료되도록 하세요.

C Programming

6.1 while문 : 무한루프의 사용

- while문에서 주어진 조건식이 항상 참이면 while루프를 영원히 반복

```
while(1){
        :
}
```

- break문

```
break;
```

  - 문, 문 문 문 등의 내부에서 사용
  - 프로그램 실행 도중 문을 만나면 현재 실행하고 있는 반복 루프를 탈출

■ 무한 반복 while 문

반복문에서 조건식이 항상 참(즉, 0이 아닌 값)일 경우에는 조건식을 항상 참으로 판단하기 때문에 계속해서 문장을 반복되게 되는데 이런 형태의 반복문을 무한루프라고 합니다.

```
while(1){
    문장 1;
    if(조건식) break;
    문장 2;
      :
}
```

이러한 무한루프를 탈출하는 일반적인 방법은 break 문을 사용하는 것입니다. break 문은 while 문이나 do ~ while 문, switch ~ case 문, for 문 등의 내부에

서 사용됩니다. 프로그램이 실행 도중 break 문을 만나면 현재 실행하고 있는 반복루프를 탈출하는 기능을 합니다.

예제 6-5 홀수, 짝수 판별 (무한루프의 사용)

```
#include <stdio.h>
int main()
{
   int a;
   while(1)
   {
      printf("정수를 입력하세요:");
      scanf("%d",&a);
      if( a == 0 )
         break;
      else if( a % 2 == 0 )
         printf("짝수입니다\n");
      else
         printf("홀수입니다\n");
   }

   return 0;
}
```

while(1)에서 보이듯이 조건은 항상 참 이기 때문에 어떠한 값을 입력하더라도 프로그램은 계속 반복 실행됩니다. 무한 반복문 내부에 조건 분기문인 if 문을 이용하여 입력한 값이 0 인 경우(if(a==0)) break 문을 선택하도록 하여 무한루프를 빠져나오게 됩니다.

예제 6-6 반복문 탈출 (break문 이용)

```
#include <stdio.h>
int main()
{
   char ch;
   while(1)
   {
      printf("입력문자 =");
      scanf("%c",&ch);
      if( ch == 'p' )
         break;
      printf("입력 문자는 %c 입니다\n", ch);
    }
      printf("\n ### 프로그램을 종료합니다.### \n");

   return 0;
}
```

실행결과

```
입력문자 = a
입력 문자는 a 입니다.
입력 값은 = p

### 프로그램을 종료합니다. ###
```

키보드로부터 문자 값을 입력 받아 출력하며, 입력 받은 문자가 p인 경우에는 반복문 내부의 if문의 조건식(if(ch=='p'))을 만족하게 되어 break문을 실행하여 반복문을 탈출하게 됩니다.

예제 6-7 continue문 이용

```
#include <stdio.h>
int main()
{
   int nA=1;
   while(nA<5)
   {
      nA++;
      if( nA == 3 )
         continue;
      printf("nA = %d입니다. \n", nA);
    }

   return 0;
}
```

실행결과

```
nA = 2입니다.
nA = 4입니다.
nA = 5입니다.
```

while() 반복문 내에 if 조건이 만족되어 continue문을 만나면 if 이하 문장을 실행하지 않고 다시 while(조건식)을 다시 반복하게 됩니다.

이 경우에는 nA값이 1씩 증가되어 3이 되면 if문의 조건식이 참이 되어 continue 문을 실행하고 반복문 내에서 continue문 아래에 있는 printf()함수를 실행하지 않고 반복문을 다시 실행합니다.

실습 6-2

정수를 입력하여 입력한 수중에서 7의 배수와 9의 배수만을 출력하는 프로그램을 작성해 봅시다. 단 -999가 입력되면 프로그램을 종료합니다.

C Programming

6.2 do ~ while 문

❑ 형식

```
do{
   블록
}while(식);
```

❑ 실행 방식

- do와 while 사이의 문장을 실행하고 마지막에 조건식을 판정하여 결과가 참이면 다시 do와 while 사이의 문장을 실행하는 방식.
- 조건식이 거짓이 되어야만 do ~ while문 블록 탈출
- 적어도 한번은 블록 내의 문장을 실행

6.2 do~while 문

do~while 문은 do와 while 사이의 문장을 실행하고 마지막에 조건식을 판정하여 결과가 참이면 다시 do와 while사이의 문장을 실행하는 방식으로 조건식이 거짓이 되어야만 do ~ while문 블록을 탈출하는 방식으로 실행합니다. 기본형식은 다음과 같습니다.

```
do{
   문장 1;
   문장 2;
     :
}while(조건식);
```

C Programming

6.2 do ~ while 문

- do ~ while 문의 사용 예(간결하고 명료한 프로그램 작성)

```
printf(“Enter the score(0 ~ 400) :”);
scanf(“%d”, &score);
while(score < 0 || score > 400){
        printf(“Enter the score(0 ~ 400) :”);
          scanf(“%d”, &score);
}
```

↓

```
do{
        printf(“Enter the score(0 ~ 400) :”);
        scanf(“%d”, &score);
}while(score < 0 || score > 400);
```

while 문은 조건식을 먼저 판단하기 때문에 이 조건식이 거짓이면 while문이 제어하는 문장에 대해 단 한 번의 실행도 하지 않지만, do ~ while 문은 조건식이 뒤에 위치하기 때문에 조건식이 거짓이라도 while 문이 제어하는 문장을 적어도 한번은 실행합니다.

do ~ while 문을 이용하면 프로그램을 더욱 간결하고 명료하게 작성 할 수 있습니다.

실제로 do ~ while 문은 while 문이나 for 문에 비하여 많이 사용되지는 않으나 적어도 한 번은 실행해야 할 문장을 반복할 때 매우 유용하게 쓰일 수 있습니다.

예제 6-8 홀수, 짝수 판별 (do~while문)

```
#include <stdio.h>
int main()
{
   int a;
   printf("정수를 입력 하세요: ");
   scanf("%d",&a);
   do
   {
      if( a == 0 )
         printf("0입니다\n");
      else if( a % 2 == 0 )
         printf("짝수입니다\n");
      else
         printf("홀수입니다\n");
     printf("정수를 입력 하세요: ");
     scanf("%d",&a);
   } while( a != 0 );

   return 0;
}
```

while문은 조건식의 결과가 거짓이면 반복문을 실행하지 않는 반면 do~while문은 조건식의 결과에 상관없이 반복문의 문장을 실행하고 조건식의 결과를 판단합니다.

위 예제에서 입력 받은 값이 반복문의 조건식에 거짓이 되더라도 첫 번은 반복문의 문장을 실행하게 됩니다.

예제 6-9 do ~ while문을 이용한 알파벳 출력

```
#include <stdio.h>
int main()
{
   char ch = 'A';
  do{
     printf("%c", ch++);
   }  while(ch <= 'Z')
   printf("\n 프로그램을 종료합니다. \n");

   return 0;
}
```

실행결과

```
A,B,C,D,E,F,G,H,I,J,K,L,M,N,O,P,Q,R,S,T,U,V,W,X,Y,Z
프로그램을 종료합니다.
```

변수 ch의 값이 반복 증가되면서 A부터 Z까지 알파벳을 한행에 출력합니다.

실습 6-3

5명의 성적을 입력받아 그 합을 출력하는 프로그램을 while문을 이용하여 작성해 보세요. 이 프로그램을 do ~ while문을 이용하여 바꾸어 보세요.

실습 6-4

while문을 이용하여 1부터 입력한 정수까지 짝수의 총합을 계산하여 출력하는 프로그램을 작성하세요.

C Programming

6.3 for문

- for문 : 문과 같은 반복문의 하나로 조건식에 따라 일정한 문장을 반복하여 실행하도록 하는 제어문

- 기본 형식

```
for(수식1;수식2;수식3) 문장;
```

- 실행방식
  1. 식 초기화 을 실행 이는 초기값을 설정하는 것으로 한번만 실행
  2. 식 조건 검사 조건을 판단하여 참이면 문장을 실행 거짓이면 문 탈출
  3. 문장을 실행한 후 수식 증감 을 실행 수식 은 일반적으로 반복을 제어하는 변수를 증가시키거나 감소시키는 수식

     와 의 과정을 반복

6.3 for 문

반복문중 가장 많이 사용하는 것이 for 문입니다. for 문은 while 문과 같은 반복문의 하나로 조건식에 따라 일정한 문장을 반복하여 실행할 수 있도록 합니다. for 문은 다음과 같은 형식을 갖습니다.

```
for(수식 1; 수식 2; 수식 3)
   문장 ;
```

for 문의 중괄호 안에는 3개의 수식이 세미콜론(;)으로 분리되어 있습니다. for 문의 실행방식은 다음과 같습니다.

1. 먼저 수식1을 실행합니다. 이는 초기값을 설정하는 것으로, 일반적으로 변수에 값을 대입하는 대입문이 수식1에 사용됩니다. for 문의 반복이 시작되기 전에 단 한 번만 실행합니다.
2. 수식2는 조건식의 형식이며 조건식을 판단하여 참이면 문장을 실행합니다.
3. 이 수식의 결과가 참이면 문장을 실행하고, 수식2의 결과가 거짓(0)이면 바로 for문을 빠져나옵니다.
4. 수식3을 실행합니다. 수식3은 일반적으로 반복을 제어하는 변수를 증가시키거나 감소시키는 수식이 사용됩니다.
5. 다시 수식2의 조건식을 판단하며, 2, 3, 4의 과정을 반복 수행하게 됩니다.

이와 같은 for 문의 실행 방식을 도식화 하면 다음과 같습니다.

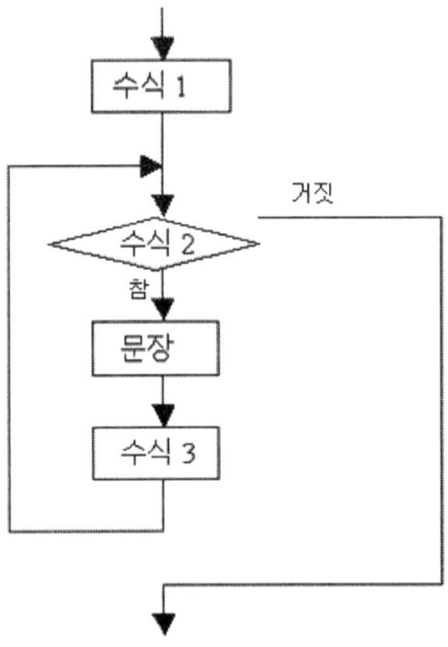

예제 6-10 문장의 반복 출력 (for문)

```c
#include <stdio.h>
int main()
{
   int a;
   for( a = 0 ; a < 10 ; a++ )
      printf(" %d : 한국산업기술대학교\n",a);

   return 0;
}
```

실행결과

```
0 : 한국산업기술대학교
1 : 한국산업기술대학교
2 : 한국산업기술대학교
3 : 한국산업기술대학교
4 : 한국산업기술대학교
5 : 한국산업기술대학교
6 : 한국산업기술대학교
7 : 한국산업기술대학교
8 : 한국산업기술대학교
9 : 한국산업기술대학교
```

프로그램 실행은 다음과 같은 과정을 거칩니다.

1. 반복 제어 변수 a 변수를 0으로 초기화 합니다.
2. 조건식 a < 10의 결과 참을 판단하며, a값은 0이므로 결과는 참.
3. 2.에서 조건식이 참이므로 6행의 문장을 실행합니다.
4. 수식 a++ 실행(a값은 1로 증가)
5. 다시 조건식 a < 10을 판단하게 되고 I값은 1이므로 결과는 참,
6. 5.에서 조건식이 참이므로 6행의 문장을 실행 합니다.
7. 수식 a++실행(a값은 2로 증가)
8. 2 ~ 4과정을 조건식 a < 10이 거짓이 될 때까지(즉, a값이 10이 될 때 까지) 반복합니다. 따라서 10회 반복하게 됩니다.

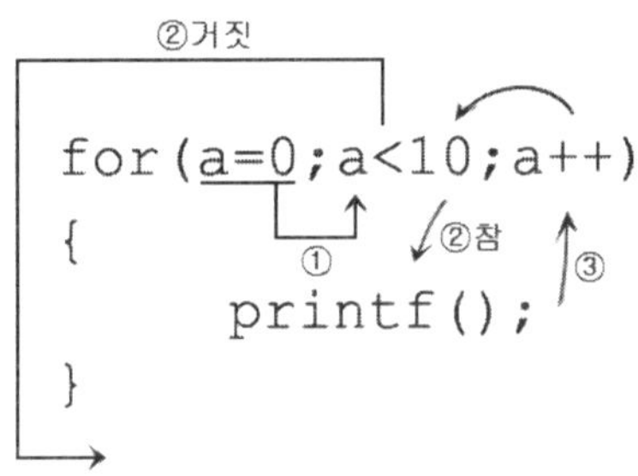

◉ 반복문에서의 제어 변수

위 예와 같이 변수 a는 for 문에서 0부터 1씩 증가되면서 반복의 횟수를 체크하는 역할을 합니다. 즉, 변수 a는 for 문이 몇 번 반복되고 있는지를 나타내는 변수로 사용되는 것입니다. 제어문에서 사용하는 이러한 변수를 제어 변수라고도 합니다.

예제 6-11 1부터 100까지 더하기(1) (for문 이용)

```
1   #include <stdio.h>
2   int main()
3   {
4      int a, sum = 0;
5      for( a = 1 ; a <= 100 ; a++ )
6         sum += a;
7      printf(" 1 + 2 + ... + 100 = %d\n", sum);
8
9      return 0;
10  }
```

실행결과

```
1 + 2 + ... + 100 = 5050
```

5행 ~ 6행 :

1. for 문에서 먼저 a = 1를 실행하며, a변수에 1값을 초기화 합니다. (처음 한번만 실행합니다.)
2. 조건식 a <= 100을 판단하게 되며, 이때 1 <= 100은 참이 됩니다.
3. 조건식이 참이므로 sum += a라는 문장을 실행하게 됩니다. sum + a의 결과를 sum에 다시 대입 하는 복합 대입 연산자를 응용한 문장입니다. sum에 대입된 결과 값은 1이 됩니다.
4. 그 다음에 세 번째 수식 a++을 실행합니다. a값은 증가하여 2가 됩니다.
5. 다시 수식 2를 판단하게 되며, 2 <= 100식은 참이므로 6행을 실행하게 됩니다. sum의 값은 1+2=3이 됩니다.
6. 2 ~ 4까지의 과정을 계속 반복합니다.

조건식에서 100 < 100이 되면 이 문장은 거짓이 되므로 for 문을 탈출하게 됩니다. 최종 sum의 결과를 출력하게 되는 것입니다. 결국 6행의 문장을 100번 반복하게 되며, 1부터 100까지의 값을 더한 결과를 sum에 저장하며 결과를 출력합니다.

실습 6-5

for문을 이용하여 1부터 입력한 정수까지 짝수의 총합을 계산하여 출력하는 프로그램을 작성하세요.

반복 실행해야 할 문장이 둘 이상이라면 당연히 중괄호({})를 이용하여 다음과 같이 블록으로 만들어야 합니다.

```
for(수식 1; 수식 2; 수식 3)
{
    문장 1 ;
    문장 2 ;
      :
}
```

예제 6-12 1부터 입력한 수까지 더하기(1)

```
#include <stdio.h>
int main()
{
   int a, sum = 0;
   int k;
   printf("1부터 입력한 수까지 더합니다. 정수 입력:");
   scanf("%d",&k);
   for( a = 1 ; a <= k ; a++ )
   {
      sum += a;
      printf(" 1부터 %d까지 합은 %d \n", k, sum);
   }

   return 0;
}
```

실행결과

```
1부터 1까지 합은 1
1부터 2까지 합은 3
1부터 3까지 합은 6
1부터 4까지 합은 10
1부터 5까지 합은 15
1부터 6까지 합은 21
1부터 7까지 합은 28
1부터 8까지 합은 36
1부터 9까지 합은 45
1부터 10까지 합은 55
```

C Programming

6.3 for문의 다양한 사용

- 중괄호 안의 세미콜론(;)으로 분리되어 있는 세개의 수식 중 하나 이상을 생략 가능.(수식은 생략하여도 분리하는 세미콜론은 생략 불가능.)
- 세개의 수식이 모두 생략된 경우 무한루프 형성

```
for( ; ; ){
     :
}
```

↔

```
while( 1 ){
     :
}
```

- 중괄호 안의 첫번째 수식과 세번째 수식은 나열연산자를 이용하여 두개 이상의 수식 사용 가능.

◉ 무한 반복 for 문

for 문에서 중괄호 안의 수식은 생략할 수도 있습니다. 단, for 문에서는 중괄호 안에 세미콜론(;)은 생략해서는 안 됩니다.

```
for( ; ;)
{
    :
}
```

수식을 모두 생략하면 for 문은 조건을 검사할 수식이 없기 때문에 컴파일러는 항상 참이라 판단합니다. 따라서 이와 같은 for 문은 무한 루프를 형성합니다. 이는 while 문을 이용한 무한 루프와 같은 역할을 합니다.

◉ for 문에서 수식의 사용

for 문에서 수식1과 수식3은 콤마 연산자(,)를 이용하여 여러 개의 수식을 넣을 수도 있습니다. 그러나 너무 많은 수식을 나열하는 것은 코드를 읽기 어렵게 하므로 불필요한 여래개의 수식을 나열하여 사용하는 것은 좋지 않습니다.

예제 6-13 1부터 100까지 더하기 (2) (for 문 이용)

```
#include <stdio.h>
int main()
{
   int a, sum;
   for( a = 1, sum = 0 ; a <= 100 ; a++ )
      sum += a;
   printf(" 1 + 2 + ... + 100 = %d\n",sum);

   return 0;
}
```

실행결과

```
1 + 2 + ... + 100 = 5050
```

for 문 괄호 안의 초기화 부분에 나열연산자(,)를 이용하여 a=1, sum=0와 같이 두개의 수식을 사용하였습니다. 괄호 안의 첫 번째 수식뿐만 아니라 세 번째 수식도 이와 같이 나열연산자를 이용하여 두 개 이상의 수식을 사용할 수 있습니다.

C Programming

6.3 for문과 while문의 비교

- for문의 기본 형태를 while문을 이용하여 바꾼 형태.

```
수식 1;
while(수식 2){
        문장;
        수식 3;
}
```

- 일반적으로 for문은 반복 제어 변수를 초기화할 필요가 있을 경우나 반복 회수가 정해져 있을 때 while문 보다 유용.

for 문의 기본 형태를 while 문을 이용하여 바꾸면 다음과 같은 형태를 갖습니다.

```
수식 1 ;
while(수식 2){
        문장 ;
        수식 3 ;
}
```

for 문과 while 문은 약간의 차이는 있으나 모두 같은 반복 실행 형식을 제공합니다. 어떤 반복문을 사용하는가는 프로그래머의 취향이나 주어진 문제의 성격에 따라 적절하게 선택하여야 합니다. 일반적으로 for 문은 반복 제어 변수를 초기화할 필요가 있을 경우나 반복 횟수가 정해져 있을 때 while 문 보다 유용하게 사용할 수 있습니다.

예제 6-13에서 for문이 적용된 예제를 다음과 같이 while문으로 변경할 수 있습니다.

예제 6-14 1부터 100까지 더하기(3) (while 문 이용)

```
#include <stdio.h>
int main()
{
   int a, sum;
   a = 1, sum = 0;
   while(a <= 100){
      sum += a;
      a++;
   }
   printf(" 1 + 2 + ... + 100 = %d\n",sum);

   return 0;
}
```

실행결과

```
1 + 2 + ... + 100 = 5050
```

실습 6-6

for문을 이용하여 키보드로부터 10개의 정수 값을 읽어 들여 그 합과 평균을 구하는 프로그램을 작성해 보세요.

실습 6-7

for문을 이용하여 1에서 100까지의 정수 중 3의 배수만을 출력하는 프로그램을 작성해 보세요.

C Programming

그 밖의 제어문 : continue문

❏ 형식

```
continue;
```

❏ 실행방식

반복문 블록 내부에 위치하며 문을 만나면 그 이후의 문장들은 실행하지 않고 건너 뛰어 다음 반복 수행

break는 switch ~ case문이나 반복문의 블록을 탈출할 때 사용합니다. 반면 continue는 반복문(while, do ~ while, for) 블록 내부에 위치하며, continue 문을 만나면 그 이후의 문장들은 실행하지 않고 건너뛰어 다음 반복을 수행합니다. 그 형식은 다음과 같습니다.

```
contiue ;
```

예제 6-15는 continue 문의 사용 예를 보여줍니다. 프로그램 실행 과정에서 continue 문을 만나면 반복문 블록 내부의 continue 이후 문장들은 실행하지 않고 다음 반복을 실행하게 됩니다.

예제 6-15 continue 문을 이용한 짝수의 출력

```
#include <stdio.h>
int main()
{
   int a;
   for( a = 1 ; a < 10 ; a++ )
   {
      if(a%2)    /* if(a%2) == 1과 같음 */
            continue;
      printf("%d", a);
   }

   return 0;
}
```

실행결과

```
2 4 6  8 10
```

if 문의 수식 a%2는 변수 a값이 홀수이면 결과 값이 1(참)이 되어 continue문이 실행되므로 이후에 존재하는 printf("%d", a)문장은 실행하지 않고 건너뛰어 다음 반복을 수행하게 됩니다. 따라서 결과적으로 1에서 10까지의 정수 중 짝수 값만을 출력하게 됩니다.

예제 6-16 continue 문을 이용한 짝수의 합 출력

```
1   #include <stdio.h>
2   int main()
3   {
4      int i, nSum=0, nNumber;
5      printf("숫자를 입력 하세요 : ");
6      scanf("%d", &nNumber);
7      for( i = 1 ; i <= nNumber ; i++ )
8      {
9         if(i%2)
10         continue;
11         nSum += i;
12     }
13        printf("\n 1부터 %d까지 짝수 합은 %d \n", nNumber, nSum);
14
15     return 0;
16  }
```

실행결과

```
숫자를 입력 하세요 :10
1부터 10까지 짝수 합은 30
```

9행에서 i%2는 임의의 수를 2로 나누어 나머지를 구하는 부분으로 임의의 수를 2로 나누므로 짝수인 경우에는 나머지가 0이고 홀수인 경우에는 나머지가 1이 됩니다.

따라서 홀수인 경우에는 연산의 결과가 1이므로 if 조건식을 만족하여 continue를 만나므로 sum+=i 문장을 실행하지 않고 i값을 증가시키고 조건을 다시 검색하게 되며 짝수인 경우에는 if 조건식을 만족하지 않으므로 sum+=i 문장을 실행하여 짝수 숫자들을 합산하게 되는 것입니다.

■ for 문의 중첩 사용

for 반복문의 실행 문장 안에 또 for 반복문을 사용하는 방식으로 중첩하여 사용할 수 있습니다. 예제 6-17은 for 문을 중첩하여 사용한 예를 보여줍니다. 밖의 for문은 반복제어변수 a에 의하여 5번 반복하며, 안의 for문은 반복제어변수 b에 의하여 10번 반복합니다. 즉, 밖의 for문 1회 반복마다 안의 for문이 10회 반복하게 됩니다.

예제 6-17 for문의 중첩사용

```
#include <stdio.h>
int main()
{
  int a, b;
  for( a = 0 ; a < 5 ; a++ )
  {
    printf("루프 %d : ",a);
    for( b = 0 ; b < 10 ; b++ )
      printf(" %d ",b);
    printf("\n");
  }

  return 0;
}
```

실행결과

```
루프 0 : 0 1 2 3 4 5 6 7 8 9
루프 1 : 0 1 2 3 4 5 6 7 8 9
루프 2 : 0 1 2 3 4 5 6 7 8 9
루프 3 : 0 1 2 3 4 5 6 7 8 9
루프 4 : 0 1 2 3 4 5 6 7 8 9
```

5행 :

1. 반복제어변수 a를 0으로 초기화 합니다.
2. 조건식 a < 5을 판단하고, 0 < 5의 값은 참이므로 7행의 문장을 실행합니다.

8행 :

7행의 문장을 실행한 뒤에 8행의 for문을 실행합니다. 다시 제어변수 b를 0으로 초기화 하고 조건식을 판단하여 9행의 문장을 10번 반복 실행합니다.

즉, 5행의 for문이 1회 반복할 때마다 7행의 for문은 10회 반복이 됩니다.

◉ 제어문의 선택

> for while 문이나 do~while 문을 사용 할 것인지는 문제의 해결 방법과 문법의 특성에 따라 문제를 해결하기에 유용한 제어구문을 선택하도록 하세요.

실습 6-8

구구단을 출력하는 프로그램을 작성해 보세요.

1. 어떤 사람이 30일간 일하기로 계약하여, 첫날 1000원, 둘째 날 1500원, 셋째 날 2000원과 같이 하루가 지날 때 마다 그 전날 임금에 500원씩을 더하여 받는다고 할 때 총 받는 임금을 계산하는 프로그램을 작성하세요.

2. 양의 정수 n값을 입력 받아 1에서 n까지의 합을 구하여 출력하는 프로그램을 작성하세요. 입력한 n값이 음수이면 합을 출력하지 않고 다음 n값을 입력받도록 하세요. n값이 0이면 프로그램이 종료되도록 하세요.

3. i*j+i+j = 71이 되는 한 자리 숫자의 i와 j를 구하세요.

4. 1부터 100사이의 자연수 중에서 홀수의 합과 짝수의 합을 구하는 프로그램을 작성하세요.

5. 임의의 정수 n을 입력하면 0부터 n까지의 합을 구하는 프로그램을 작성하세요.

6. 1부터 100까지의 수중에서 5의 배수의 합을 계산하여 출력하는 프로그램을 작성하세요.

7. 임의의 정수를 입력하면 1부터 입력한 정수까지의 합을 계산하여 결과를 출력하는 프로그램을 작성하세요. (단 0값을 입력하면 프로그램 종료)

8. 출력이 다음과 같은 프로그램을 작성하세요. 최하단의 *는 15개까지 나오도록 하세요.

```
*
**
***
****
:
```

9. 100이하의 정수 안에서 가장 큰 13의 배수 값을 순서대로 구하는 프로그램을 작성하세요.

10. 10명의 성적을 차례대로 입력받아 최대 점수, 최소점수와 평균을 계산하여 출력하는 프로그램을 작성하세요.

11. 임의의 정수 k를 입력하면 k!(Factorial)을 계산하여 출력하는 프로그램을 작성하세요.

12. 구구단의 단수를 입력하면 해당 단의 구구단을 출력하는 프로그램을 작성하세요. (단 0값을 입력하면 프로그램이 종료)

13. 가격과 세일 %값을 입력하면 세일된 가격을 출력하는 프로그램을 작성하세요. (프로그램이 반복 실행되도록 하고 0값을 입력하면 프로그램 종료)

제 7 장

내가 만드는 함수

7.1 표준 함수와 사용자 정의 함수

7.2 내가 만드는 함수

7.3 값을 반환하는 함수

7.4 함수의 매개변수 전달

개 요

지금까지 우리는 main()함수와 내장함수만을 이용하여 프로그램을 작성하였습니다. 그러나 C 언어 프로그램은 main()함수와 내장함수 뿐만 아니라 프로그램 개발자가 필요로 하는 여러 가지 함수를 만들어 사용할 수 있습니다.
일반적인 C프로그램은 main()함수를 포함한 여러 개의 함수로 이루어집니다. 이러한 함수들은 서로 호출하여 사용합니다. 즉 함수는 이름을 가지고 다른 함수가 호출할 수 있도록 하는 문장들의 집합이라 할 수 있습니다.
함수는 단순한 실행기능 뿐만 아니라 호출한 함수로 값을 넘겨 줄 수 있으며, 함수를 호출할 때 매개변수를 이용하여 호출 받은 함수로 변수 값을 넘겨줄 수 있습니다.

학습목표

* 함수의 기본 기능을 이해합니다.
* 함수가 값을 반환하고 반환 받는 방법을 이해합니다.
* 매개변수(인수)를 통하여 함수 간에 변수 값을 주고받는 방법을 익힙니다.
* 함수를 직접 만들 수 있도록 구성 및 작성방법을 익힙니다.

C Programming

제 7 장 내가 만드는 함수

7.1 표준 함수와 사용자 정의 함수

7.2 내가 만드는 함수

7.3 값을 반환하는 함수

7.4 함수의 매개변수 전달

제7장. 내가 만드는 함수

지금까지는 main() 함수 하나만으로 구성된 프로그램을 사용하였습니다. 하지만 프로그램이 크고 복잡해지는 경우에 main() 함수 하나만으로 프로그램을 작성하게 되면 프로그램을 이해하거나 수정하기가 어려워집니다. 따라서 크고 복잡한 내용을 프로그램으로 작성하는 경우 프로그램을 기능별로 모듈화 하여 나누어 작성하고 모듈화 된 프로그램을 큰 프로그램으로 통합하는 방식을 사용합니다.

독립적인 기능으로 모듈화 된 작은 프로그램을 일반적으로 함수라고 부릅니다.

C 언어는 거의 90% 이상이 함수로 이루어져 있습니다. 그렇기 때문에 C 언어는 함수로 시작해서 함수로 끝난다는 말을 할 정도로 함수가 차지하는 비중이 큽니다. 함수를 잘 만들고, 만들어진 함수를 잘 다루는 것이 C의 기본이 됩니다.

실제의 실무에서 숙달된 프로그래머에 의해 작성되는 C 프로그램은 각각의 기능과 특성별로 모듈화 된 여러 부분의 함수들로 프로그램이 구성 됩니다. 각각의 특성을 갖는 함수들이 순차적으로 실행이 되면서 프로그램 동작을 수행 하는 것입니다.

즉, 함수란 하나의 전체 프로그램에서 어떤 작업을 맡는 부분 프로그램이라고 생각하면 됩니다. 보통 하나의 프로그램은 많은 함수들로 나누어진 모듈화 된 모습으로 구성할 수 있답니다.

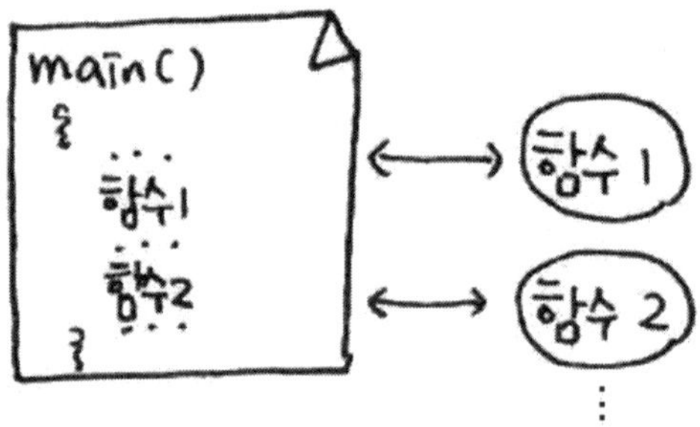

이 장에서는 함수가 어떻게 구성되어 어떤 일을 처리하는지를 알아본 후에 함수의 동작 및 진행 순서를 익히고, 실제로 함수를 만들어 사용할 수 있도록 함수를 작성해 보도록 하겠습니다.

```
#include <stdio.h>
int main()
{
      printf("한국산업기술대학교 ₩n");
      printf("전자공학과 ₩n");
      printf("프로그래밍언어 ₩n);

      return 0;
}
```

위 예제는 main() 함수만으로 구성된 프로그램입니다. 다음의 프로그램은 위 예제를 함수 단위로 나누어 작성한 것입니다. 결과는 위 예제 결과와 동일합니다.

예제 7-1 함수의 구성

```
#include <stdio.h>
void unv();
void dep();
void sub();

int main()
{
   unv();
   dep();
   sub();

   return 0;
}

void unv()
{
   printf("한국산업기술대학교.\n");
}
void dep()
{
   printf("전자공학과.\n");
}
void sub()
{
   printf("프로그래밍언어.\n");
}
```

실행결과

```
한국산업기술대학교.
전자공학과.
프로그래밍언어.
```

7.1 표준 함수와 사용자 정의 함수

- C 언어의 함수 : 고유의 이름을 갖는 부분 프로그램, 호출, 독립적

- 함수 :
  라이브러리 표준함수

  사용자 정의 함수

- 함수 작성의 장점
1. 반복되는 특정 코드를 함수로 정의함으로서 반복 코딩을 피할 수 있다
2. 구조적인 모듈 단위로 분할 프로그래밍 할 수 있다
3. 재활용 가능
4. 프로그램의 명료화

7.1 표준 함수와 사용자 정의 함수

C 언어의 함수는 부분 프로그램이라고 볼 수 있습니다. 함수는 고유의 이름을 갖고 있으며 이름으로 호출이 되는 방식을 취하고 있습니다. 그리고 서로 다른 파일에서 작성되어 독립적으로 일을 수행할 수 있습니다. 모든 함수는 다음과 같은 구조를 가지고 있습니다.

```
함수이름( )
{
    문장들
}
```

C 언어에서의 함수는 크게 라이브러리 표준 함수와 사용자 정의 함수 두 종류로 나누어집니다.

표준 함수란 우리가 자주 사용해왔던 printf(), scanf()와 같은 함수를 말하며, 기본적으로 C 언어에 포함되어 사용자들에게 제공되는 함수를 말합니다. 이러한 표준함수는 수백 가지가 넘습니다. 이런 표준함수를 정의해서 모아놓은 것을 C 라이브러리 혹은 라이브러리라고 합니다.

예를 들어 표준 라이브러리 함수인 printf(), scanf()등은 stdio.h라는 헤더파일에 해당 함수의 원형(prototype)을 정의하고 있습니다.

따라서 프로그램에서 표준함수를 사용하기 위해서는 선행처리기인 #include를 통하여 표준함수가 정의된 헤더파일을 포함시켜야 하는 것 입니다.

선행처리기에 의해 불러온 헤더파일은 프로그램을 컴파일하기 전에 헤더파일의 내용을 소스 코드에 추가 하게 되며, 이 후 헤더파일의 내용과 소스 코드를 합쳐 컴파일을 하게 되는 것 입니다. 컴파일 후 링크의 과정을 통해 프로그램에 연결된 라이브러리와 컴파일 된 소스를 결합시켜 실행 가능한 실행 파일을 완성하게 되는 것 입니다.

사용자 정의 함수란 프로그래머가 프로그램 개발 중에 임의로 작성하여 사용하는 함수를 말합니다. 즉 표준함수에서 제공하지 않는 기능을 함수로 만들어 쓰기 때문에 사용자 정의 함수라고 부릅니다. 이와 같이 함수를 작성하여 사용하는 장점은 여러 가지가 있는데 대표적으로 아래와 같은 경우를 들 수 있습니다.

1) 반복되는 특정한 작업을 하나의 함수로 정의함으로써 동일 코드의 반복 코딩을 피할 수 있습니다.

2) 함수를 이용하면 구조적인 모듈단위로 분할해서 프로그램을 만들 수 있습니다. 이는 프로그램의 효율성과 수정에 용이합니다.

3) 잘 만들어진 함수는 언제든 재가공하여 재활용 할 수 있습니다.

4) 프로그램 내부에 세부적인 연산이나 작업등은 함수의 내부에 숨길 수 있어 프로그램을 명료화 시킬 수 있습니다.

7.2 내가 만드는 함수

[함수를 만드는 3단계]

- [STEP 1] 함수의 원형 선언
  - 함수의 원형 선언 : 함수를 사용하기 전에 함수의 기본 형식을 선언

리턴타입 함수이름(매개변수1, ..., 매개변수n);

예) int func1(int x, int y);

- 리턴타입 : 호출된 함수가 함수를 호출한 곳으로 반환하는 데이터 형태
- 함수의 이름 : 함수를 호출할 때 사용하는 함수의 고유 이름
- 매개변수 : 함수를 호출 할 때 호출된 함수로 전달하는 인수들의 데이터 타입, 매개변수가 없을 경우 void를 적어주거나 생략 무관

7.2 내가 만드는 함수

사용자 정의 함수는 어떤 단계를 거쳐 만들고 사용하는지를 알아보도록 하겠습니다.

함수를 구성하기 위해 가장 먼저 해야 할 일은 어떤 형태의 함수를 구성 할 것인지 함수의 선언부분에 사용할 함수의 기본 형태를 선언을 하는 일입니다.

[STEP 1] 함수의 원형 선언

변수를 사용하기 전에 변수선언을 하는 것처럼, 함수를 사용하기 전에 함수의 기본 형식을 선언하는 것을 함수의 원형(function prototype)선언이라고 합니다.

함수의 원형 선언에 대한 기본 형식은 다음과 같습니다.

```
리턴타입 함수이름 (매개변수1, ..., 매개변수n);
```

예) **int** **func1**(**int x, int y**);
(1) (2) (3)

함수의 원형을 선언하면 컴파일러에게 다음과 같은 정보가 제공됩니다.

(1) 리턴타입 : 호출된 함수가 함수를 호출한 곳으로 반환하는 데이터의 타입
(2) 함수이름 : 프로그램이 함수를 호출할 때 사용하는 함수의 고유 이름
(3) 매개변수 : 함수를 호출할 때 전달하는 인수들의 데이터 타입, 매개변수가 없을 경우에는 void를 적어주거나 생략해도 무관합니다.

함수의 이름은 변수의 이름을 지을 때와 마찬가지로 작성하며, 그 함수의 기능과 동작을 표현 할 수 있는 이름으로 정하는 것이 좋습니다.

예) 점수를 출력하는 함수 : PrintScore(),
합을 구하는 함수 : Sum()

C Programming

7.2 내가 만드는 함수

- [STEP 2] 함수 정의하기
  -
  -
  - 기본 형태

```
리턴타입 함수이름( 매개변수1, ... , 매개변수n)
{
        실제 동작 코드 ;
}
```

리턴타입
매개변수1, ..., n
실제 동작 코드

[STEP 2] 함수 정의하기

함수의 실제 동작 코드를 넣는 곳을 함수의 본체(function body)라고 하며, 이 본체 부분을 함수의 정의(function definition)라고 합니다.

```
리턴타입 함수이름(매개변수1, … 매개변수n)
{
   문장들;
}
```

예)
```
int sum(int x, int y)
{
   return x+y;
}
```

함수의 정의에서 첫 번째 행은 함수의 선언 부분과 같은 타입으로 정의 되어야 합니다.

블록 안에는 실제로 동작할 코드 내용이 들어갑니다.

함수 정의를 하는 위치는 main()함수 외부에 하게 되며 프로그래머의 스타일에 따라 main()함수 윗부분 또는 아랫부분에 구성할 수 있습니다.

함수 정의를 main()함수 윗부분에 하는 경우에는 함수 원형 선언을 하지 않아도 되며, main()함수 아랫부분에 함수를 구성하는 경우에는 함수 원형 선언을 해주어야 합니다.

리턴타입에 대한 설명은 뒷부분에서 자세히 하도록 하겠습니다.

7.2 내가 만드는 함수

- [STEP 3] 함수 호출 하기 .
  -
  -
  -
  - 기본형식

    함수이름 (매개변수1, ..., 매개변수n)

- 모든 함수는 다른 함수를 호출 가능.
  -
  -

[STEP 3] 함수 호출하기

함수의 호출은 다음과 같은 형식으로 합니다.

> 함수이름(매개변수1, ... , 매개변수n);

예) `func1(int x, int y)`

함수의 호출은 프로그램에서 함수의 이름을 사용하여 함수를 실행하는 것을 말합니다. 프로그램 문장들이 차례대로 실행되다가 함수 호출 구문을 만나 함수를 호출하면 현재의 함수구성을 빠져나와 외부에서 호출한 이름과 같은 함수를 찾게 되며 그 때 함수본체 내의 문장들을 실행하게 됩니다. 그리고 함수 내의 문장들이 종료되면 처음 함수를 호출한 다음 문장으로 다시 실행의 흐름이 되돌아가게 됩니다.

함수는 필요할 때마다 언제든지 호출되어 사용될 수 있으며 어떤 순서로도 호출이 가능합니다. 함수를 호출할 때 위 예의 인수 부분(int x, int y)과 같이 매개변수를 전달할 수 있습니다. 전달하고자 하는 매개 변수가 없을 경우에는 void를 적어주거나 생략 가능합니다.

함수를 만들기 위해서는 함수의 원형 선언, 정의, 실행의 과정으로 작성합니다. 함수가 적용된 프로그램은 함수의 호출, 복귀의 흐름으로 진행됩니다. 간단한 함수가 적용된 예를 통해 함수의 기본 구성을 살펴보도록 하겠습니다.

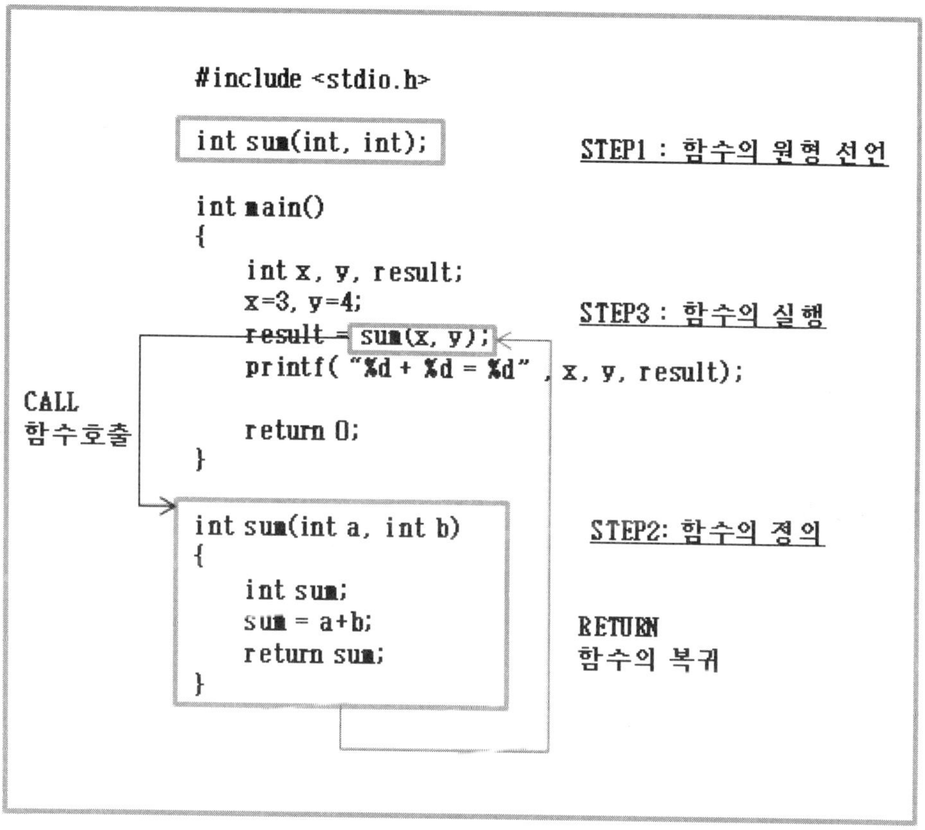

예제 7-2 함수의 반복 호출

```
#include <stdio.h>
void Test();

int main()
{
   int j;
   for(j=0; j<3; j++)
    Test();

   return 0;
}

void Test()
{
   printf("함수에 대한 첫 경험입니다.\n");
}
```

실행결과

```
함수에 대한 첫 경험입니다.
함수에 대한 첫 경험입니다.
함수에 대한 첫 경험입니다.
```

main()의 for 문장에서 3번 Test()함수를 호출하므로 실행 함수의 printf()에서 3번 문자열을 출력하게 됩니다.

실습 7-1

두 개의 정수를 입력받아 그 중 큰 수를 출력하는 함수 big()을 만들고, 이 함수를 main()함수에서 호출하는 프로그램을 작성해 보세요.

C Programming

7.3 값을 반환하는 함수

- 호출된 함수는 문장들의 실행을 마치고 호출한 함수로 제어권을 넘겨 줄 때(되돌아 올 때) 지정한 값도 함께 반환할 수 있음.

- 값을 반환할 때는 return문을 이용.
  - 형식 `return(식);`
  - 기능 : 현재 실행하고 있는 함수의 실행을 끝내고 현재의 함수를 호출한 함수로 복귀하면서 식의 값을 호출한 함수에 반환
  - 식의 괄호는 생략 가능.
  - return문에서 식을 생략 가능.

    return;

    호출한 함수로 복귀하며 반환값을 갖지 않음.

7.3 값을 반환하는 함수

함수의 반환 값은 호출된 함수에서 호출한 함수로 값을 전달하는 기능입니다. 현재 실행하고 있는 함수의 실행을 끝내고 현재의 함수를 호출한 함수로 복귀하면서 값을 반환하는 경우에는 return 문에 의해 값이 반환됩니다. return 문의 형식은 다음과 같습니다.

```
return (식);
```

여기서, 식의 괄호는 생략할 수 있습니다. return문의 기능은 현재 실행하고 있는 함수의 실행을 끝내고 현재의 함수를 호출한 함수로 복귀하면서 식의 값을 호출한 함수에 반환하는 것입니다. 여기서 식으로는 상수, 변수, 수식 등이 가능합니다. return문에서는 식을 생략할 수 있습니다.

즉, 다음과 같은

```
return ;
```

문장을 만나면 단순히 현재 실행하고 있는 함수의 실행을 끝내고 호출한 함수로 복귀하며 반환 값을 갖지 않는 다는 것입니다.

C Programming

7.3 값을 반환하는 함수

- 함수의 원형선언과 함수의 정의 부분에 반드시 리턴타입 명시
  - 함수의 원형 선언 | 리턴타입 함수이름(매개변수)
  - 예 int
  - 의미 함수 이 반환할 값의 자료형이 정수형이라는 것을 명시한 것
  - 함수의 반환값이 없을 때에는 예약어 사용 void 함수이름
  - 함수의 정의

```
리턴타입 함수 이름()
{
    함수 실행 코드
}
```

함수 원형 선언에서 리턴타입이 의미하는 것은 함수를 호출하고 호출된 함수가 함수 종료시 반환되는 데이터의 유형을 의미합니다. 함수를 호출하고 호출된 함수가 실행을 마지고, 호출된 곳으로 복귀하는 경우 함수를 호출한 곳에 데이터를 넘겨줄 수 있는데, 이 데이터가 어떤 데이터 타입인지를 명시하는 것입니다.

C 언어에서 데이터 형으로 사용되는 모든 형을 반환할 데이터 유형으로 사용할 수 있습니다. void형 리턴타입은 아무것도 반환하지 않는 함수를 나타냅니다. 값을 반환하지 않는 경우 함수의 선언부에 void형으로 정의해 주어야 합니다.

함수 원형 선언과 함수 정의에서 함수 이름 앞에 반환할 값의 리턴 데이터 타입을 반드시 명시하여야 합니다. 즉, 함수 정의 코드에서 return되는 데이터 타입과 함수 원형 선언에서 선언된 리턴타입은 일치해야 한다는 것입니다.

함수의 리턴타입이 생략되어 있는 경우 컴파일러는 반환 값의 데이터 타입이 정수형(int)이라고 판단합니다. 따라서 반환 값이 정수형일 때에는 함수의 데이터 타입을 생략할 수 있으나 프로그램을 명확하게 하기 위하여 명시하는 것이 바람직합니다.

예제 7-3 값을 반환하는 함수

```
1    #include <stdio.h>
2    int sum();
3
4    int main()
5    {
6       int i;
7
8       i = sum();
9       printf("1+2+..+10 = %d", i);
10
11      return 0;
12   }
13
14   int sum()
15   {
16      int i, j;
17      for( i = 1, j = 0; i<=10; i++ )
18         j  = j + 1;
19     return j;
20   }
```

실행결과

```
1+2+..+10 = 55
```

2행 : int sum();

함수의 이름이 sum이고 정수형의 데이터 값을 반환하는 형식의 함수를 구성하겠다고 선언한 함수 선언문입니다.

8행 : i = sum();

대입문 우측의 sum()함수를 먼저 실행하게 되며 main()함수의 외부에 정의된 sum()함수를 호출하고 함수의 실행 후 반환되는 결과 값을 우측 변수 i에 대입합니다.

14행 ~ 20행

sum() 함수를 호출하면 실행의 흐름이 main()함수에서 12행의 sum()함수로 전환되며 sum함수의 문장을 차례대로 실행하게 됩니다. for문에서 j = j+1 문장을 열 번 반복하여 1부터 10까지를 더한 결과가 최종 j에 저장됩니다.

sum()함수는 이 함수가 호출될 때마다 1부터 10까지의 합을 계산하는 기능을 수행합니다.

19행의 return j 문장에서 최종 결과 값이 저장된 정수 데이터 타입의 j변수 값은 main() 함수에서 호출한 sum() 함수로 값을 반환합니다.

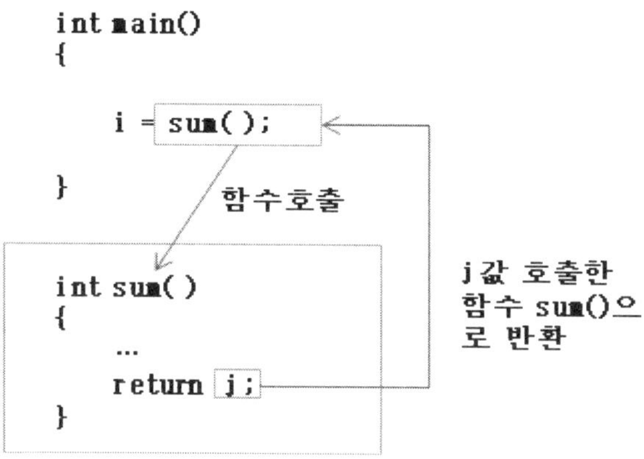

실습 7-2

실습 7-1에서 함수 big()이 두 수 중 큰 수를 main()함수에 넘겨주어 main()함수에서 출력하도록 프로그램을 수정해 보세요.

C Programming

7.4 함수의 매개변수 전달

- □ **함수 호출 시 호출한 함수에서 호출된 함수로 값을 전달하는 기능.**
- □ 값의 전달은 변수에 의하여 이루어지며,
  이를 **매개변수 또는 인수(parameter or argument)**라 함.
- □ **함수 원형 선언 때 매개변수 타입 명시.**
  - 전달 하고자 하는 값 또는 변수 타입 명시
  - int sum(int x, int y) 또는 int sum(int, int)
- □ **함수 호출 때 인수(실인수) 명시.**
  - 전달 하고자 하는 값 또는 변수 : 실인수
- □ **함수를 정의할 때 인수(가인수) 명시.**
  - 전달 받는 값 또는 변수 : 가인수
  - **실인수와 가인수는 일대일로 대응**

7.4 함수의 매개변수 전달

함수가 가지는 또 하나의 기능은 호출 함수에서 호출된 함수로 값을 전달하는 기능입니다. 함수 이름 옆 괄호 () 안에 변수 또는 값을 기입하면 호출되는 함수에 값이 전달되는데 이때 이 변수를 매개변수(Parameter) 또는 인수(Argument)라고 합니다. 이때의 매개변수를 실인수라고 합니다.

매개변수의 개수와 데이터 타입은 함수에 정의되어 있는 것과 같아야 합니다. 호출되는 함수에서 전달 받을 변수의 이름과 데이터 타입을 명시하는데 이를 가인수라고 합니다.

함수 호출 시 실인수와 가인수는 일대일로 대응되어 값을 전달하게 됩니다.

```
main()
{
    리턴 타입 함수 이름(데이터 타입, 데이터 타입);  /*함수 선언*/
          :
    함수 이름(실인수, 실인수)
          :
}


리턴 타입  함수 이름(가인수, 가인수)
{
          :
}
```

7-4 함수의 매개변수 전달

- 함수를 정의할 때 인수(가인수 명시.
  -

```
리턴타입 함수이름(가인수1, 가인수2,...)
{
        문장들
}
```

  - int sum(int x, int y)
  -
  - void

main()함수 외부에 함수를 정의 할 때 함수 선언과 같은 형식의 매개변수를 명시해야 합니다.

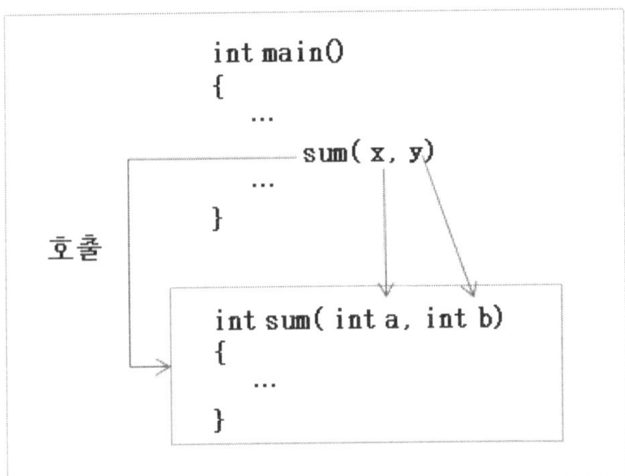

그림에서 int sum(int a, int b)와 같이 a와 b의 인수를 가인수라고 하며, 호출한 함수에서 호출된 함수로 값을 전달받는 기능을 합니다.

인수가 여러 개 있을 때에는 콤마(,)로 구분합니다. 인수의 개수는 전달 받는 데이터 개수만큼 정의해야 합니다.

함수이름 sum 앞에 int는 반환할 값의 데이터 타입이며 함수의 이름 앞에 명시하여야 합니다. 이 의미는 함수 sum이 반환할 값의 데이터 타입이 정수형이라는 것을 명시한 것입니다.

반환 값이 없을 때에는 함수이름 앞에 예약어 void를 사용합니다.

7.4 함수의 매개변수 전달

- 다른 함수를 호출하기 위해서는 함수의 선언부분에서 호출할 함수를 선언.
  예) int sum(int x, int y);
  - int, int
  - int a, int b
- 함수를 호출할 때 인수(실인수)를 전달.
  - i = sum(m,n);
  - 20, 30

함수를 호출 할 때 호출 되는 함수에게 값을 전달해야 하는 경우 함수의 원형 선언에서 전달하고자 하는 데이터 타입을 명시해야 합니다. 여기서 인수의 데이터 타입만 쓰고 이름은 생략해도 상관없습니다. 왜냐하면 함수의 원형 선언은 컴파일러에게 구성하고자 하는 함수의 형태를 선언하는 것이기 때문입니다. 또한 인수를 정의 할 때 매개변수의 이름은 함수의 정의에 쓰인 이름과 같을 필요는 없습니다.

```
int sum(int x, int y);
```

sum() 함수가 실행되어 main() 함수 외부에 정의되어 있는 sum() 함수를 호출할 때 정수형 데이터 2개를 전달하는 형식의 함수를 선언한 것입니다.

이것은 다음과 같이 매개변수의 이름을 생략할 수 있습니다.

```
int sum(int, int);
```

또한, 아래와 같이 인수의 이름은 어떤 이름을 써도 상관없습니다.

```
int sum(int a, int b);
```

함수를 호출할 때 인수를 전달하는 경우 이를 실인수라고 합니다. 실인수는 가인수와 일대일로 대응됩니다. 인수의 개수와 데이터 타입은 함수에 정의되어 있는 것과 같아야 합니다.

```
sum(m, n);
```

인수는 상수와 수식을 사용할 수 도 있습니다.

```
sum(20, 30);
```

◉ 함수를 만들 때 주의해야 할 사항

- ▣ 리턴 되는 값과 함수 원형 선언부에 정의된 반환 타입은 반드시 일치해야 합니다.
- ▣ 호출 하는 함수와 호출 받는 함수의 매개변수의 개수가 일치해야 합니다.
- ▣ 호출 하는 함수와 호출 받는 함수의 매개변수 타입이 일치해야 합니다.

예제 7-4 인수를 전달받는 함수

```
#include <stdio.h>
int sum(int x, int y);

int main()
{
   int m,n,i;

   m = 10, n = 20;
   i = sum(m, n);
   printf("%d + %d = %d \n", m, n, i);
   printf("20 + 30 = %d", sum(20, 30));

   return 0;
}

int sum(int x, int y)
{
   return x+y;
}
```

실행결과

```
10 + 20 = 30
20 + 30 = 50
```

sum() 함수가 정의되어 있으며, sum함수는 함수가 호출되면 매개변수를 2개 전달받아 두 합을 구하고 결과 값을 호출한 함수로 반환합니다. 9행에서 정수형 변수 m과 n에 저장되어 있는 실인수 10과 20의 값은 sum() 함수를 호출할 때 외부에 정의된 sum()함수의 가인수 x, y에 1:1로 각각 전달됩니다.

즉 실인수 m(10) → 가인수 x , 실인수 n(20) → 가인수 y와 같이 m과 n의 실인수 값이 sum 함수의 매개변수인 가인수 x와 y에 각각 대입됩니다.

18행 : return x+y;
가인수 x와 y변수의 데이터 값을 더한 결과 값을 main()함수에서 호출한 함수 sum(m, n)으로 전달합니다.

11행 : printf("20 + 30 = %d", sum(20, 30));
11행의 sum(20,30) 함수에서도 마찬가지로 외부의 sum함수를 다시 호출하게 되며 같은 결과를 수행하여 20과 30을 더한 결과를 화면에 출력하게 됩니다.

예제 7-5 1부터 임의의 입력 값까지의 합 출력

```
#include <stdio.h>
int sum(int x);

int main()
{
   int i;
   scanf("%d", &i);
   printf(" 1부터 %d까지 합 :%d \n", i, sum(i));

   return 0;
}

int sum(int x)
```

```
{
  int i, nTotal = 0;
  for(i=1; i<=x; i++)
    nTotal += i;
  return nTotal;
}
```

실행결과

```
10 입력
1부터 10까지 합 :55
```

main() 함수에서 1부터 입력받은 임의의 수까지의 합을 정의되어 있는 sum()함수에서 계산하며, 계산된 결과를 호출한 함수로 리턴 하여 결과를 출력합니다.

예제 7-6 절대값 계산

```
#include <stdio.h>
int absolute(int);

int main()
{
  int x, result;
  printf("임의의 정수값 입력 :");
  scanf("%d", &x);
  result = absolete(x);
  printf("%d의 절대값은 %d입니다. \n", x, result);
  return 0;
}

int absolete(int n)
{
  if(n>=0)
    return n;
  else
  return -n;
}
```

예제 7-7 평균값 계산

```
#include <stdio.h>
int aver(int, int, int);

int main()
{
   int x, y, z;
   double result;
   printf("임의의 세 개의 정수 입력 :");
   scanf("%d %d %d", &x, &y, &z);
   result = aver(x, y, z);
   printf("평균값은 %d입니다. \n",result);

   return 0;
}

int aver(int a, int b, int c)
{
   return ((x+y+z)/3);
}
```

main() 함수에서 aver(x, y, z) 함수가 실행되면 외부에 정의되어 있는 aver() 함수를 호출하고, 매개변수 x, y, z 값이 호출되는 함수로 각각 전달됩니다. aver() 함수에서는 전달받은 값을 이용하여 평균값을 계산하며, 계산된 결과 값을 main() 함수로 리턴 합니다.

1. 한 개의 정수를 입력 받아 1부터 입력받은 정수까지의 합을 계산하여 결과를 출력하는 함수 sum()를 작성하고, 이 함수를 main() 함수에서 호출하는 프로그램을 작성하세요.

2. 1번 프로그램의 계산 결과를 sum()함수에서 출력하지 않고 main()함수에 넘겨주어, main()함수에서 출력하는 형태로 수정하세요.

3. 2번 프로그램을 sum()함수에서 정수를 입력 받지 않고 main()함수에서 정수를 입력받아, sum()함수에 인수로 넘겨주는 형태로 수정하세요.

4. 두 개의 실수형 인수 값을 받아 합을 구하는 함수 sum(), 그 차를 구하는 함수 sub(), 그 곱을 구하는 함수 mul()를 작성하고, main()함수에서 입력 받은 두 실수의 합, 차, 곱을 이들 함수를 이용하여 출력하는 프로그램을 작성하세요.

5. 임의의 반지름 값을 입력하면 원의 넓이를 계산하는 프로그램을 작성하세요. 원의 넓이를 계산하는 부분을 함수로 작성하세요.

6. 함수를 이용하여 1+(1+2)+(1+2+3)+(1+2+3+4)+...+(1+2+3+..+50) 의 결과를 구하는 프로그램을 작성하세요.

7. 본인의 나이를 입력하면 그 동안 살아온 날자와 시간으로 변환하는 프로그램을 작성하고, 변환하는 부분을 함수로 구성하세요.

8. 양의 정수 n을 인자로 n!(Factorial)을 계산하는 함수를 작성하세요. 이 함수를 이용하여 임의의 양의 정수를 입력하면 !값을 출력하는 프로그램을 작성하세요.
(n! = n*(n-1)*(n-2)*....*2*1)

9. 임의의 시간, 분, 초에 대한 값을 입력하면 이를 초로 변환하여 출력하는 프로그램을 함수를 이용하여 작성하세요.

10. 최대공약수를 구하는 함수를 작성하고 임의의 두수를 입력하면 최대공약수를 계산하여 출력하는 프로그램을 작성하세요.

11. 임의의 저항값과 전류값을 입력하면 전압의 크기를 계산하는 함수를 작성하고 계산된 전압의 크기를 출력하는 프로그램을 작성하세요.

12, 상품의 가격과 할인 율(%)값을 입력하면 할인된 상품 가격을 출력하는 프로그램을 작성하세요. 할인 변환 부분을 함수로 작성하세요.

제 8 장

배 열

8.1 배열이란?

8.2 배열의 초기화

개 요

배열이란 같은 데이터 타입의 여러 원소를 첨자를 이용하여 하나의 이름으로 표현하는 것입니다.
원소는 배열이름과 첨자를 이용하여 나타냅니다. 배열은 그 첨자의 수에 따라 1차원 배열, 2차원 배열 등을 사용할 수 있습니다.
배열을 사용하면 for문이나 while문등의 반복문과 함께 프로그램을 효율적으로 작성 할 수 있습니다.

학습목표

* 배열의 선언방법 및 의미를 이해합니다.
* 배열의 초기화 방법을 익힙니다.
* 배열의 메모리 할당을 이해합니다.
* 배열을 이용한 다양한 문제 해결방법을 익힙니다.

C Programming

제 8 장 : 배열

8.1 배열이란?

8.2 배열의 초기화

8.3다차원 배열

제8장. 배열(Array)

배열이란 같은 데이터 타입으로 선언된 변수를 연속적으로 여러 개 만드는 방법입니다. 즉 배열은 같은 데이터 타입으로 선언된 변수들의 집합이라고 할 수 있습니다.

C Programming

8.1 배열이란?

- 배열 : 같은 데이터 타입을 갖는 여러 개의 변수를 한 번에 선언
- 배열의 선언 형식 **데이터타입 배열이름[배열크기];**
  - 이와 같이 대괄호가 하나인 배열크기가 하나인 배열을 차원 배열이라 함
- 선언 예 int score[10];
  - int 배열의 자료형이 실수형임
  - score 배열의 이름
  - 10 배열의 크기 즉 원소의 개수
  - 선언의 의미 … 의 개의 실수형 변수를 선언한 것과 같음
  - 에서 는 배열의 이름 는 배열의 **첨자**(index) **첨자는** 0부터 시작하므로 는 배열의 번째 **원소**(element)를 나타냄

8.1 배열이란?

배열은 같은 데이터 타입을 갖는 여러 개의 변수를 한 번에 선언하여 쓰는 방법을 제공합니다.

배열의 선언 형식은 다음과 같습니다.

```
데이터타입 배열이름[배열 크기];
```

이와 같이 대괄호가 하나인(배열 크기가 하나인) 배열을 1차원 배열이라고 합니다.

예를 들어 10명의 시험 성적을 차례대로 저장하는 프로그램을 만든다고 한다면, 먼저 학생 수만큼의 성적 데이터가 들어갈 메모리를 확보하기 위해서는 일반 변수를 10개 선언해야 합니다.

```
int score_1;
int score_2;
    .......
int score_10;
```

10개의 변수를 일일이 선언 한다는 것은 정말 비효율적인 프로그래밍 방법입니다. 배열을 이용하면 한 번의 변수 선언으로 연속된 변수의 선언을 한 번에 선언할 수 있습니다.

```
int score[10];
```

정수의 데이터를 저장할 수 있는 변수 10개를 연속적으로 선언하게 됩니다. 이의 의미는 다음과 같습니다.

- int : 배열의 데이터 타입이 정수형임
- score : 배열의 이름
- 10 : 배열의 크기, 즉 원소의 개수
- 선언의 의미 : score[0], score[1], score[2],...., score[9]의 10개의 정수형 변수를 선언한 것과 같음

일반적으로 score[i]에서 score는 배열의 이름, i는 배열의 첨자(index)라 하며, 위에서 보는 바와 같이 첨자는 0부터 시작하므로 score[i]는 배열의 i+1번째 원소(element)를 나타냅니다.

예제 8-1 배열을 이용한 평균값 계산

```
#include<stdio.h>
int main()
{
          int score[3];
         int aver;
         printf("3명의 성적 입력:“);
          scanf("%d", &score[0]);
```

```
        scanf("%d", &score[1]);

        scanf("%d", &score[2]);
       aver = (score[0]+ score[1]+ score[3])/3;
       printf("평균 점수 : %d점₩n", aver);

       return 0;
}
```

실행결과

```
3명의 점수 입력 : 90 80 70
평균 점수 : 80점
```

int score[3], 배열을 이용하여 정수가 저장될 수 있는 공간 3개를 선언하였습니다. 배열 변수에 임의의 점수를 입력 받고 평균을 계산하여 출력하였습니다.

예제 8-2 배열의 사용

```
#include<stdio.h>
int main()
{
        int i;
        double sum=0.0;
        double score[3];

        score[0] = 95.01;
        score[1] = 56.02;
        score[2] = 34.03;

        for(i=0; i<3; i++)
            sum += score[i];
        printf("SUM = %lf ₩n", sum);

       return 0;
}
```

실행결과

```
SUM = 185.06
```

배열 변수 선언 double score[3]은 실수 값이 저장 될 수 있는 변수 3개를 선언한 것입니다. 반복문을 이용하여 배열 변수에 저장된 값의 총 합을 구하고 계산된 결과를 출력합니다.

예제 8-3

```
#include<stdio.h>
int main()
{
        char c[4];
        int a;
        c[0] = 'L';
        c[1] = 'O';
        c[2] = 'V';
        c[3] = 'E';
        for(a=0; a<4; a++)
            printf("%c", c[a]);
        printf("₩n);

        return 0;
}
```

실행결과

```
"F:₩01_exe₩ggg₩Debug
LOVE
Press any key to continue
```

문자 4개를 각각 배열 변수에 저장하고 반복문을 이용하여 출력하였습니다.

8.1 배열이란?

□ **배열의 메모리 할당**

- 배열을 선언하면 자료를 메모리에 연속적으로 저장
- (예) char s[4];
  와 같이 배열 선언시, 배열 s가 100번지부터 메모리를 할당받는다고 가정하면,

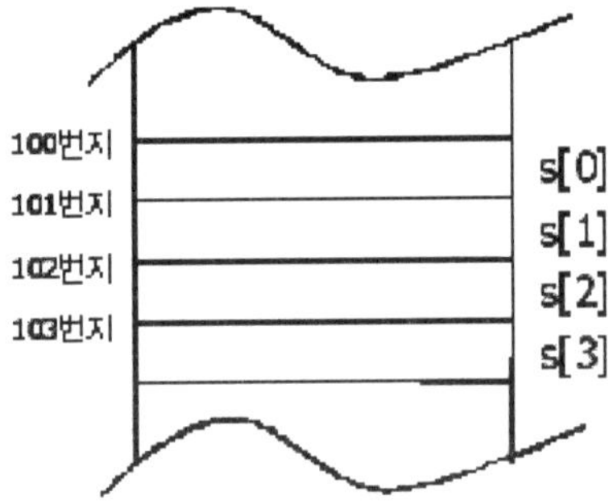

배열을 선언하면 배열에서 선언된 개수 크기만큼의 기억장소가 메모리에서 자동으로 할당됩니다. 또한 배열은 선언되는 데이터 타입에 따라 할당되는 메모리의 크기도 달라지는데, 예를 들어 데이터 타입이 "char" 로 선언되고 개수가 4개인 경우 기억장소는 1Byte씩 연속된 4Byte 의 메모리가 할당되며, 데이터 타입이 "int"로 선언된 경우 4Byte씩 4개의 변수 16Byte가 기억장소에 연속적으로 할당됩니다.

배열의 선언도 변수선언과 마찬가지로 프로그램에서 사용하기 전에 미리 선언되어 합니다.

8.1 배열이란?

- 배열의 메모리 할당 및 주소
  - (예) int score[4];
  - 배열 변수 이름 : score[0], score[1], score[2], score[3]
  - 배열 변수 주소 : &score[0], &score[1], &score[2], &score[3
  - 배열 변수의 이름(score) : 배열의 첫 시작주소

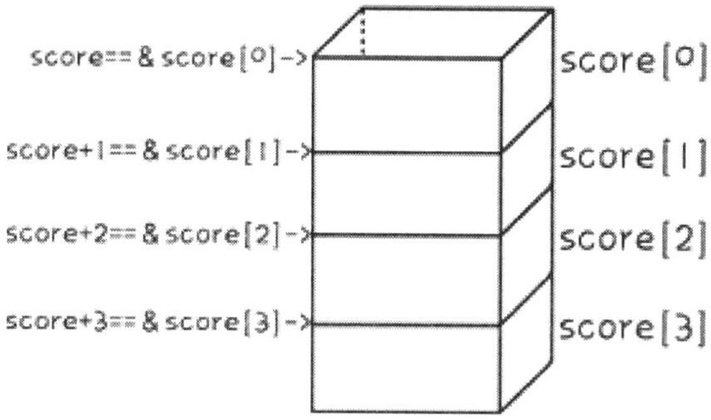

예를 들어 다음과 같이 4개의 정수 데이터를 저장 할 수 있는 배열 변수를 선언해 보겠습니다.

```
int score[4];
```

정수형 변수가 4개가 메모리에 연속적으로 할당되며, 각각의 변수 이름은 score[0], score[1], score[2], score[3]으로 자동 설정 됩니다. 여기에서 자동 설정되는 배열 변수의 첨자는 반드시 0부터 시작된다는 사실을 반드시 기억해야 합니다. 이때 메모리에 할당된 배열의 메모리 시작 주소는 주소연산자 &를 이용하여 확인할 수 있습니다. &score[0], &score[1], &score[2], &score[3]와 같이 설정된 배열 변수 앞에 주소연산자를 붙이면 그 메모리의 첫 시작 주소를 확인 할 수 있습니다.

배열에서 가장 중요한 부분은 배열의 이름이 갖는 의미입니다. 배열 선언 시 배열의 이름은 주소의 의미를 포함 하고 있으며, 배열 선언으로 할당된 메모리의 시작 주소를 나타냅니다.

즉, 배열의 첫 시작 주소인 &score[0]는 score와 같은 값이며, 배열로 선언된 메모리의 첫 시작 주소 값을 나타냅니다.

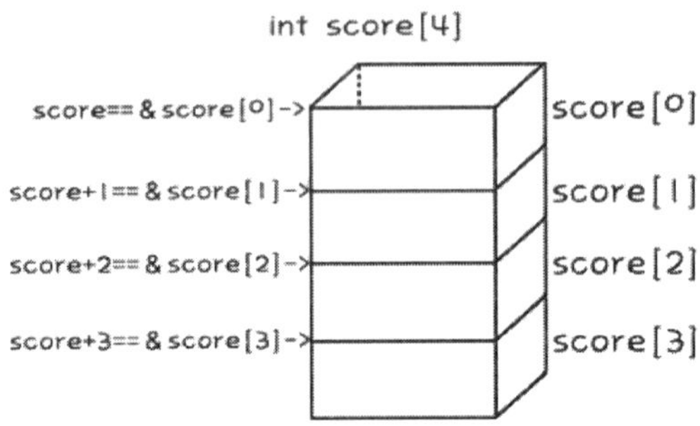

배열의 이름은 주소 변수이지만 상수의 속성을 지니고 있기 때문에 상수포인터 변수라고 하며 읽기 전용입니다. 따라서 상수의 속성을 가지고 있기 때문에 그 값을 변경 할 수 없습니다.

예제 8-4

```
#include<stdio.h>
int main()
{
        int score[4];
        int a = 0;
        score[0] = 100;
        score[1] = 90;
        score[2] = 80;
        score[3] = 70;
        for(a=0; a<4; a++)
          printf("배열의 %d번째 데이터 : %d₩n", a+1, score[a]);
        for(a=0; a<4; a++)
          printf("배열의 %d번째 주소값 : %u₩n", a+1, &score[a]);
        for(a=0; a<4; a++)
          printf("배열의 %d번째 주소값 : %d₩n", a+1, score+a);

        return 0;
}
```

실행결과

```
"F:₩01_exe₩ggg₩Debug₩gg
배열의 1번째 데이터 : 100
배열의 2번째 데이터 : 90
배열의 3번째 데이터 : 80
배열의 4번째 데이터 : 70
배열의 1번째 주소값 : 1310576
배열의 2번째 주소값 : 1310580
배열의 3번째 주소값 : 1310584
배열의 4번째 주소값 : 1310588
배열의 1번째 주소값 : 1310576
배열의 2번째 주소값 : 1310580
배열의 3번째 주소값 : 1310584
배열의 4번째 주소값 : 1310588
```

배열 변수 score를 4개 선언하고 점수를 초기화 한 다음 반복문 for문으로 변수에 대입된 데이터를 확인 하였습니다. 12행 ~ 15행의 for문은 배열로 선언된 메모리의 주소 값을 출력합니다. 배열 변수의 이름은 배열 변수의 첫 시작 주소 값이 되고 1씩 증가되는 것은 그 다음 변수로 이동하라는 것입니다.

실습 8-1

배열 변수를 선언하여 학생 20명의 성적을 차례대로 저장하고 점수의 총합과 평균을 출력하는 프로그램을 작성하세요.

C Programming

8.2 배열의 초기화

- 배열은 선언과 동시에 초기화하지 않으면 모든 원소가 0으로 초기화.
- 배열의 초기화 : 선언과 동시에 초기화
  (예) int n[5] = { 1, 2, 3, 4, 5 };
  이는 n[0] = 1, n[1] = 2, n[2] = 3, n[3] = 4, n[4] = 5로 초기화.
- 배열을 선언과 함께 초기화할 경우 그 배열의 크기를 생략 가능.
  (예) int days[ ] = {31, 28, 31, 30, 31, 30, 31, 31, 30, 31, 30, 31};
- 배열의 초기화 시 배열 크기보다 적은 수의 초기치가 주어지면 앞의 원소부터 차례로 초기치를 할당 받고 할당 받지 못한 원소들은 0값으로 초기화. 배열 크기보다 많은 수의 초기치가 주어지면 오류 발생

8.2 배열의 초기화

모든 변수는 선언과 동시에 데이터를 초기화할 수 있습니다. 배열 또한 선언과 동시에 데이터를 초기화 할 수 있습니다.

다음과 같이 배열 선언과 동시에 데이터를 초기화 하려면, 중괄호 { }를 이용하면 됩니다.

```
int score[5]= { 100 , 99 , 98 , 30 , 60 };
```

score 배열은 선언과 동시에 score[0] = 100, score[1] = 99, score[2] = 98, score[3] = 30, score[4] = 60와 같이 연속적으로 할당된 배열 메모리에 차례대로 데이터를 초기화합니다.

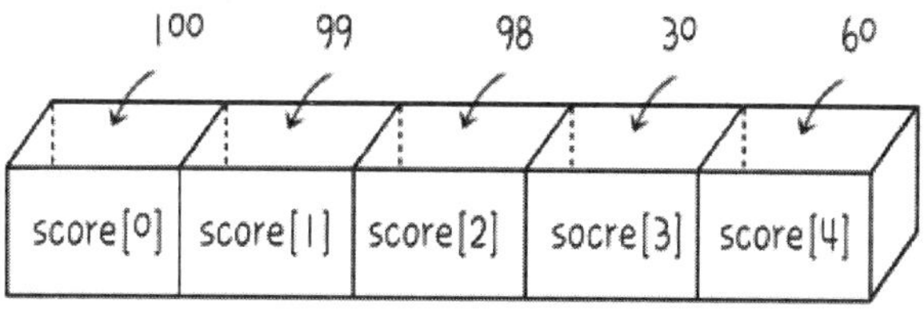

score[0], score[1], score[2], score[3], score[4]의 연속된 배열 변수가 선언되고 이들을 구별하는 일련번호는 반드시 0부터 시작하여 배열선언시의 개수보다 하나 작은 수까지 설정 됩니다.

배열의 초기화시 배열 크기보다 적은 수의 초기치가 주어지면 앞의 원소부터 차례로 초기치를 할당받고 할당받지 못한 원소들은 0값으로 초기화 됩니다. 배열 크기보다 많은 수의 초기치가 주어지면 오류가 발생합니다.

◉ 배열 선언의 다른 방법

배열의 선언에는 다음과 같은 방법도 있습니다.

```
int score[ ] = { 100 , 40 , 30 , 98 , 70 };
```

score[ ]처럼 배열의 개수를 미리 정하지 않고 대입되는 데이터의 개수만큼 자동적으로 메모리가 만들 수 있답니다. 즉, 초기화하려는 데이터의 개수만큼 배열 메모리가 자동으로 만들어 지게 됩니다.
저장할 데이터의 개수만큼 배열 메모리를 할당 할 수 있기 때문에 메모리를 효율적으로 사용할 수 있답니다.

예제 8-5 배열의 초기화

```
1   #include <stdio.h>
2   int main()
3   {
4      int score[5] = { 100, 40, 30, 98, 70 };
5      int a;
6      for(a = 0 ; a < 5 ; a++)
7        printf("%d번 학생 점수는 %d점입니다\n", a + 1 , score[a]);
8
9      return 0;
10  }
```

실행결과

```
1번 학생 점수는 100점입니다
2번 학생 점수는 40점입니다
3번 학생 점수는 30점입니다
4번 학생 점수는 98점입니다
5번 학생 점수는 70점입니다
```

4행 : int score[5] = { 100, 40, 30, 98, 70 };

배열로 정수형 데이터가 들어갈 연속적인 변수를 5개 만듭니다. 그리고 score[0]에는 100이 score[1]에는 40, score[2]에는 30, score[3]에는 98, score[4]에는 70이 대입됩니다.

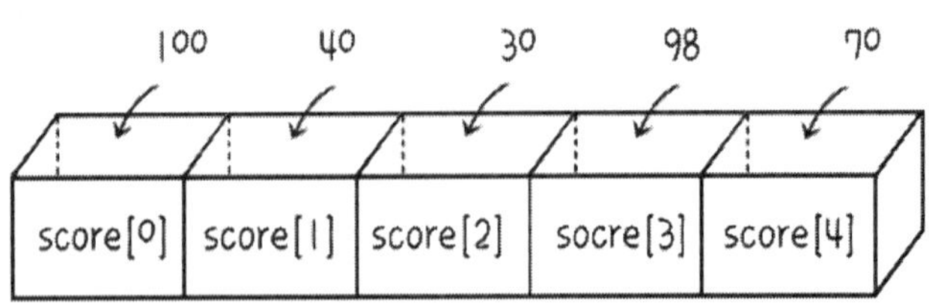

6행, 7행: for(a = 0 ; a < 5 ; a++)

printf("%d번 학생 점수는 %d점입니다₩n", a + 1 , score[a]);

제어 변수 a는 0으로 초기화 되고 a<5라는 조건식을 판단합니다. 조건식이 참이므로 7행을 실행시킵니다. 즉, 7행 구문을 5번 반복하게 되고 배열 메모리에 저장된 데이터 결과를 화면에 출력하게 됩니다.

예제 8-6 배열의 초기화

```
1   #include <stdio.h>
2   int main()
3   {
4       double score[ ] = { 10.1, 23.4, 43.2, 16.5 };
5       int a;
6       for(a = 0 ; a < 4 ; a++)
7         printf("%u번째 점수 %lf점\n", a + 1 , score[a]);
8
9       return 0;
10  }
```

실행결과

```
"F:₩01_exe₩ggg
1번째 점수 10.1점
2번째 점수 23.4점
3번째 점수 43.2점
4번째 점수 16.5점
```

4행 : double score[ ] = { 10.1, 23.4, 43.2, 16.5 };
좌측 배열 선언에서 첨자의 숫자를 기입하지 않고 배열을 선언 할 수 있습니다. 이런 경우에는 선언과 동시에 데이터를 초기화 하여야 하며 데이터의 개수만큼 배열 변수가 생성됩니다.

C Programming

8.3 다차원 배열 : 다차원 배열의 선언 및 메모리 할당

- 2차원 배열의 선언
  (예) int n[2][3];
  - 의미 와 같은
    개의 정수형 변수가 선언된 것
  - 메모리 할당 : 행 우선으로 메모리 할당

100번지	n[0][0]
102번지	n[0][1]
104번지	n[0][2]
106번지	n[1][0]
108번지	n[1][1]
110번지	n[1][2]

8.3 다차원 배열

앞부분에서는 1차원 배열, 즉 배열의 첨자(index)가 하나인 경우에 대해서 알아보았습니다. 일차원 배열 외에도 경우에 따라서는 배열의 첨자를 둘 이상 사용하여 다차원 배열을 선언하여 사용할 수 있습니다.

다차원 배열에서 주로 사용하는 2차원 배열을 이용하여 예를 들어보겠습니다.

학생 수가 적은 시골 분교에 2개의 학급이 있고 각 반의 인원수가 3명인 경우 일반 변수를 이용하여 각 학급 학생의 성적을 저장하는 변수를 선언 한다면 다음과 같이 선언 할 수 있습니다.

```
int score_1ban_1;
int score_1ban_2;
int score_1ban_3;
int score_2ban_1;
int score_2ban_2;
int score_2ban_3;
```

학생 수 만큼 많은 변수를 선언해야 하고, 학급의 학생을 구분하기가 어렵습니다. 이를 이차원 배열을 이용하면 다음과 같이 간단히 선언하여 사용할 수 있습니다.

```
int score[2][3];
```

이때 배열의 구성은 다음과 같습니다.

score	[0]번	[1]번	[2]번
[0]반	점수	점수	점수
[1]반	점수	점수	점수

3명의 학생 성적을 저장할 수 있는 공간을 만들고, 이런 공간을 2개 선언하라는 것입니다.

따라서 2차원 배열은 배열의 개수가 2개 필요하교 배열의 전체 크기는 각각의 크기를 곱한 결과와 같습니다.

```
데이터타입 배열이름[크기1][크기2];
(크기 1은 행의 수, 크기 2는 열의 수)
```

예를 들어 int score[2][3] 라고 선언하면 배열의 크기는 2 * 3, 총 6개의 정수형 데이터가 들어갈 장소를 메모리에 확보합니다.

배열 원소의 순서는 score[0][0], score[0][1], score[0][2], score[1][0], score[1][1], score[1][2]로 메모리가 할당 됩니다.

아래의 그림은 우리가 이해하기 쉽게 구성한 그림이고, 다음과 같이 메모리가 할당 될 것입니다.

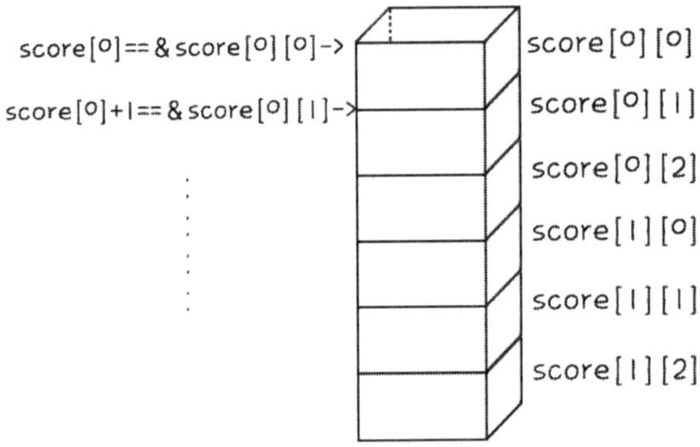

2차원 배열의 메모리 주소는 주소 연산자를 이용하여 확인 할 수 있으며 배열의 첫 시작 주소는 &score[0][0]와, 이차원 배열의 이름을 의미하는 score[0]로 표현 할 수 있습니다. 즉, &score[1][0]는 score[1]과 같습니다.

2차원 배열의 첫 시작 주소는 &score[0][0] == score[0] == score로 표현 할 수 있습니다.

C Programming

8.3 다차원 배열 : 다차원 배열의 초기화

- 1차원 배열과 같은 방법으로 중괄호({})안에 초기값 나열.
  예) int n[2][3] = {1, 2, 3, 4, 5, 6};
  n[0][0] = 1, n[0][1] = 2, n[0][2] = 3, n[1][0] = 4, n[1][1] = 5, n[1][2] = 6과 같이 초기화 된다.

- 각 행별로 중괄호를 묶어 초기화.
  예) int n[2][3] = { {1, 2, 3}, {4, 5, 6}};

- 2차원 배열의 **첫번째 첨자 생략** 가능. (두번째 첨자는 생략 불가능)
  예) int n[][3] = { 1, 2, 3, 4, 5, 6};

이차원 배열에서 데이터를 초기화 하는 방법을 아래 예에서 확인해 보도록 하겠습니다. 1차원 배열과 같은 방법으로 중괄호({ })안에 초기값을 나열할 수 있습니다.

```
int score[2][3] = { 1, 2, 3, 4, 5, 6 };
```

score[0][0]=1, score[0][1]=2, score[0][2]=3, score[1][0]=4, score[1][1]=5, score[1][2]=6과 같이 초기화 됩니다.

다음과 같이 각 행별로 중괄호를 묶어 초기화 할 수 있습니다.

```
int score[2][3] = { {1, 2, 3}, {4, 5, 6} };
```

2차원 배열의 첫 번째 첨자를 생략할 수 있습니다.(두번째 첨자는 생략할 수 없습니다.)

```
int score[][3] = { 1, 2, 3, 4, 5, 6 };
```

2차원 배열에 데이터를 초기한 상황을 그림으로 표현하면 다음과 같습니다.

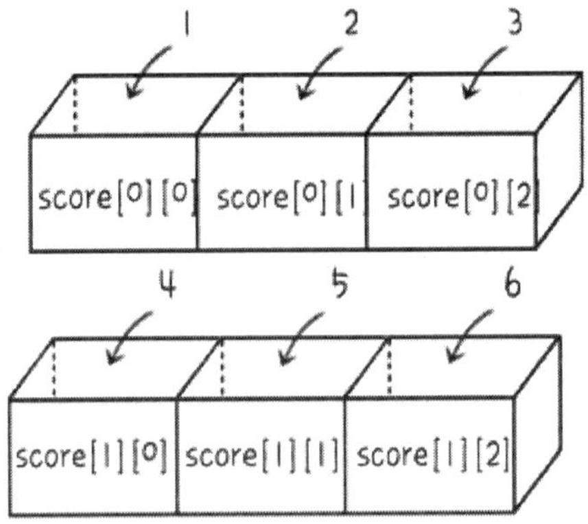

예제 8-7 다차원배열

```
#include <stdio.h>
int main()
{
  int score[2][3] = {{11,12,13},{14,15,26}};
  int a, b;
  for( a = 0 ; a < 2 ; a++)
  {
    printf("%d반 학생들의 성적 \n" , a + 1);
    for( b = 0 ; b < 3 ; b++ )
    {
    printf("%d번의 성적=%d점\n" , b+1 , score[a][b]);
    }
  }

   return 0;
}
```

실행결과

```
1반 학생들의 성적
1번의 성적=11점
2번의 성적=12점
3번의 성적=13점
2반 학생들의 성적
1번의 성적=14점
2번의 성적=15점
3번의 성적=26점
```

4행 : int score[2][3] = {{11, 12, 13},{14, 15, 26}};
2행 3열의 2차원 배열을 선언함과 동시에 값을 대입합니다.

score	0	1	2
0	11	12	13
1	14	15	26

9행 ~ 15행 :
이중 for 루프를 이용하면 2차원 배열의 모든 원소들을 참조하기 쉽습니다. 이러한 형태로 1반 학생들의 성적과 2반 학생들의 성적 결과를 출력하게 됩니다.

예제 8-8 디차원 배열을 이용한 점수 저장

```
#include <stdio.h>
int main()
{
  int s[3][2];
  int a, b;
  for( a = 0 ; a < 3 ; a++ )
  {
     for( b = 0 ; b<2; b++)
     {
        if(b == 0)
        {
          printf("%d번째 학생의 국어 점수 :", a+1);
         scanf("%d", &s[a][b]);
      }
```

```
16        else if( b == 1)
17        {
18          printf("%d번째 학생의 수학 점수 :", a+1);
19          scanf("%d", &s[a][b]);
20         }
21        }
22      }
23    for(a = 0; a < 3; a++)
24    printf("%d번째 학생의 국어:%d, 수학:%d \n", a+1, s[a][0], s[a][1]);
25
26      return 0;
27   }
```

실행결과

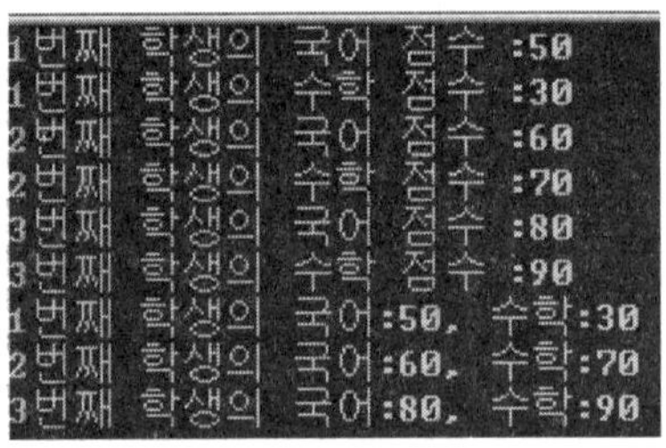

4행 : int s[3][2];

2차원 배열 s는 다음 그림과 같이 2개의 변수가 3개가 생성 됩니다.

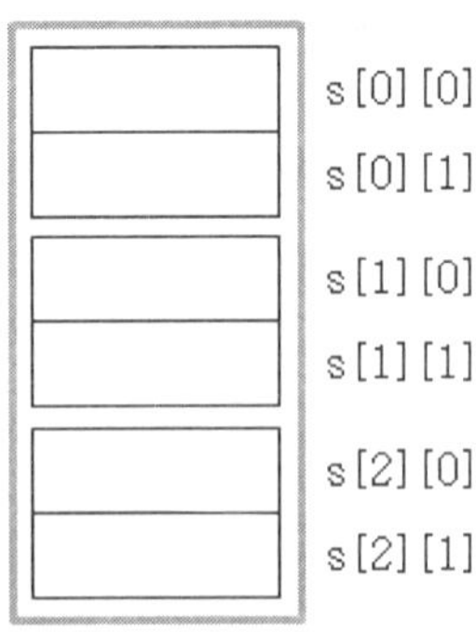

2차원 배열에서 데이터를 저장하는 방법은 이중 for문을 이용하면 유용하게 데이터를 저장할 수 있습니다. 이중 for문으로 각 배열 변수에 데이터를 초기화 하고 출력된 결과를 확인 하였습니다.

실습 8-2

행이 5이고 열이 5인 2차원 배열 (5×5)에 25개의 정수를 입력받아 저장한 후 이 중 가장 큰 수를 찾아 그 행, 열과 원소 값을 출력하는 프로그램을 작성해 보세요.

실습 8-3

행이 4이고 열이 5인 2차원 배열 (4×5)에 20개의 정수를 입력 받아 저장한 후 한 줄에 한 행씩 출력하는 프로그램을 작성해 보세요.

1. 정수형 배열 n을 선언하여 1부터 10까지 초기화 하고, 각 원소들의 합과 평균을 구하여 출력하는 프로그램을 작성하세요.

2. 정수형 배열 10개를 1차원으로 선언하고 각 원소의 주소를 출력하는 프로그램을 작성해 보세요.

3. 키보드로 5명의 성적을 입력하고 각각의 점수와 석차가 출력될 수 있는 프로그램을 작성해 보세요.

4. 10개의 정수를 입력하여 1차원 배열에 저장한 후 그중 가장 큰값과 가장 작은 값을 찾아 출력하는 프로그램을 작성하세요.

5. 20개의 정수를 입력받아 그들 중 같은 값이 두 번 이상 나오는 수를 출력하는 프로그램을 작성하세요.

6. 9개의 정수를 입력하여 3×3 2차원 배열에 저장한 후 배열의 모든 원소를 제곱하여 출력하는 프로그램을 작성 하세요.

7. 학생 5명의 국어, 영어, 수학 점수를 입력하여 그 점수와 평균, 총점을 출력하는 프로그램을 작성하시오.

● 입력 예

```
Enter score(국어, 영어, 수학) : 50 40 30
Enter score(국어, 영어, 수학) : 50 60 70
Enter score(국어, 영어, 수학) : 80 75 85
Enter score(국어, 영어, 수학) : 60 80 70
Enter score(국어, 영어, 수학) : 40 30 20
```

● 출력

```
= = = = = = = = = = = = = = = = = = = = = = = = = = = = = =
No.  국어    영어    수학    총점    평균
= = = = = = = = = = = = = = = = = = = = = = = = = = = = = =
1          50      40      30      120     40
2          50      60      70      180     60
3          80      75      85      240     80
4          60      80      70      210     70
5          40      30      20      90      30
= = = = = = = = = = = = = = = = = = = = = = = = = = = = = =
```

제 9 장

메모리의 마술사 포인터 (Pointer)

9.1 포인터란 무엇일까요?

9.2 포인터 변수 선언

9.3 포인터 변수의 초기화

9.4 배열과 포인터는 찰떡궁합

9.5 포인터의 연산

9.6 잘못된 포인터 사용 예

개 요

변수는 자신이 저장되는 메모리의 주소(address, 번지)를 가지고 있습니다. C 언어에서는 메모리의 주소만을 그 값으로 가지는 변수를 선언 할 수 있습니다. 이 변수를 포인터변수(줄여서 포인터라 함)라고 합니다.
1차원 배열의 이름은 배열의 시작 주소를 가리키는 상수 포인터 값입니다. 여기서 상수 포인터라 함은 상수이기 때문에 그 값을 바꿀 수 없는 포인터라는 뜻입니다. 따라서 포인터와 배열은 서로 혼합해서 사용 할 수 있습니다.
포인터 변수도 변수의 일종이므로 그 값을 증가, 감소시키는 등의 연산이 가능합니다. 그러나 배열의 이름은 포인터 상수이기 때문에 이러한 연산이 불가능 합니다.

학습목표

* 변수와 주소의 관계를 이해합니다.
* 포인터 변수와 의미를 이해하고 그 사용 방법을 익힙니다.
* 배열과 그 저장 주소를 이해합니다.
* 배열과 포인터의 관계를 이해합니다.

C Programming

제9장 메모리의 마술사 포인터

9.1 포인터란 무엇일까요?

9.2 포인터 변수 선언

9.3 포인터 변수의 초기화

9.4 배열과 포인터는 찰떡궁합

9.5 포인터의 연산

9.6 잘못된 포인터 사용 예

제9장. 메모리의 마술사 포인터(pointer)

이번 장에서는 C 언어의 핵심이라고 할 수 있는 포인터에 대해서 알아보고자 합니다. C 언어가 30년 넘게 프로그래머에게 널리 사용된 이유가 아마도 포인터의 강력한 기능 때문이 아닐까 합니다. 역시 프로그래밍을 처음 배우는 이들이 C 언어가 어렵다고 생각하는 부분도 포인터를 어렵게 생각하기 때문일 것입니다. 포인터의 개념은 복잡하다고 생각 할 수도 있지만 기본 개념의 이해만 정확하게 하고 있다면 프로그램을 작성할 때 고급 프로그램화 할 수 있다는 장점이 있습니다. C 언어의 강력한 기능, 메모리를 마음대로 주무르는 포인터에 대해 자세히 살펴보도록 하겠습니다.

9.1 포인터의 기초 : 변수와 주소

- 변수를 선언하면 컴파일러는 변수의 데이터 타입에 따라 적당한 크기의 공간(space)을 메모리(주기억장치)에 확보
- 변수는 자신이 저장되는 메모리의 주소(address, 번지)를 가지고 있음
- 포인터 변수 : 메모리의 주소를 저장하는 4bit의 변수
  저장된 주소의 메모리(변수)를 가리키는 역할
- 주소연산자(&) : 대상체의 주소를 나타내는 단일 연산자.
  예) &x : 변수x의 저장주소를 나타냄

9.1 포인터란 무엇일까요?

프로그램을 작성할 때 변수를 선언하면, 컴파일러는 그 변수 값을 저장하기 위하여 그 변수의 데이터 타이에 따라 적당한 크기의 공간(space)을 메모리(주기억장치)에 확보합니다. 즉, 모든 변수는 자신이 저장되는 메모리의 주소(address, 번지)를 가지고 있습니다. 메모리의 주소를 알기위해서는 변수이름 앞에 주소연산자 &기호를 사용합니다. 예를 들어 &x와 같이 변수 x에 주소연산자를 사용한 경우 이는 변수 x가 저장되어 있는 주소를 나타냅니다. &기호를 주소연산자라 하며 대상체의 주소를 나타내는 단일 연산자입니다.

포인터(pointer)의 어원적 의미는 "가리키는 사람(물건)"이라는 뜻을 의미합니다. C 언어에서의 포인터 의미를 이해하기 위해서는 우선 포인터 변수의 개념부터 알아야합니다. 포인터 변수란 메모리의 주소를 저장 하는 4Bytes의 변수이며, 메모리 주소를 저장하고, 저장된 주소의 메모리를 가리키는 역할을 합니다.

◉ 메모리의 주소란?

주기억장치인 메모리, 즉 램(RAM)은 데이터를 저장 할 수 있는 공간입니다. 램은 데이터를 저장할 수 있는 최소 공간의 bit가 8개가 모여서 1byte 단위로 구성되며, 각 1bytes 공간들은 고유의 주소 값을 갖습니다. 여기서 주소란 메모리의 공간에 한 바이트 마다 붙여 놓은 번호를 말합니다.

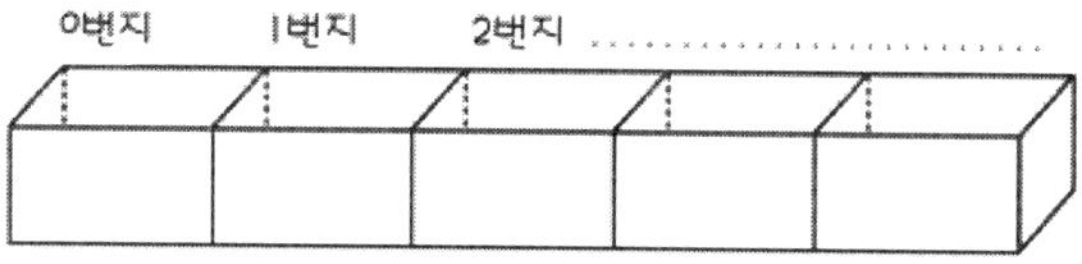

C프로그램을 작성할 때 변수를 선언하면 컴파일러는 선언한 데이터의 타입에 따라 변수에 담길 데이터의 크기만큼 메모리 공간을 할당할 것이고, 그 할당된 위치의 메모리 주소가 변수의 주소가 되는 것입니다.

9.2 포인터 변수 선언

- 포인터 변수 선언
  - 메모리의 주소만을 그 값으로 가지는 변수.
    즉, 메모리의 주소를 저장할 수 있는 변수.
  - 선언 형식 : **데이터타입 *변수이름;**
  - (예) int *ptr;
  - 데이터 타입 : 포인터 변수가 가리키는 메모리의 데이터 타입
  - 간접연산자 (*) : 포인터가 가리키는 주소에 저장되어 있는 값.
- (예)

```
int x;
int *ptr;
ptr = &x;
```

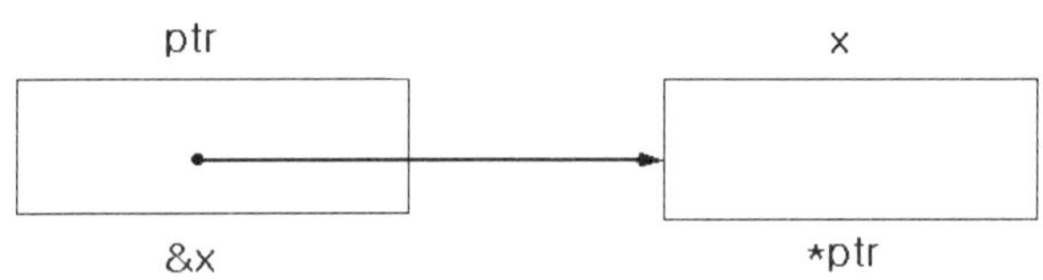

(의미) 포인터 변수 ptr에 변수x의 주소를 대입, ptr은 변수x를 가리킴

9.2 포인터 변수 선언

포인터 변수는 메모리의 주소를 저장할 수 있는 변수입니다. 메모리의 주소가 포인터 변수에 저장 되면 포인터 변수는 저장된 주소를 찾아 해당 메모리를 가리키게 됩니다.

- 포인터 변수 특성 : 메모리의 주소를 저장할 수 있는 변수
- 포인터 변수 역할 : 포인터 변수에 저장된 주소를 찾아 해당 메모리를 가리킵니다.

예를 들어 임의의 포인터 변수를 선언하고 변수에 메모리 주소 1014번지가 대입되었다고 가정하면 포인터 변수는 다음 그림처럼 1014번지의 메모리를 가리키는 역할을 합니다.

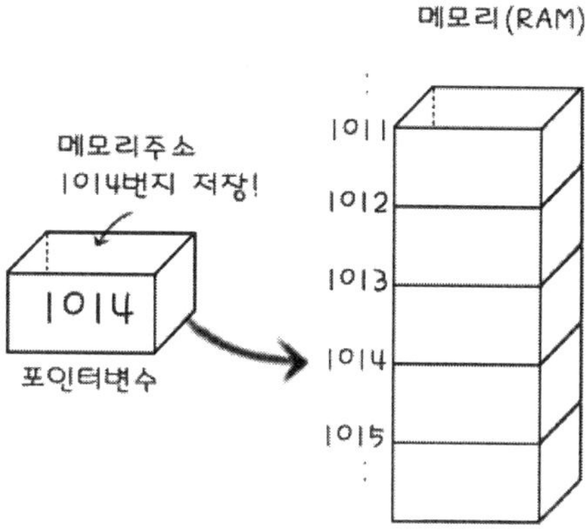

포인터 변수는 다른 변수와 마찬가지로 사용하기 전에 미리 선언을 해야 합니다. 포인터변수의 선언은 다음과 같이 선언 합니다.

```
데이터타입 *변수명;
```

- 데이터 타입 : 포인터 변수가 가리킬 메모리의 데이터 타입
- *(간접연산자) : 포인터 변수 선언을 위한 연산자

포인터 변수를 선언하게 되면 메모리의 주소를 저장 할 수 있는 4byte 크기의 정수형 변수가 메모리에 할당됩니다.

예) `int *ptr;`

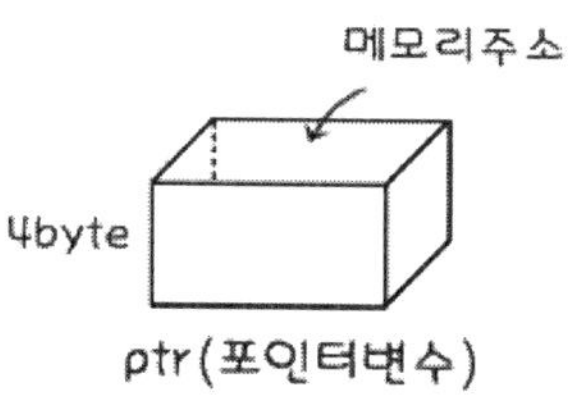

포인트 변수 선언에서 데이터 타입 int가 의미하는 것은 포인터 변수가 가리키는 메모리의 데이터 타입을 의미합니다. 즉, 포인디 변수 신언을 int로 할 경우 포인

터 변수는 정수의 데이터가 저장된 메모리를 가리키겠다는 것을 의미합니다.

포인터 변수 선언 시 *기호는 간접 연산자(indirection operator)로서 선언되는 변수가 포인터 변수라는 것을 나타냅니다. 타입 뒤에 한 칸을 띄고 *을 붙이거나 혹은 타입 바로 앞에 *을 붙일 수 있는데, 보통 전자의 경우에는 그 변수가 포인터 변수라는 것을 강조하기 위해 많이 사용하고, 후자의 경우에는 타입을 강조하기 위해 많이 사용합니다.

C Programming

9.3 포인터 변수의 초기화

- 포인터 변수 초기화 : 포인터 변수에 변수의 주소를 대입

포인터 변수 = & 변수;

예) int mimi;
int *ptr = &mimi;

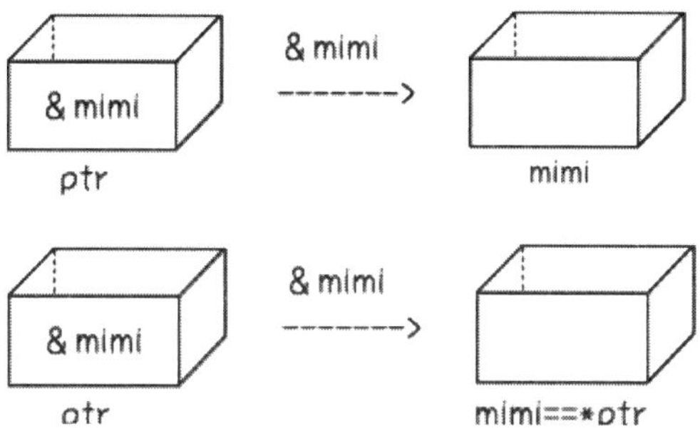

9.3 포인터 변수의 초기화

다음과 같은 형식으로 포인터 변수에 변수의 주소를 초기화 합니다.

포인터 변수= &변수

예) int *ptr = &mimi;

변수의 이름 앞에 &연산자를 붙이면 이것은 그 변수가 저장되어 있는 메모리의 주소 번지를 나타냅니다. 포인터 변수에 변수의 주소 값을 대입하게 되면 포인터 변수는 저장된 주소의 변수를 가리키게 됩니다.

포인터 변수에 주소 값이 대입되어 주소 값의 변수를 가리키고 있을 때, 포인터 변수의 주소에 있는 값(*포인터변수)은 가리키는 변수와 동일한 의미를 갖게 됩니다. 이를 그림으로 나타내면 다음과 같습니다.

예를 들어 ptr = &mimi과 같이 변수 mimi의 주소 값을 포인터 변수 ptr에 대입시켰다면, *ptr는 포인터 변수가 가리키는 변수 mimi와 동일한 역할을 하게 됩니다.

즉 *ptr은 포인터 변수 ptr이 가리키는 변수를 의미하는 것이며 가리키는 대상과 같은 의미가 됩니다.

◉ * 연산자

> * 연산자는 곱셈 연산자, 포인터 변수를 선언하고 활용할 때의 간접 연산자 등 다양한 용도로 사용됩니다. 여러분은 이 기호의 쓰임새가 혼동될 수 있겠지만 적용된 구문에 따라 컴파일러는 이것들을 정확히 구분할 수 있기 때문에 걱정하지 않아도 됩니다.

일반 변수의 이름을 사용해서 변수의 내용에 접근하는 방식을 직접 액세스(direct access)라고 하고, 지금처럼 변수에 대한 포인터를 사용해서 변수의 내용에 접근하는 방식을 간접 액세스(indirect access)라고 합니다.

예제 9-1 기본적인 포인터의 사용

```
1   #include <stdio.h>
2
3   int main()
4   {
5     int x;
6     int *ptr;
7
8     x = 10;
9     ptr = &x;
10    printf("x의 주소는 %u, ptr이 가리키는 주소는 %u \n", &x, ptr);
11    printf("x = %d, *ptr = %d \n", x, *ptr);
12    *ptr = 30;
13    printf("x = %d, *ptr = %d \n", x, *ptr);
14
15    return 0;
16  }
```

실행결과

```
x의 주소는 1245052, ptr이 가리키는 주소는 1245052
x = 10, *ptr = 10;
x = 30, *ptr = 30;
```

6행 : int *ptr;

메모리의 주소값을 저장할 수 있는 포인터 변수 ptr을 선언하였고, ptr은 정수형으로 선언된 메모리를 가리킬 수 있습니다. 즉 변수 ptr은 정수형 변수의 주소값을 저장 할 수 있는 변수입니다.

9행 : ptr = &x;

x변수의 메모리 주소 값을 포인터 변수 ptr에 대입하게 됩니다. 포인터 변수 ptr은 x변수를 가리키게 됩니다.

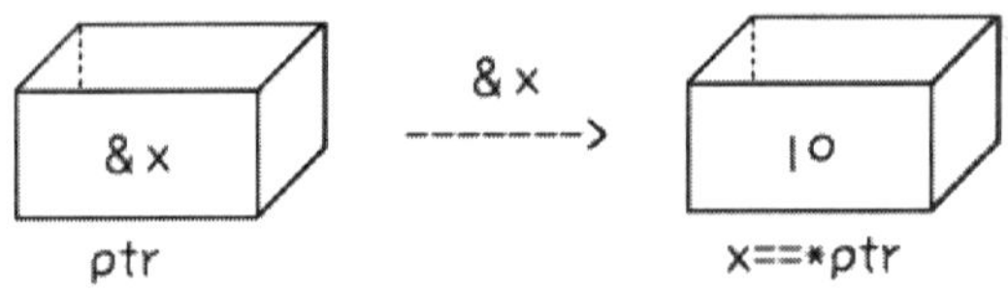

10행 : printf("x의 주소는 %u, ptr이 가리키는 주소는 %u ₩n", &x, ptr);
출력결과는 x변수의 주소 값과 포인터 변수 ptr에 저장된 x변수의 주소 값을 출력합니다. 여기서 출력되는 주소 값은 실습하는 컴퓨터 환경에 따라 다를 수 있습니다.

11행 : printf("x = %d, *ptr = %d ₩n", x, *ptr);
* 연산자을 이용해서 포인터 변수 ptr이 일반 변수 x의 값에 간접 액세스를 하는 것을 보여줍니다. x에 10을 대입하였고 ptr이 x의 주소를 가리키고 있으므로 *ptr은 일반 변수 x와 동일한 표현이 되며 이를 확인해 볼 수 있습니다.

12행 : *ptr = 30;
12행은 특히 간접 액세스가 단순히 값을 읽는 것 외에도 쓰기도 할 수 있다는 것을 보여줍니다. 즉 포인터 변수ptr이 가리키고 있는 x의 변수에 데이터를 쓸 수 있는데, x변수에 저장된 10을 30으로 변경합니다.

◉ 포인터 변수의 개념 정리

> 포인터 변수는 변수의 메모리 주소를 저장할 수 있는 변수입니다.
> ▣ 포인터 변수에 메모리 주소 값을 초기화 한 후 간접 연산자 *를 이용하여 그 포인터가 가리키고 있는 메모리의 값을 읽고 쓸 수 있습니다.

실습 9-1

예제 9-1의 프로그램에서 변수 x값을 100으로 변경하고 *ptr 값의 변화를 확인해봅시다. 또한, 포인터 변수 ptr의 저장 주소를 출력해 봅시다.

C Programming

9.4 배열과 포인터는 찰떡 궁합

- 1차원 배열의 이름 : 배열의 시작 주소를 가리키는 상수 포인터 값
- 상수 포인터 : 배열의 이름은 배열의 할당 메모리 주소이며, 이는 상수 값이기 때문에 상수 포인터라고 함.
  - 예) int array[3];
  - 배열 이름 array는 배열 array의 시작주소를 가리키는 포인터 상수
  - array == &array[0] , *array == array[0]
- array + 1 : array가 가르키는 배열의 그 다음 원소를 의미
  - (array + 1) == &array[1]
  - * (array + 1) == array[1]

9.4 배열과 포인터는 찰떡궁합

배열과 포인터의 관계는 찰떡궁합처럼 밀접한 관계를 가지고 있습니다. 1차원 배열의 이름은 배열의 시작 주소를 가리키는 상수 포인터 값입니다. 여기서 상수 포인터라 함은 배열 선언 후 할당된 메모리의 주소 값이 상수이기 때문에 그 값을 바꿀 수 없는 포인터라는 뜻입니다.

배열은 사실 포인터 변수와 매우 밀접한 관계를 갖고 있습니다.

예) int array[3];

위와 예에서 배열의 이름 array는 실제로 선언된 배열의 메모리 시작 주소를 나타냅니다. 물론, 주소 연산자 &를 이용해서 &array[0]과 같이 주소를 얻을 수 있으며, array == &array[0]의 관계가 성립합니다.

여기서 배열 변수이름인 array는 배열의 첫 시작 주소를 나타내는 상수포인터 값입니다. 즉 배열의 이름이 배열을 가리키는 포인터임을 알 수 있습니다.

또한 array는 정수형 포인터 상수이므로 array+1은 array가 가리키는 메모리의 다음 메모리 변수를 가리키는 포인터가 됩니다. 즉(array+1) == &array[1]이고 *(array+1)는 array[1]와 같게 되는 것입니다. 이를 그림으로 나타내면 다음과 같습니다.

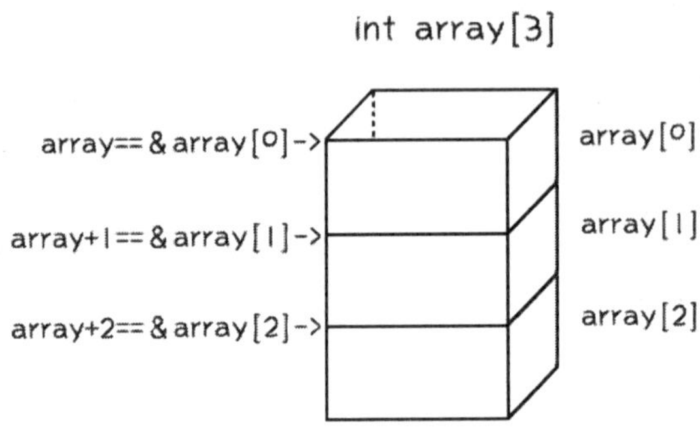

다음 예제는 배열에서 메모리가 어떻게 할당되는지를 주소 값을 확인하여 알아볼 수 있습니다.

예제 9-2 배열에서의 메모리 주소

```
#include <stdio.h>

int main()
{
  int array[5] = { 0, 1, 2, 3, 4 };
  int index;

  for( index = 0 ; index < 5 ; index++ )
     printf("array[%d]의 값은 %d, 주소는 %u \n",
          index, array[index], &array[index]);

  return 0;
}
```

실행결과

```
array[0]의 값은 0, 주소는 1245036
array[1]의 값은 1, 주소는 1245040
array[2]의 값은 2, 주소는 1245044
array[3]의 값은 3, 주소는 1245048
array[4]의 값은 4, 주소는 1245052
```

위 예제는 정수형 배열 5개를 선언한 후에 각 배열 요소들의 메모리 주소를 주소 연산자 &를 사용하여 배열에 할당된 주소 값을 확인하는 프로그램입니다. 여러분의 시스템에서는 각 배열의 실제 메모리 주소 값은 다를 수 있겠지만, 각 배열 간의 관계는 동일할 것입니다. 정수형 크기 4바이트만큼 각 배열 원소의 첫 시작 주소를 기준으로 4번지씩 떨어져 있다는 것을 확인 할 수 있습니다.

실습 9-2

예제 9-2에서 배열 array의 데이터 형을 double로 바꾼 후 출력 결과를 보면서 메모리 주소 값의 변화를 확인해보세요.

예제 9-3 포인터의 연산을 이용한 배열의 메모리 주소

```
#include <stdio.h>

void main()
{
   int array[5]={0, 1, 2, 3, 4};
   int index;

   for( index = 0 ; index < 5 ; index++ )
      printf("array[%d]의 값은 %d, 주소는 %u \n",
           index, *(array + index), array + index);
}
```

실행결과

```
array[0]의 값은 0, 주소는 1245036
array[1]의 값은 1, 주소는 1245040
array[2]의 값은 2, 주소는 1245044
array[3]의 값은 3, 주소는 1245048
array[4]의 값은 4, 주소는 1245052
```

배열의 이름은 배열의 첫 시작 주소 값과 같습니다. 배열의 이름을 1씩 증가한다는 것은 4byte씩 건너 띄어 선언된 배열 변수의 주소 값으로 이동하라는 의미입니다.

예제 9-4 배열과 포인터

```
#include <stdio.h>

int main()
{
   int array[3] = { 10, 20, 30 };
   int *ptr;
   ptr = array;
   printf("%d %d %d \n", array[0], array[1], array[2]);
```

```
9       printf("%d %d %d \n", ptr[0], ptr[1], ptr[2]);
10      printf("%d %d %d \n", *array, *(array+1), *(array+2));
11      printf("%d %d %d \n", *ptr,*(ptr+1), *(ptr+2));
12
13      return 0;
14  }
```

실행결과

```
10 20 30
10 20 30
10 20 30
10 20 30
```

8행 : printf("%d %d %d ₩n", array[0], array[1], array[2])
배열로 선언된 array변수에 저장된 데이터를 각각 출력합니다.

9행 : printf("%d %d %d ₩n", ptr[0], ptr[1], ptr[2])
포인터 변수 ptr이 배열 변수를 가리키고 있을 때 포인터 변수를 이용하여 배열 변수를 나타낼 수 있습니다. 즉 ptr[0]은 array[0]변수와 같은 의미로 사용 할 수 있습니다. ptr[1] == array[1], ptr[2] == array[2]

10행 : printf("%d %d %d ₩n", *array, *(array+1), *(array+2))
배열의 이름은 배열의 첫 시작 주소 값 입니다. 따라서 *array는 배열의 시작 주소에 있는 메모리의 데이터 값을 의미합니다. *(array+1)은 배열의 첫 시작 주소로부터 그다음의 배열 변수에 주소로 이동하여 데이터 값을 참소하라는 것입니다.

따라서 array[0] == ptr[0] == *array == *ptr은 다 같은 의미를 갈다는 것을 결과를 통해 확인 할 수 있습니다.

C Programming

9.5 포인터의 연산

- 포인터변수도 변수이므로 연산 가능
- 포인터를 1증가시키면 주소값이 그 포인터 변수의 자료형의 크기 만큼 증가
- 포인터는 정수와의 덧셈 및 뺄셈이 가능
- 배열 이름은 포인터이지만 상수이므로 연산(증가,감소)이 불가능

9.5 포인터의 연산

포인터 변수도 변수이므로 연산을 할 수 있습니다. 이것은 메모리의 주소가 부호 없는 정수형이므로 가능한 일입니다. 포인터변수의 연산에서는 증가(덧셈)와 감소(뺄셈)이 주로 사용 됩니다.

포인터는 연산에도 독특한 규칙이 적용됩니다. 바로 어떤 수를 더하거나 빼면 포인터가 가리키고 있는 메모리 주소의 데이터 크기만큼의 메모리 주소가 더해지고 빠진다는 것입니다. 예를 들어 int형의 데이터를 가리키고 있는 포인터 ptr이 있고, 포인터 변수에 저장된 주소 값이 1000번지라면 ptr+1은 1001번지가 아닌, int 형의 데이터 크기인 4바이트를 건너 뛴 1004번지가 된다는 것입니다. 반대로 pt -1은 999번지가 아닌 996번지를 의미할 것입니다.

배열의 경우, 배열의 첫 번째 이름이 곧 포인터가 되므로 1씩 더하는 것은 곧 다음 번째 배열의 메모리 주소를 가리키는 것과 같게 됩니다.

즉, 결과적으로 array[]란 배열이 있다면 array[n] == *(array + n)의 관계가 성립합니다.

예제 9-5 포인터의 연산

```c
#include <stdio.h>

int main()
{
   int n[4]={10, 20, 30, 40};
   double f[4]={10.0, 20.0, 30.0, 40.0};
   int *p1, i;
   double *p2;

   p1 = n;
   p2 = f;
   for( i = 0 ; i < 4 ; i++ )
    printf("p1 + %d = %u, p2 +%d = %u \n", i, p1++,i,  p2++);
   for( i = 3 ; i >= 0 ; i-- )
    printf("*(p1 + %d) = %d, *(p2 + %d) = %lf \n", i, *--p1,
                i, *--p2);

    return 0;
}
```

실행결과

```
p1 + 0 = 1245040, p2 + 0 = 1245008
p1 + 1 = 1245044, p2 + 1 = 1245016
p1 + 2 = 1245048, p2 + 2 = 1245024
p1 + 3 = 1245052, p2 + 3 = 1245032
*(p1 + 3) = 40, *(p2 + 3) = 40.000000
*(p1 + 2) = 30, *(p2 + 2) = 30.000000
*(p1 + 1) = 20, *(p2 + 1) = 20.000000
*(p1 + 0) = 10, *(p2 + 0) = 10.000000
```

위 예에서 보는 바와 같이, 포인터 p1과 p2는 p1++, p2++, --p1, --p2와 같은 증가 및 감소 연산이 이루어집니다. 실행 결과를 살펴보면, p1은 한 번 증가하면 그 값이 4만큼 증가하고 p2는 8만큼 증가합니다. 여기서 우리는 포인터를 1증가시키면 주소 값이 그 포인터 변수의 데이터 타입의 크기만큼 증가함을 알 수 있습니다. 감소할 때도 마찬가지 결과를 가져옵니다.

결론적으로 포인터는 정수와의 덧셈 및 뺄셈이 가능합니다. 그러나 배열 이름은 포인터이지만 상수이므로 연산(증가, 감소)이 불가능합니다.

◉ 포인터 연산에서 주의 할 점

- ▣ *ptr++ : 한 문장에서 ++가 *보다 연산자 우선수위가 더 높기 때문에 포인터 변수 ptr의 주소 값을 증가시키는 결과를 나타냅니다.
- ▣ (*ptr)+1 : ()의 우선순위가 가장 높기 때문에 중괄호 안의 문장을 먼저 실행합니다. 즉 ptr이 가리키는 변수에 1을 더하라는 의미입니다.
- ▣ 포인터변수에 주소가 초기화 된 경우 포인터변수에 연산을 하는 것은 포인터변수가 가리키는 데이터 형의 크기만큼 주소 값을 변경하는 것입니다.
- ▣ 포인터에서 나누기, 곱하기, 퍼센트와 같은 수학적 연산은 허용되지 않습니다. 왜냐하면 포인터의 내용은 주소이고 주소 값은 정수이므로 실수 값의 결과로 포인터 변수를 표현 할 수 없기 때문입니다.

C Programming

9.6 잘못된 포인터 사용 예

- 포인터의 잘못 사용 예
  - 포인터가 가리키는 주소를 지정하지 않은 경우

```
int *ptr;
*ptr = 10;    /* worng */
```

  - 주소를 임의로 지정한 경우

```
int *ptr;
ptr = 200;  /* wrong */
```

  - 포인터변수와 참조할 변수의 데이터 형이 다른 경우

```
int x;
double *ptr;
ptr = &x;   /*wrong */
*ptr = 29.6;
```

9.6 잘못된 포인터 사용 예

포인터변수를 사용할 때에는 몇 가지 주의할 점이 있습니다. 가장 대표적인 주의사항은 포인터변수는 반드시 초기화한 후에 사용하여야 한다는 것입니다.

```
nt *ptr;
*ptr = 10;
```

위의 문장에서 포인터 변수 ptr은 아직 초기화되지 않았으므로 어느 메모리도 가리키지 못합니다. 간접 연산자로 10을 할당한다면(*ptr = 10) 다른 변수와 마찬가지로 변수에 초기화를 하지 않았기 때문에 메모리에 저장된 임의의 쓰레기 값으로 인해 포인터 변수가 가리키는 임의의 변수에 10을 할당 하게 되며, 시스템의 중요한 정보를 덮어쓰게 될 위험이 있습니다.

또한 다음 예와 같이 포인터 변수를 선언 한 후 임의로 메모리 번지를 할당하는 것은 의미가 없는 번지일 수 있으므로 옳은 방법이 아닙니다.

```
int *ptr;
ptr = 200;
```

가리키고자 하는 변수가 선언 되어 있다면 주소연산자를 이용하여 포인터 변수에 할당 하는 것이 가장 이상적인 방법입니다.

```
int x;
double *ptr;
ptr = &x;5
```

위와 같이 실수형 변수를 가리킬 목적으로 선언된 포인터 변수 ptr에 정수형 변수 x의 주소를 대입하는 것은 서로 데이터 형이 다르므로 컴파일러가 오류를 발생시킵니다.

실습 9-3

다음 프로그램 코드에서 새로운 문장을 삽입하지 않고 기존의 한 문장을 고쳐서(중괄호를 집어넣어), 마지막 q값이 2로 증가되도록 해봅시다.

```
#include<stdio.h>
void main()
{
        int *p, q;
        p = &q;
        q = 1;
        printf("%d %u ₩n", q, p);
        *p++;
        printf("%d %u", q, p);
}
```

1. 10개의 정수를 입력하여 1차원 배열에 저장한 후, 그 총 합계를 구하는 프로그램을 포인터를 이용하여 작성하세요.

2. 임의의 10개의 정수를 입력하여 1차원 배열에 저장한 후, 그중 가장 큰 값과 가장 작은 값을 찾아서 출력하는 프로그램을 포인터를 이용하여 작성해보세요.

3. 조원 7명의 C 언어 점수를 배열에 초기화 하고 이에 대한 평균값을 포인터를 이용하여 출력하는 프로그램을 작성하세요.

4. 임의의 n개의 정수값을 입력 받은 후 오름차순으로 정렬해서 출력하는 프로그램을 작성하세요. (단 정수형 배열에 대해서 오름차순으로 정연하는 힘수를 작성하고 입력받은 원소의 개수는 100개 이하로 합니다.)

5. 임의의 정수 값 2개를 입력받아 합을 출력하는 프로그램을 작성하세요. (정수 값 2개를 받아 합을 계산하고 이 값을 포인터로 넘겨주는 함수를 작성하세요)

제 10 장

문자열은 이렇게 다뤄요!

10.1 문자열의 초기화

10.2 포인터를 이용한 문자열의 참조

10.3 문자열 처리 함수

개 요

많은 자료들은 문자열로 이루어져 있습니다. 프로그램을 개발하는데 있어서 문자열 처리는 매우 중요합니다.
C 언어는 문자열 데이터 타입을 따로 가지고 있지 않기 때문에 문자열을 다루기가 쉽지 않습니다. 따라서 문자열을 저장하기 위해 char형의 1차원 배열을 이용합니다. 또한 배열의 시작 포인터를 사용하거나 char형 포인터 변수를 이용하여 쉽게 문자열을 다룰 수 있습니다.
또한, 문자열의 길이, 문자열의 결합, 문자열의 비교에 관련된 여러 표준 라이브러리 함수를 이용할 수 있습니다.

학습목표

* char형 1차원 배열을 이용한 문자열의 초기화 방법을 익힙니다.
* 문자열의 입출력 함수를 사용합니다.
* char포인터 변수를 이용하여 문자열을 처리하는 방법을 익힙니다.
* 문자열 처리에 관한 다양한 표준 라이브러리 함수의 사용방법을 이해합니다.

C Programming

제 10 장 : 문자열은 이렇게 다뤄요!

10.1 문자열의 초기화
10.2 포인터를 이용한 문자열의 참조
10.3 문자열 처리 함수

제10장. 문자열은 이렇게 다뤄요!

C 언어는 문자열 데이터 타입을 따로 가지고 있지 않기 때문에 문자열을 다루기가 쉽지 않습니다. 따라서 문자열을 저장하고 처리하기 위해서 char형의 1차원 배열과 char형 포인터 변수를 이용합니다.

C Programming

문자와 문자열

- 문자(character)
  - 단일 글자, 숫자, 기호 등을 의미
  - 타입 char를 제공, ascii값으로 표현 가능
  - 'A', 1, ₩n 등 ('')로 구분

- 문자열(string)
  - 하나 이상의 문자로 구성된 문자들의 집합
  - KPU, Korea, 가나다 등 ("")로 구분
  - 문자열 저장을 위한 별도 타입이 제공되지 않음
  - char의 배열 형이나 포인터를 이용하여 문자열 사용
  - 예) char *str = "KPU";
    char str[4] = "KPU";

C 언어에서 문자(character)란 단일 글자, 숫자, 각종 기호를 의미하며, 문자열(String)이란 이런 문자들이 연속적으로 나열되어 있는 것을 말합니다. C 언어에서는 'A'와 같은 문자 하나를 저장할 수 있는 데이터 형은 제공하지만 "Korea"나 "대한민국"과 같이 여러 개의 문자들을 저장할 수 있는 데이터 형은 따로 제공하지 않습니다.

그럼 문자열을 저장하려면 어떻게 해야 할까요? 배열 및 포인터를 이용하면 쉽게 문자열을 저장 하고 처리할 수 있습니다.

C Programming

10.1 문자열의 초기화

- 문자열의 초기화
  - char형 변수를 배열로 선언한 경우 선언과 함께 초기화, 선언 후 초기화
  - 큰 따옴표를 이용하여 초기화
    예) char ss[5] = “abcd”;
    char ss[] = “abcd”;
  - 문자 배열의 초기화
    예) char ss[5] = {‘a’, ‘b’, ‘c’, ‘d’, ‘₩0’}; : 문자열로 인식
    char ss[5] = {‘a’, ‘b’, ‘c’, ‘d’ }; : 문자열로 인식 못함
  - 문자 배열의 마지막 요소에는 반드시 ‘₩0’을 넣어야 함
  - 문자 배열의 크기가 문자열의 길이보다 1 더 크게 선언해야 함
  - 위의 경우 널 문자는 자동으로 삽입됨

10.1 배열을 이용한 문자열의 초기화

C 언어는 문자열을 저장하기 위한 데이터 타입을 따로 제공하지 않습니다. 따라서 문자열을 저장하기 위해서는 배열 또는 포인터를 이용해야 합니다.

먼저 배열을 이용하여 문자열을 저장하는 방법을 살펴보겠습니다.

```
char string[5] = "abcd";        /* 문자열 abcd를 저장 */
```

위와 같이 5개의 문자열이 저장될 수 있는 배열 변수를 선언과 동시에 문자열 “abcd"를 초기화 하였습니다. 문자열의 개수는 4개인데 배열 변수는 5개의 문자가 저장될 공간을 선언했을까 하는 궁금증이 생기죠?

컴파일러는 문자열을 컴파일 할 때 문자열의 끝을 나타내기 위해 문자열의 끝에 ‘₩0’(Null character) 문자를 배열의 마지막 요소에 자동으로 삽입하기 때문입니다.

따라서 배열의 크기는 항상 문자열이 가지는 문자 개수보다 크게 선언하는 것이 올바른 방법입니다.

위와 같이 선언된 char형 배열 string[5]에는 a, b, c, d 등 문자 4개가 각각 string[0], string[1], string[2], string[3]에 저장되고 마지막 string[4]에는 '₩0' 문자가 자동으로 저장되어 총 5개의 문자를 저장하게 됩니다.

값	배열 요소
a	string[0]
b	string[1]
c	string[2]
d	string[3]
₩0	string[4]

배열의 크기를 생략하면 자동적으로 문자열이 저장 될 수 있도록 메모리를 할당합니다.

예) char string[] = "korea";

배열의 크기를 생략하면 자동적으로 초기화 하려는 문자열의 크기만큼 배열의 메모리를 할당하여 문자열을 초기화 합니다.

예) char string[6] = { 'k', 'o', 'r', 'e', 'a' };

위의 예는 배열을 선언 후 각각의 메모리에 한 문자씩 초기화 하는 경우입니다. 이 경우에는 문자열의 끝을 표시하는 '₩n'이 없기 때문에 문자열로 인식하지 못 합니다. 단지, string[0] = 'k', string[1] = 'o', string[2] = 'r', string[3] = 'e', string[4] = 'a'와 같이 배열 변수에 각각의 문자를 저장하는 것 입니다.

예제 10-1 배열을 이용한 문자열의 참조

```
1   #include <stdio.h>
2
3   int main()
4   {
5      char string[6] = "Korea";
6
7      printf("%s \n", string);
8      printf("%s \n", string + 1);
9      printf("%s \n", string + 2);
10
11     return 0;
12  }
```

실행결과

```
Korea
orea
rea
```

위 예제는 string[6] 배열에 Korea라는 문자열을 저장하고, 배열의 이름이 나타내는 배열의 첫 시작 주소, 포인터 상수 값을 이용해서 문자열을 출력한 것입니다. 형식 지정자 %s를 사용하여 문자열의 내용을 출력 합니다.

7행의 `printf("%s \n", string)`에서 string은 배열의 이름으로서 문자 'K'가 저장되어 있는 배열의 첫 주소를 나타내며, 이 위치로부터 K, o, r, e, a를 순서대로 출력합니다. 그리고 문자형 배열에 마시막 요소에 자동으로 저장되는 '\0' 문자를 만나면 문자열 출력을 종료 합니다. 8행과 9행은 포인터의 연산을 이용하여 문자열 string의 두 번째, 세 번째 요소부터 순서대로 문자열을 출력한 것입니다.

예제 10-2 배열을 이용한 문자열의 참조

```
1   #include <stdio.h>
2
3   int main()
4   {
5      char str[ ] = "C-Programming";
6      int x;
7      printf("%s \n", str);
8      for(x = 0; str[x] != '\0'; x++)
9        printf("%c", str[x]);
10     printf("\n");
11
12     return 0;
13  }
```

실행결과

```
C-Programming
C-Programming
```

5행 : char str[ ] = "C-Programming";
배열 선언에서 첨자를 입력하지 않은 경우 문자열의 크기만큼 배열의 메모리가 생성됩니다. 배열의 크기는 문자열에서 널 문자를 포함한 14byte의 공간이 할당됩니다.

8행, 9행 : for(x = 0; str[x] != '￦0'; x++)
printf("%c", str[x]);
for문을 이용해서 배열에 저장된 문자열 끝에 널 문자('￦0')까지 문자를 출력합니다.

예제 10-3 배열과 포인터를 이용한 문자열의 참조

```
1    #include <stdio.h>
2
3    int main()
4    {
5      char str[4] = "KPU";
6      int x;
7      char *ptr = str;
8      for(x = 0; x < 4; x++)
9        printf("%c", str[x]);
10     printf("\n");
11     for(x = 0; x < 4; x++)
12       printf("%c", str[x]);
13     printf("\n");
14     printf("%s \n", str);
15     printf("%s \n", ptr);
16     return 0;
17   }
```

실행결과

```
KPU
KPU
KPU
KPU
```

7행 : char *ptr = str;

문자열 "KPU"를 배열 변수에 저장 하였고, 포인터 변수를 선언하여 배열 변수를 가리키도록 배열의 이름을 초기화 하였습니다.

14행 : printf("%s ₩n", str);

배열의 이름 str은 배열의 첫 시작 주소를 의미합니다. 배열의 첫 시작 주소부터 널 문자까지 문자열의 형식으로 출력됩니다.

15행 : printf("%s ₩n", ptr);

포인터 변수 ptr에는 배열의 이름값이 저장되어 있습니다. 따라서 역시 미친가지로 배열 변수에 저장된 문자열이 출력됩니다.

실습 10-1

배열 char s[80]에 “C-Language"라는 문자열을 저장하고 한 줄에 한 문자씩 출력하는 프로그램을 작성해 보세요.

실습 10-2

본인의 이름, 주소, 연락처를 문자열로 각각 배열 변수에 저장하고 저장된 문자열을 각각 출력하는 프로그램을 작성해 보세요.

C Programming

10.2 문자열과 포인터

- char형 포인터변수를 이용한 문자열의 저장
  - 변수를 선언하면서 문자열을 초기화하는 방법

    char *ptr = "abcd";
  - 미리 선언된 형 포인터 변수에 문자열을 할당하는 방법

    예 char *ptr;

    ptr = "abcd";
  - 컴파일러가 메모리의 임의의 장소에 문자열 " "를 저장해 놓고 이 문자열의 시작 주소를 변수 에 대입

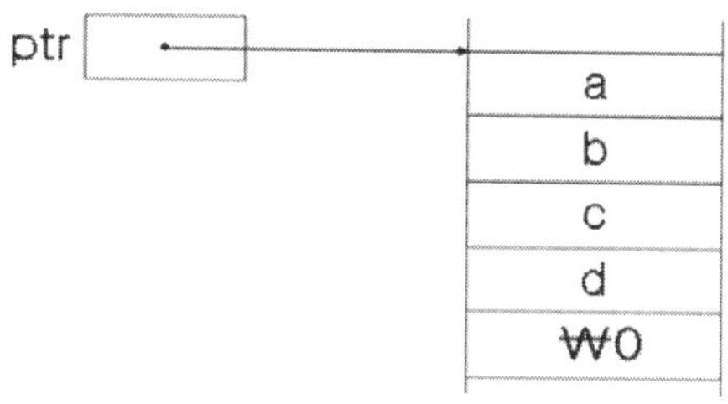

10.2 포인터를 이용한 문자열의 참조

앞장에서 char형으로 선언된 배열을 이용하여 문자열을 저장하는 방법을 확인 하였습니다. 이번에는 char형의 포인터 변수를 선언하여 문자열을 참조하는 방법을 살펴보겠습니다.

다음은 포인터 변수를 선언함과 동시에 문자열을 초기화 하는 방법입니다.

```
char *ptr = "korea";
```

포인터 변수를 선언하고, 문자열을 초기화 할 수 있습니다.

```
char *ptr;
ptr = "korea";
```

두 방법 모두 같은 표현이며, 먼저 컴파일러는 우측의 문자열을 메모리의 임의의 장소에 저장합니다. 문자열을 저장 한 후 문자열의 시작 주소 값을 포인터 변수 ptr에 대입하게 됩니다.

"korea"문자열이 임의 저장된 메모리의 첫 시작 주소를 100번지라고 가정한다면 다음 그림으로 나타낼 수 있습니다.

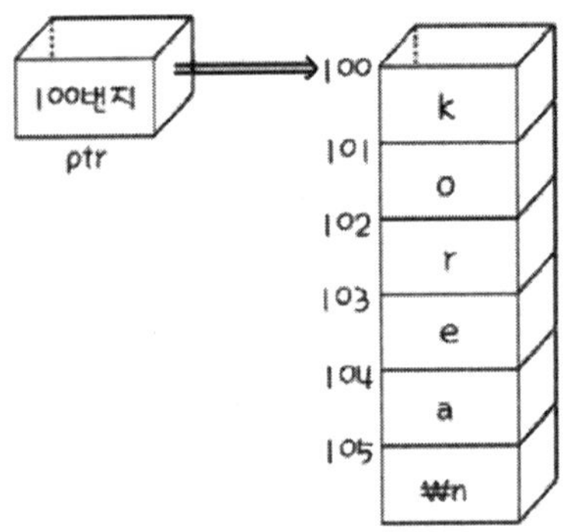

예제 10-4 포인터를 이용한 문자열의 초기화

```
#include <stdio.h>

int main()
{
   char *string = "Korea";
   char *ptr;
   ptr = "Best"

   printf("%s \n %s \n", string, ptr);

   return 0;
}
```

실행결과

```
Korea
Best
```

5행에서 7행까지는 포인터 변수를 선언하고 문자열을 초기화 하는 문장입니다. "Korea"와 "Best"라는 문자열을 메모리에 저장하고, 문자열이 저장된 메모리의 첫 번째 시작 주소를 각각 포인터 변수 string과 ptr에 대입합니다. 포인터 변수 string과 ptr은 문자열이 저장된 각각의 메모리를 가리키게 되며 printf() 함수로 문자열을 출력합니다.

예제 10-5 포인터를 이용한 문자열의 초기화

```c
#include <stdio.h>

int main()
{
   char *ptr = "C-Programming";
   while(*ptr != '\0')
     printf("%c", *ptr++);
   printf("\n");

   return 0;
}
```

실행결과

```
C-Programming
```

문자열이 저장된 첫 시작 주소 값을 포인터 변수 ptr에 초기화 하였고, 반복문 while문을 이용하여 문자열을 출력하였습니다. 반복문에서 *ptr++가 실행될 때마다 포인터 변수에 주소 값이 1씩 증가하여 문자열이 저장된 문자를 출력합니다.

실습 10-3

char *s = "ABCDEFGHIJ"과 같이 문자열을 저장하고, 문자열을 가리키는 포인터 s를 이용하여 다음과 같이 출력하여 봅시다.

```
ABCDEFGHIJ
CDEFGHIJ
EFGHIJ
GHIJ
IJ
```

C Programming

10.3 문자열 처리 함수

- 문자열 저장 함수 gets( )

```
#include<stdio.h>
char *gets(char *str);
```

- ▪
- ▪

- 문자열 출력 함수 puts( )

```
#include<stdio.h>
int puts(char *str);
```

- ▪
- ▪

10.3 문자열 처리 함수

C 언어는 문자열을 쉽게 다룰 수 있도록 여러 종류의 표준 함수를 제공합니다. 문자열과 관련된 대표적인 함수 몇 가지를 알아보도록 하겠습니다.

◉ 문자열 저장 함수 gets( )

```
#include <stdio.h>
char* gets(char *str);
```

함수 gets()는 키보드로부터 문자열을 입력받아서 괄호 안에 인수로 표시된 문자열 str에 저장합니다. 개행 문자는 제거되며, 정상 입력 시 인수 str를 반환하고, 오류 시 NULL를 반환합니다.

◉ 문자열 출력 함수 puts( )

```
#include <stdio.h>
int puts(char *str);
```

함수 puts()는 괄호 안의 문자열 str을 모니터에 출력합니다. 문자열을 출력한 후에는 개행 문자(₩n)를 출력합니다. 문자열의 정상 출력시 정수를 반환하고, 오류시 EOF(End-Of-File : -1)를 반환합니다.

위의 두 함수를 예제 10-6으로 확인해 보겠습니다.

예제 10-6 문자열의 입력과 출력

```
#include <stdio.h>

int main()
{
  char string[80];
  printf("문자열을 입력하세요 \n");
  gets(string);
  puts(string);

  return 0;
}
```

실행결과

```
입력 : Test
출력 : Test
```

gets() 함수가 실행되면 배열의 시작 주소(string) 부터 입력 받은 문자열 데이터가 string[80] 배열 변수에 차례대로 저장되고, puts()함수를 이용하면 string의 포인터 주소 값부터 문자열의 끝인 '₩0'문자가 있는 곳까지 문자열을 출력합니다.

예제 10-7 문자열의 입력과 출력

```
#include <stdio.h>

int main()
{
   char string[80];
   int x;
   printf("문자열을 입력하세요 \n");
   gets(string);
   for(x = 0; string[x]; x++)
     printf("%c", string[x]);
   printf("\n");

   return 0;
}
```

실행결과

```
문자열을 입력하세요
C-Programming
C-Programming
```

문자열 출력을 puts()가 아닌 for문을 이용하여 배열 변수의 첨자를 증가시켜 출력하고 있고 있습니다.

C Programming

10.3 문자열 처리 함수

❑ 문자열의 길이를 계산하는 strlen( )

```
#include<string.h>
size_t strlen(const char *str);
```

- 포인터 str이 가리키는 문자열의 길이를 계산 후 반환
- NULL 문자는 계산시 제외

❑ 문자열을 복사하는 strcpy( )

```
#include<string.h>
char *strcpy(char *str1, const char *str2);
```

- 문자열 str2 내용을 str1에 복사 후 문자열 포인터 str1을 반환
- str2의 크기가 str1보다 클 경우 남은 공간은 사용되지 않고 낭비됨

◉ 문자열의 길이를 계산하는 strlen( )

```
#include <string.h>
size_t strlen(const char *str);
```

위 함수는 string.h에 정의되어 있으며, 포인터 str이 가리키는 문자열의 길이를 계산하여 반환합니다. 이 때 Null 문자는 계산에서 제외됩니다.

◉ 문자열을 복사하는 strcpy( )

```
#include <string.h>
char *strcpy(char *str1, const char *str2);
```

문자열 str2에 있는 내용을 str1에 복사하고 문자열 포인터 str1을 반환합니다. 이 때 str2의 크기가 str1보다 크다면 남은 공간은 사용되지 않고 낭비됩니다.

예제 10-8 문자열의 입력과 출력

```
#include <stdio.h>
#include <string.h>

int main()
{
    char str1[20];
    char str2[20];
    char *ptr = "C-Programming";
    strcpy(str1, ptr);
    puts(str1);
    strcpy(str2, "KPU");
    puts(str2);

    return 0;
}
```

실행결과

```
C-Programming
KPU
```

포인터 변수 ptr은 문자열 "C-Programming"이 저장된 메모리를 가리키고 있습니다. strcpy(str1, ptr)은 포인터 변수 ptr이 가리키고 있는 문자열을 배열 변수 str1[20]에 복사하여 저장하라는 함수입니다. strcpy(str2, "KPU")는 "KPU" 문자열을 배열 변수 str2[20]에 복사하여 저장합니다.

C Programming

10.3 문자열 처리 함수

- 문자열의 결합시키는 strcat( )

```
#include<string.h>
char *strcat(char *str1, const char *str2);
```

- 문자열을 비교하는 strcmp( )

```
#include<string.h>
int *strcmp(const char *str1, const char *str2);
```

◉ 문자열을 결합시키는 strcat( )

```
#include <string.h>
char *strcat(char *str1, const char *str2);
```

문자열 str2의 복사본을 문자열 str2의 끝에 결합시키고, 문자열 포인터 str1을 반환합니다.

◉ 문자열을 비교하는 strcmp( )

```
#include <string.h>
int strcmp(const char *str1, const char *str2);
```

str1과 str2이 가리키는 문자열을 사전식으로 비교하여 아래와 같은 정수 값을 반환합니다.

- str1이 str2보다 큰 경우 → 양의 정수 반환
- str1과 str2가 같은 경우 → 0 반환
- str1이 str2보다 작은 경우 → 음의 정수 반환

아래 예제는 문자열 처리 함수를 이용한 프로그램입니다.

예제 10-9 문자열 처리 함수의 사용

```
#include <stdio.h>
#include <string.h>

int main()
{
   char *str1 = "ABCDE";
   char *str2 = "abcde";
   char str3[80];

   printf("문자열 str1의 길이는 %d 입니다. \n", strlen(str1));

   strcpy(str3, str2);
   puts(str3);

   printf("%d, %d, %d, \n", strcmp(str1, str2),
       strcmp(str2, str3), strcmp(str3, str1));

   strcat(str3, str1);
   puts(str3);

   return 0;
}
```

실행결과

```
문자열 str1의 길이는 5 입니다.
abcde
-1, 0, 1
abcdeABCDE
```

10행 : printf("문자열 str1의 길이는 %d 입니다. ₩n", strlen(str1));
strlen() 함수를 사용하여 문자열 str1의 길이를 계산한 후 출력했습니다. Null 문자는 계산에서 제외되므로 “ABCDE"로 구성되어 있는 문자열 str1은 글자의 개수만큼 숫자를 반환할 것이고 그 값이 5라는 것을 확인할 수 있습니다.

12행 : strcpy(str3, str2);
strcpy() 함수를 사용하여 문자열 str2의 내용을 str3에 복사하고 str3의 내용을 출력한 것입니다. 이 때 복사한 문자는 Null 문자를 포함하여 6개이므로 원래 80개의 배열로 선언된 문자열 중 6개만 사용되고 나머지 74개는 사용되지 않습니다.

15~16행 : printf("%d, %d, %d, ₩n", strcmp(str1, str2), strcmp(str2, str3), strcmp(str3, str1));
strcmp() 함수를 사용하여 문자열 str1, str2, str3의 크기를 비교했습니다. str1이 str2보다 작으므로 첫 번째 사용에서는 -1을, str2가 str3과 같으므로 두 번째 사용에서는 0을, str3이 str1보다 크므로 세 번째 사용에서는 1이 반환되었고 이것이 출력되었습니다.

18행 : strcat(str3, str1);
strcat() 함수를 사용하여 문자열 str3의 끝에 문자열 str1의 내용을 복사해 붙여 넣었습니다. 이 때 str3은 원래 크기 80으로 선언된 문자열이므로 원래 저장되어 있던 문자열 abcde의 바로 뒤에 Null 문자가 있는 부분부터 문자열 ABCDE가 붙어서 abcdeABCDE₩0이 됩니다.

실습 10-4

패스워드를 확인하는 프로그램을 작성해 보세요. 패스워드로 문자열 “password"를 사용하고, 문자열을 입력 받아 입력한 문자열이 패스워드와 같으면 "OK"를 출력하고, 다르면 “Invalid password"라는 문자열을 출력하도록 하세요.

1. 키보드로부터 한 문자열을 입력받아 입력받은 문자열에서 숫자(0~9)의 개수, 공백(space, tab)의 개수, 그 이외의 문자의 개수를 세는 프로그램을 작성하세요.

2. 키보드로부터 한 문자열을 입력 받아 거꾸로 출력하는 프로그램을 작성하세요.

3. 표준입력으로 한 문자열을 입력 받아 그 길이를 출력하는 프로그램을 작성하세요. (표준함수 strlen()은 사용하지 마세요)

4. 표준입력으로 문자열을 입력 받아 출력하는 프로그램을 작성하세요. 문자열 “stop"이 입력될 때 까지 계속한다. (표준함수 strcmp()은 사용하지 마세요)

5. 하나의 문자열을 입력 받아 첫 번째 공백을 찾는 프로그램을 포인터 이용하여 작성하세요. 그리고 공백을 찾으면 문자열의 나머지 부분까지 출력하세요.

6. 임의의 문자열을 입력하면 문자열을 역방향으로 출력하는 프로그램을 작성하세요.

7. 주민등록번호를 문자열로 입력받으면, 생년월일을 출력하고 남성인지 여성인지를 판별하는 프로그램을 작성하세요.

제 11 장

변수에 옷 입히기

11.1 전역 변수

11.2 지역 변수

11.3 정적 변수

11.4 레지스터(Register) 변수

11.5 상수 선언

개 요

변수는 그 변수를 정의하는 위치나 변수의 기억 장소에 따라 그 특성이 달라집니다. 변수를 사용할 수 있는 영역을 그 변수의 통용범위(scope)라 합니다. C 언어에서는 변수를 선언할 때 그 변수가 메모리상에 저장되는 방법 즉, 변수의 기억 클래스(storage class)를 명시할 수 있습니다. 기억 클래스는 그 변수가 살아 있는 기간(life time)과 통용범위를 결정합니다.
C 언어에서 사용하는 기억 클래스는 전역변수, 지역변수, 정적변수, 레지스터 변수와 같은 네 가지가 있습니다.

학습목표

* 변수의 기억 클래스와 그에 따르는 통용범위에 대하여 이해합니다.
* 자동변수와 외부변수에 대하여 이해합니다.
* 프로그램의 분할 컴파일 방법에 대하여 이해합니다.
* 정적 변수의 의미와 그 활용에 대하여 이해합니다.

제 11장 변수에 옷 입히기

11.1 전역 변수

11.2 지역 변수

11.3 정적 변수

11.4 레지스터 변수

11.5 상수 선언

제11장. 변수에 옷 입히기

C 언어에서 변수는 그 변수를 정의하는 위치나 변수의 기억 장소에 따라 그 특성이 달라집니다. 변수를 사용할 수 있는 영역을 그 변수의 통용범위(scope)라고 합니다. C 언어에서는 변수를 선언할 때 그 변수가 메모리상에 저장되는 방법 즉, 변수의 기억 클래스(storage class)를 명시할 수 있습니다. 기억 클래스는 그 변수가 살아 있는 기간(변수가 선언되어 메모리가 할당된 후 이가 해제되는 기간)과 통용 범위(메모리가 보이는 위치)를 결정합니다.

지금까지 우리는 main() 함수의 시작 부분에 프로그램에서 사용할 변수를 선언하여 사용하였습니다. 변수의 선언 위치는 반드시 main() 함수 내에 선언해야만 하는 것은 아닙니다. 필요에 따라 변수는 main() 함수의 외부나 혹은 다른 함수 내에서 선언하여 사용할 수 있습니다. 이 때 변수를 선언하는 위치에 따라 그 변수가 사용되는 범위가 달라집니다.

예제 11-1 변수의 범위 (1)

```
#include <stdio.h>

void func(void);

int main()
{
   int x = 10;
   printf("x = %d \n", x);
   func();

   return 0;
}

void func()
{
   printf("x = %d \n", x);
}
```

실행결과

```
exam11-2.CPP(14) : error C2065: 'x' : undeclared identifier
```

위 예제는 컴파일 되지 않고 에러가 발생합니다. 위 프로그램에서 main() 함수 안에서 선언된 변수 x는 main함수 내에서만 사용될 수 있으며, func() 함수에서는 참조할 수 없습니다.

예제 11-2 변수의 범위 (2)

```
1  #include <stdio.h>
2
3  int x = 10;
4  void func(void);
5
6  int main()
7  {
8    printf(" x = %d \n", x);
9    func();
10
11   return 0;
12 }
13
14 void func()
15 {
16   printf(" x = %d \n", x);
17 }
```

실행결과

```
x = 10;
x = 10;
```

3행 : int x = 10;

변수 x는 main() 함수 밖에서 선언되어 있으며, 이렇게 함수 외부에 선언된 변수를 전역변수(Global Variable Number)라고 합니다. 전역변수는 프로그램 전체에 영향을 미치게 되므로, main() 함수와 func() 함수에서 모두 x변수를 사용할 수 있습니다.

변수는 선언하는 위치에 따라 전역 변수와 지역 변수로 나뉩니다.

예제 11-2에서 변수 x는 main() 함수와 func() 함수 등이 프로그램 전체에서 사용할 수 있는 전역 변수에 해당하고, 예제 11-1에서 변수 x는 main() 함수 내에서만 사용할 수 있는 지역 변수에 해당합니다.

C Programming

11.1 전역변수

- 전역변수(global variable)
  - 함수 외부에서 선언한 변수
  - 특정 함수에 속하지 않고 프로그램 전체에서 공유
  - 선언된 이후 위치의 함수들에서만 사용 가능
  - 프로그램 종료 시까지 메모리에 로드
  - 자동으로 0으로 초기화

11.1 전역 변수(global variable number)

전역 변수란 함수 밖에서 선언된 변수를 말합니다. 예제 11-1에서 main() 함수 앞에 선언된 변수 x와 같은 변수가 전역 변수에 속합니다. 전역 변수는 선언된 이후 프로그램 전체에서 공통적으로 사용할 수 있습니다. 그 선언된 위치에 따라 통용되는 범위가 달라지며, 이와 같이 여러 함수에서 공통으로 사용한다는 의미에서 외부 변수라고도 합니다.

예제 11-2에서는 main() 함수와 func() 함수에서 전역 변수로 선언된 변수 x를 참조했습니다. 전역 변수의 범위는 프로그램 전체(엄밀히 말하자면 변수가 선언된 소스 코드 파일 안)에 영향 미칩니다. 전역 변수는 프로그램 시작 시에 메모리에 생성되어 프로그램이 종료될 때까지 메모리에 남게 됩니다.

또한 전역 변수는 선언한 후에 별도로 초기화를 하지 않아도 항상 0으로 초기화 됩니다.

C Programming

11.1 외부 변수 참조 extern

- 외부 변수 참조 지정자 extern
  - 외부에서 선언된 전역변수를 참조하는 지정자
  - 새로운 변수 선언이 아닌, 정보를 제공하는 안내문
  - 주로 전역 변수가 함수 외부(다른 모듈)에 선언되어 있을 때 사용
  - 해당 변수는 extern 선언이 된 구역 내에서만 유효함
  - 링크 과정 시 실제 변수와 연결
  - 형식 :

```
extern 데이터타입 변수이름;
```

■ 외부 변수 참조 extern

일반적으로 C 언어에서는 extern 이라는 키워드로 외부 변수를 참조하는 방법을 제공하고 있습니다. 그 형식은 아래와 같습니다.

```
extern 데이터타입 변수이름;
```

예) extern int a;

extern이라는 예약어는 함수 외부 또는 다른 파일에 존재하는 전역변수를 참조할 때 사용합니다. 여기서 유의할 사항은 외부 변수 선언은 외부에 있는 변수를 참조하라는 뜻이지, 새로운 변수를 메모리상에 만들라는 뜻이 아니라는 것입니다.

예제 11-3 전역변수 선언 위치에 따른 변수 통용 범위

```
#include <stdio.h>
int i=100;
void func_1(void);
void func_2(void);
int main()
{
   printf("i = %d \n", i);
   i=150;
   func1();
   func2();

   return 0;
}
int j=200;
void func_1(void)
{
   printf("i = %d,j=%d \n", i,j);
   j=250;
}
int k=300;
void func_2(void)
{
   int i = 500;
   printf("i = %d,j=%d, k=%d \n", i,j,k);
}
```

실행결과

```
i = 10
i = 150, j=200
I = 500, j = 250, k = 300
```

변수 i, j, k가 함수의 외부에 전역변수로 선언되어 있습니다. 변수 i, j, k는 그 선언된 위치에 따라 다음과 같이 통용범위가 달라집니다.

- 변수 i는 함수 main(), func_1(), func_2()에서 사용할 수 있습니다.
- 변수 j는 함수 func_1(), func_2()에서 사용할 수 있으나, main()에서는 사용할 수 없습니다.
- 변수 k는 함수 func_2에서 사용할 수 있으나, main(), func_1()에서는 사용할 수 없습니다.

func_2()에서와 같이 전역변수와 같은 이름의 지역변수 i가 있을 때는 지역변수가 우선입니다. 따라서 func_2에서 출력한 변수 i의 값은 지역변수 i의 값인 것입니다.

변수와 마찬가지로 함수의 원형을 void func_1(void);, void func_2(void);와 같이 외부에 선언해 놓으면 이 후의 모든 함수에서 이 함수들을 호출 하여 사용할 수 있습니다.

그러면, 변수 j, k를 main()함수 내에서 사용할 방법은 없을까요? 이럴 때 기억클래스 예약어 extern를 사용하면 됩니다. main() 함수 내에서 다음과 같이 외부변수를 extern으로 선언하면 외부 변수 j, k를 main() 함수에서 사용할 수 있게 됩니다.

예)
```
main()
{
    extern int j, k;
            :
}
```

이와 같이 extern선언을 하면, 이 변수 j, k는 main() 함수 내에 새로운 지역변수를 선언하는 것이 아니라, 전역변수 j, k를 main() 함수에서 참조하라는 뜻입니다.

실습 11-1

예제 11-3의 함수 func_1()의 끝에 printf()함수를 이용하여 변수 k의 값을 출력하는 문장을 삽입해 보세요. 어떤 결과가 나올까요?
위에 삽입한 문장이 정상적으로 실행될 수 있도록 외부변수 k를 func_1()의 내부에 extern선언을 해보세요.

11.1 전역 변수 : 파일간 외부 변수 참조

- 파일간 외부 변수 참조

[파일 #1]

```
#include <stdio.h>
int i = 100;
void func(void);

void main()
{
    printf(“value=%d", i);

    func( );
}
```

[파일 #2]

```
#include<stdio.h>

extern int i;

Void func( )
{
  printf(“%d”,i);
}
```

- 하나의 프로그램을 두개의 파일로 분리
- 파일 #2에서 파일 #1에 있는 외부 변수 int i를 참조
  -> extern int i;

지금까지 우리가 작성한 원시프로그램은 모두 하나의 파일로 이루어져 있었습니다. 즉, 하나의 파일에 main() 함수를 비롯하여 모든 함수를 작성해 넣었습니다. 그러나 C 언어 프로그램은 여러 개의 파일로 분리하여 하나의 프로그램을 개발할 수 있습니다. 작성한 각각의 원시 파일은 개별적으로 컴파일 되고, 링크과정에서 하나의 실행파일이 만들어지게 됩니다.

위 그림에서 main()함수를 하나의 파일로 func()함수를 하나의 파일로 분리하였습니다. 이때 파일 #2에서 파일 #1에 있는 외부변수 int i를 참조하기 위해서는 파일 #2에

```
extern int i;
```

와 같이 참조 선언을 해야 합니다.

이와 같이 다른 파일에 있는 외부 변수를 참조하기 위해서는 그 변수에 대한 extern 선언을 해 주어야 합니다.

C Programming

11.2 지역변수 :자동 변수(auto)

- 지역변수
- 선언 예 : auto int n;
- 예약어 생략 가능 일반적으로 생략)
- 변수가 선언된 위치에 의해 지역변수임을 알 수 있음
- 변수의 통용범위가 선언된 블록으로 한정
  - 블록이 실행될 때 메모리에 생성되고 블록의 실행이 끝나면 메모리에서 지워짐
  - 변수의 통용범위가 한정된다는 면에서 지역변수(local variable)
- 선언과 동시에 초기화 가능
  - 초기화하지 않은 경우 임의의 값 쓰레기 값 이 저장

11.2 지역 변수(local variable number)

전역변수와는 달리 어떠한 블록 내에서 선언되는 변수를 지역 변수라고 합니다. 보통 변수를 선언할 경우, main() 함수 내부의 선두 부분에 변수를 선언했었는데 이러한 변수를 지역 변수라고 합니다. 지역 변수는 그 변수가 선언된 블록 내에서만 읽고 쓸 수 있으며, 그 블록의 실행이 끝나면 자동으로 메모리에서 사라집니다.

■ 자동 지역 변수

일반적인 지역 변수를 자동(automatic) 지역 변수라고도 합니다. 자동 지역 변수는 함수가 호출될 때에 변수가 메모리에 할당되며, 그 함수의 실행이 종료되면 메모리에서 사라지는 특성을 갖고 있습니다.

자동 지역 변수는 함수나 블록의 내부에 다음과 같이 선언합니다.

```
auto 데이터타입 변수이름;
```

예) auto int a;

여기서, 예약어 auto는 생략할 수 있으며(일반적으로 생략) 예약어를 쓰지 않더라도 변수가 선언된 위치를 가지고 지역변수임을 알 수 있습니다. 자동 지역 변수는 함수의 시작 부분뿐만 아니라 함수 내의 모든 블록의 시작부분({ }괄호의 시작 부분)에 선언할 수 있습니다. 지역변수는 그 변수가 선언된 블록 내부에서만 유효합니다.

즉, 변수의 통용범위가 선언된 블록으로 한정됩니다. 좀더 엄밀하게 이야기 하면 블록 안에 선언된 변수는 블록이 실행될 때 메모리에 생성되었다가 블록의 실행이 끝나면 메모리에서 해제됩니다. 이렇게 변수의 통용범위가 한정된다는 면에서 지역변수라 합니다.

금까지 사용한 바와 같이 지역변수는 선언과 동시에 초기화할 수 있습니다.

예) int i = 100;

지역변수를 선언하고 초기화하지 않은 경우, 그 변수에는 임의의 값(쓰레기(garbage)값)이 저장되어 있게 됩니다.

예제 11-4 지역 변수의 범위

```
#include <stdio.h>

void func(void);

int main()
{
   int a, i;
   a = 100;

   for( i = 0 ; i < 1 ; i++ )
   {
```

```
        int a = 1;
          printf("a = %d \n", a);
          printf("for문안의 변수 a 의 주소 =  %u \n", &a);
      }

    func();
    printf("a = %d \n", a);
    printf("main()함수의 변수 a 의 주소 =  %u \n", &a);

    return 0;
}

void func()
{
    int a = 10;
    printf("a = %d \n", a);
    printf("func()함수 내의 변수 a 의 주소 =  %u \n", &a);
}
```

실행결과

```
a = 1
for문안의 변수 a 의 주소 = 1245044
a = 10
func()함수 내의 변수 a 의 주소 = 1244956
a = 100
main()함수의 변수 a 의 주소 = 1245052
```

위 예제에서는 변수 a가 각각 main() 함수 안, func() 함수 안, main() 함수 내의 for문 블록 안 3군데 존재합니다. 이 때 각각의 변수 a는 서로 다른 것이며 생존 기간과 메모리 저장 위치도 각각 다른 것이 됩니다.

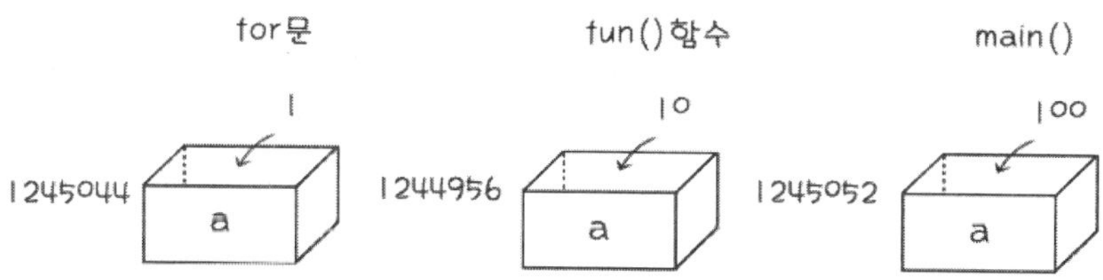

C Programming

11.3 정적 변수

- 지역 변수나 전역 변수 선언 앞에 static란 예약어 붙이면 정적변수
  -
- 지역 정적 변수
  -
  -

static 데이터타입 변수이름;

- 전역 정적 변수
  -
  -

11.3 정적 변수

전역 변수나 지역 변수 선언 앞에 static이란 예약어를 붙이면 정적변수의 특성을 갖습니다. 정적변수는 단하나의 메모리만 만들어지며, 단 한번만 초기화 되고, 사용할 수 있는 범위가 제한됩니다. 또한 선언되는 위치에 따라 지역 정적 변수와 전역 정적변수로 나뉩니다.

■ 지역 정적 변수

지역 정적 변수(internal static variable)는 함수 내부에 선언된 정적 변수이며, 변수 선언 후 메모리가 할당되고, 함수의 실행이 종료되어도 할당된 메모리가 사라지지 않고 메모리상에 계속 존재하다가 전체 프로그램의 실행이 종료되는 경우 메모리에서 사라지게 됩니다.

정적 지역 변수의 선언은 일반 변수 선언 앞부분에 static이라는 예약어를 추가하여 선언합니다.

```
static 데이터타입 변수이름;
```

예) static int a;

정적 지역 변수의 경우 일반 지역 변수와는 달리 함수가 호출될 때 마다 메모리가 생성되지 않고 한번 메모리가 생성되면 프로그램이 종료될 때까지 정적변수의 메모리가 유지되며, 단 한번만 초기화 됩니다. 또한 정적 지역 변수는 함수 내부에서만 사용할 수 있습니다.

아래 예제는 자동 지역 변수와 정적 지역 변수의 차이점을 확인 할 수 있습니다.

예제 11-5 자동 지역 변수와 정적 지역 변수

```
include <stdio.h>

void func(void);

int main()
{
   int i;
   for( i = 0 ; i < 5 ; i++ )
   {
      func();
   }

   return 0;
}

void func(void)
{
   static int a = 0;
   int b = 0;
```

```
20      a++, b++;
21      printf("a = %d, b = %d \n", a, b);
22  }
```

실행결과

```
a = 1, b = 1
a = 2, b = 1
a = 3, b = 1
a = 4, b = 1
a = 5, b = 1
```

위 예제에서 함수 func() 내의 변수 a와 b는 각각 정적 지역 변수와 지역 변수로 선언되었습니다. 그리고 main() 함수에서 반복문 for를 이용하여 5번 호출하게 되며, 그 때의 실행결과를 나타낸 것입니다. 지역 변수로 선언된 변수 b는 호출될 때마다 메모리에 생성되고 함수 func()의 동작이 끝나면 메모리가 소멸되기 때문에 20행의 단항 증가 연산자에 의해 b변수의 데이터가 증가해도 함수가 호출 될 때마다 0으로 초기화되는 반면, 정적 지역 변수로 선언된 변수 a는 처음에 호출될 때 생성되어 0으로 초기화되고, 함수가 호출 및 종료를 반복해도 메모리가 소멸되지 않고 계속 존재하기 때문에 변수 a에 저장된 데이터는 계속 1씩 증가하면서 그 결과를 출력하게 됩니다.

■ 외부 정적 변수

함수 외부에 정적 변수를 선언하면 외부 정적변수로 만들 수 있습니다. 외부 정적 변수와 지역 정적 변수와의 차이는 선언의 위치에 따라 적용되는 범위가 또한 다르게 됩니다. 또한 하나의 프로젝트 파일을 여러 개의 파일로 분할하여 구성하는 경우 일반 전역 변수는 다른 파일에서 참조가 가능한 반면 전역 변수로 선언된 정적 변수는 다른 파일에서 참조가 불가능 합니다.

File1.c

```
int x;
static int y;
Int main()
{
   ...
   ...
}
static int z;
int A()
{
   ...
   ...
}
```

File2.c

```
int B()
{
   ...
   ...
}

int C()
{
   ...
   ...
}
```

위 그림에서 File1, File2 파일이 동시에 컴파일 될 때 전연 변수로 선언된 x변수의 통용 범위는 File1, File2이며 main(), A(), B(), C() 함수에서 변수 x를 모두 이용 할 수 있다.

외부 정적 변수로 선언된 변수 y는 File1의 파일 내에서만 사용 할 수 있으며 선언된 위치에 따라 main(), A() 함수에서만 이용이 가능하다.

외부 정적 변수 z는 선언된 이 후부터 사용 가능하기 때문에 A() 함수에서만 사용이 가능하다.

실습 11-2

아래의 조건을 만족하면서 다음과 같이 출력하는 프로그램을 작성해 봅시다.

```
**
****
******
********
**********
```

조건 1) main()함수에서 함수 func()를 5번 호출합니다.

조건 2) 별표의 출력은 함수 func()이 한번 호출될 때 마다 func()함수 안에서 한 행씩 이루어지도록 합니다.

조건 3) 이 프로그램은 전역변수를 갖지 않으며, 함수 func()는 인수를 가지고 있지 않아야 합니다.

C Programming

11.4 레지스터 변수

- 레지스터(register)란?
  - CPU 내부에 구성된 데이터 처리를 위한 임시 메모리
  - 값을 읽고 쓰는 속도가 메모리보다 매우 빠름
  - 수에 따라 CPU의 비트수를 결정 (보통 32bit 환경)

- 레지스터 변수 : `register 타입 변수명;`
  - CPU의 레지스터를 저장 공간으로 하는 변수
  - 32비트 환경에서 레지스터 변수는 int, unsigned, 포인터만 가능
  - 주소가 없으므로 주소 연산자(&)를 이용한 주소 참조 불가능
    (단, 포인터로 선언한 경우에는 간접 연산자(*) 사용 가능)
  - 반드시 레지스터 변수로 선언되지 않음, 컴파일러가 선택

11.4 레지스터(Register) 변수

일반적인 변수 선언은 컴퓨터 내에 있는 주기억장치인 램에 메모리가 할당됩니다. 그러나 레지스터 변수를 사용하면 중앙처리장치 CPU의 연산처리를 위한 임시기억장소인 레지스터에 데이터를 저장하여 처리할 수 있습니다.

컴퓨터의 두뇌 역할을 수행하는 CPU는 레지스터라고 불리는 몇 개의 임시 기억공간이 있습니다. CPU에서 명령을 처리하기 위해 CPU 전용 메모리를 두는데 이것을 레지스터라고 부르며, 사용하는 메모리 중 가장 빠른 메모리입니다. 일반적으로 연산을 하는 프로그램 수행은 CPU가 주기억장치 램에 할당된 변수의 데이터를 불러와서 레지스터에 임시 저장하며, 연산처리를 하고 다시 결과를 주기억장치에 보내게 됩니다. 반면 레지스터 변수를 이용하게 되면 CPU의 레지스터에 데이터를 임시 저장하게 됩니다, 따라서 레지스터 변수를 이용할 경우 CPU가 주기억장치인 램에 접근 하는 것 보다 레지스터에 저장된 데이터에 접근 하는 속도가 매우 빠르게 됩니다.

레지스터 변수는 자동 지역 변수의 앞에 register 키워드를 붙임으로써 CPU에 레지스터 변수 생성을 요청할 수 있습니다.

```
register 데이터타입 변수이름;
```

예) `register int a;`

컴퓨터는 그 기종마다 CPU가 가지고 있는 레지스터의 수가 다르며 수가 한정되어 있습니다. 레지스터 변수로 선언 되었다 하더라도 유효개수를 초과하면 자동적으로 일반 변수로 할당되게 됩니다, 유효개수는 컴퓨터 기종마다 다릅니다.

또한 레지스터 변수는 CPU의 레지스터에 저장되는 것이므로 주소 번지를 갖지 않습니다. 따라서 이에 대한 포인터 또한 없습니다.

11.5 상수 선언

- 상수
  -
  -
  -

const 데이터타입 변수이름;

  -

(에러)

11.5 상수 선언

프로그램에서 사용되는 상수는 문자 상수, 상수, 문자열 상수 등이 있습니다.

예) 20, 'A', "Korea",...

또한 변수와 같은 메모리 영역을 상수화하여 사용하는 방법을 제공합니다.

변수란 데이터를 저장할 공간을 할당받아 데이터를 계속 변화시켜 사용 할 수 있는 특성을 갖습니다. 그러나 필요에 따라서 메모리공간에 저장된 데이터를 변경하지 못하게 할 경우가 있습니다. 이러한 경우, 어떤 변수 앞에 const라는 키워드를 붙여서 메모리의 특성을 상수로 만들면 됩니다. 상수의 의미는 고정되었다는 뜻을 갖고 있으며 const 키워드가 붙은 변수는 프로그램 실행 동안 할당받은 메모리내의 데이터 값이 절대로 변경되지 않습니다.

const 데이터타입 변수이름 = 초기값;5

예) **const int a = 1;**

상수는 선언할 때 초기화를 해야 하며 한 번 초기화된 값에서 절대로 다른 값을 변경할 수 없습니다.

만약 상수로 선언하고 100으로 초기화 하고 나서, 다시 데이터를 변경하기 위해 상수에 200이란 값을 대입할 수 없습니다.

예제 11-6 상수 선언 및 활용

```
#include <stdio.h>

int main()
{
   int r;
   const double PI = 3.14;
   printf("원의 반지름 입력(정수):");
   scanf("%d", &r);
   printf("원의 넓이는 %.2lf입니다.\n", r*r*PI);

   return 0;
}
```

실행결과

```
원의 반지름 입력(정수):5
원의 넓이는 78.50입니다.
```

PI는 상수로 선언되었으며 선언과 동시에 3.14값이 초기화 되었습니다. 이와 같이 고정되어 바뀌지 않을 값에 대해서 상수를 선언하여 사용합니다.

예제 11-7 상수 선언 위치

```
1   #include <stdio.h>
2   int main()
3   {
4      int x = 10;
5      const int *ptr = &x;
6      printf("%d \n", x);
7      x = 20;
8      printf("%d \n", x);
9      *ptr = 20;
10     printf("%d \n", x);
11     return 0;
12  }
```

5행에서 const의 위치가 의미하는 것은 포인터 변수 ptr이 가리키는 주소의 데이터를 상수(고정) 한다는 것을 의미한다. 따라서 9행에서 *ptr = 20 문장은 포인터 변수가 가리키는 변수에 20을 대입하라는 것이기 때문에 가리키는 변수의 데이터를 변경 할 수 없어서 문장 오류가 발생한다.

예제 11-8 상수 선언 위치

```
#include <stdio.h>

int main()
{
   int x = 10;
   int y = 20;
   int *const ptr = &x;
   printf("%d \n", x);
   ptr = &y;
   *ptr = 30;
   printf("%d %d \n", x, y);

    return 0;
}
```

7행에서 포인터 변수 선언에서 const의 위치가 의미하는 것은 포인터 변수에 저장된 주소 값을 상수화 하라는 의미입니다. 따라서 9행에서 포인터 변수에 y변수의 주소 값을 대입할 수 없기 때문에 문장 오류가 발생합니다.

◉ 변수의 종류와 특성

저장 종류	저장 장소	키워드	선언 위치	해제 시점	범위
자동	메모리	없음	함수의 내부	함수가 끝날 때	지역
정적 지역	메모리	static	함수의 내부	프로그램이 끝날 때	지역
레지스터	CPU 레지스터	register	함수의 내부	함수가 끝날 때	지역
외부	메모리	없음	함수의 외부	프로그램이 끝날 때	전역 (모든 파일)
외부 정적	메모리	static	함수의 외부	프로그램이 끝날 때	전역 (한 개 파일)

1. 다음 프로그램의 출력결과를 보이고, 각각의 경우 변수 i와 x 값의 출력 이유를 설명하세요.

```
#include<stdio.h>
void func_1(void);
void func_2(void);
int x;

void main()
{
      int i;
      func_1();
      func_2();
      printf("In main: i = %d, x = %d ₩n", i,x);
}

static int i;
void func_1(void)
{
      printf("In func_1: i = %d, x = %d ₩n", ++i,++x);
}
void func_2(void)
{
      printf("In func_2: i = %d, x = %d ₩n", ++i,++x);
}
```

2. 다음과 같이 하나의 프로그램이 두개의 파일로 쪼개져 있을 경우, 이 프로그램이 올바르게 동작하도록 필요한 문장들을 삽입하고, 그 출력결과를 보이세요.

flie 1 : main.c

```
#include<stdio.h>
void main()
{
    double x=10.0, y=20.0;

    accumulate_1(x);
    accumulate_1(y);
    printf("%lf + %lf = %lf₩n", x, y, sum);
    printf("10+20 = %lf", accumulate_2(10.0, 20.0);
}
```

file 2: accumulate.c

```
double sum = 0;
void accumulate_1(double a)
{
        sum += a;
}
float accumulate_2(double x, double y)
{
        return x+y;
}
```

3. 아래와 같이 main()함수가 주어져 있다.

```
#include<stdio.h>
void callNum(void);

void main()
{
        int i=0;

        while(i<6){
                callNum();
                i++;
        }
}
```

이 프로그램은 callNum()함수를 6번 호출하는 프로그램이다. 출력이 다음과 같이 되도록 callNum()함수를 작성하여라. 즉, callNum()함수가 짝수 번째 호출될 때 'EVEN', 홀수 번째 호출될 때 'ODD'라 출력한다. 단, 외부변수는 사용하지 않는다.

● 출력결과

```
ODD
EVEN
ODD
EVEN
ODD
EVEN
```

제 12 장

구조체로 붕어빵 틀 짜기

12.1 구조체란?

12.2 구조체 배열

12.3 구조체의 중첩 사용

12.4 구조체와 포인터

개 요

C 언어에서는 사용자가 필요로 하는 새로운 데이터 타입을 정의하여 사용 할 수 있는 방법을 제공합니다. 그 중 대표적인 방법이 구조체를 정의하는 것입니다.
구조체란 기존 데이터 타입의 변수를 여럿 모아 새로운 데이터 타입을 정의하는 것입니다. 이렇게 정의된 구조체는 일반 데이터 타입과 마찬가지 방법으로 변수를 선언하여 사용할 수 있습니다.

학습목표

* 구조체의 기본 개념과 사용상의 장점을 알아봅니다.
* 구조체의 정의 방법 및 구조체 변수를 선언하는 방법을 알아봅니다.
* 구조체 변수를 초기화하는 방법, 변수의 멤버를 참조하는 방법을 이해합니다.
* 구조체 변수를 배열로 사용하는 방법을 이해합니다.
* 구조체에 다른 구조체 변수를 멤버로 만들어 구조체를 중첩으로 사용하는 방법을 이해합니다.

제 12 장 구조체로 붕어빵 틀 짜기

12.1 구조체란?

12.2 구조체 배열

12.3 구조체의 중첩 사용

12.4 구조체 와 포인터

제12장. 구조체로 붕어빵 틀 짜기

붕어빵을 찍어내는 붕어빵 기계를 상상 하면 구조체를 쉽게 이해 할 수 있습니다. 붕어빵 틀은 붕어빵을 만들기 위한 도구로 똑 같은 형태의 붕어빵을 계속해서 구어 낼 수 있습니다. 우리가 이번 장에서 배우려고 하는 구조체 역시 붕어빵 틀과 같답니다. 여러 가지 재료를 가지고 똑 같은 형태의 붕어빵을 만들기 위한 것처럼, 여러 다른 데이터 타입으로 선언된 변수들을 하나의 틀로 모아서 같은 형태의 변수를 계속해서 만들 수 있는 것이 구조체인 것입니다.

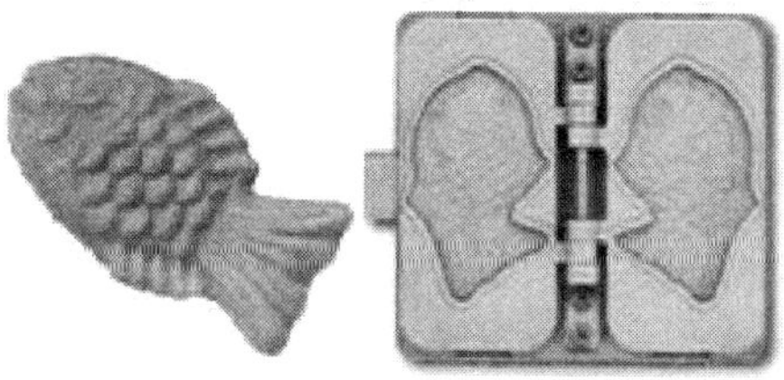

C Programming

12.1 구조체란?

- 구조체(structure)란?
  - 구조체는 데이터 타입이 다른 변수들을 하나의 이름으로 집합해 놓은 것
  - 관련성 있는 정보들을 하나로 묶어서 선언하고자 할 때

예) 학생의 인적 사항

```
char name[5];      }
char *address;     } 하나로 묶는다 ──→ 구조체로 표현!
int age;           }
```

12.1 구조체란?

구조체를 이해하기 위해 간단한 예를 들어 보겠습니다. 학생의 간단한 인적사항을 프로그램으로 작성할 경우 인적사항을 표현하기 위해서는 이름, 주소, 나이의 정보가 필요합니다. 이러한 정보를 표현하는 변수를 선언해보면 다음과 같습니다.

- 이름을 넣을 변수 : char *name;
- 주소를 넣을 변수 : char *address;
- 나이를 넣을 변수 : int age;

인적사항을 표현하기 위해 3개의 변수를 선언하였습니다. 인적사항을 표현하는 3개의 변수를 하나의 구조로 모아서 표현하는 방법은 없을까요? 서로 다른 데이터의 특성을 모아서 공통된 특성을 갖는 특성의 데이터 타입으로 사용한다면, 많은 학생의 인적사항을 프로그램으로 작성 할 경우에 매번 변수를 하나하나 선언하지 않고 쉽게 만들 수 있을 것입니다.

즉, 서로 다른 데이터 타입의 변수들을 하나로 묶어서 사용 할 수 있는 것이 구조체입니다.

앞서 배운 배열은 동일한 데이터 타입을 모은 변수의 모임이고, 구조체는 다른 데이터형의 데이터를 한데 모으는 것입니다.

12.1 구조체란?

- 구조체(structure) 정의
  - 구조체는 사용자가 정의하는 새로운 타입이다.
  - 기본 선언 형식 :

```
struct 구조체이름 {
        멤버 목록
};
```

- 구조체 변수 선언
  - 기본 형식 :

```
struct 구조체이름 변수이름;
```

  - 구조체 멤버는 멤버 연산자(.)를 통해 읽고 쓸 수 있음

예) A.name = "지미희" ;
    A.age = 20;

구조체란 여러 가지의 데이터 타입을 하나로 모아둔 새로운 데이터 타입의 틀입니다. 구조체를 정의 하는 방법은 다음과 같습니다.

```
struct 구조체 이름{
    멤버 변수;
         :
};
```

예)

```
struct person{
        char *name;
        char *address;
        int age;
};
```

구조체를 정의하면 여러 개의 다른 데이터 타입의 변수를 모아 새로운 하나의 데이터 타입을 만들게 됩니다. 우리가 그동안 사용했던 int, char, double 타입과 같은 새로운 데이터 타입을 만든 것입니다. 우리가 만든 구조체는 각각의 의미를 지닌 변수를 묶어, 공통적인 의미를 지닌 새로운 데이터 타입을 만들어 내는 것입니다.

struct는 구조체를 정의하기 위한 예약어이며, 구조체 이름 person은 name, address, age로 구성된 변수를 모아서 공통된 특성을 갖는 새로운 데이터 타입을 정의한 것입니다.

이를 구조체(structure)라고 합니다. name, address, age변수를 구조체 person의 멤버변수라고 합니다.

구조체 변수를 선언하는 방식은 다음과 같습니다.

struct 구조체 이름 변수이름 ;

예) struct person kim;

구조체 변수 선언을 다음과 같이 struct person kim으로 선언 하게 되면, 구조체 변수 kim은 구조체의 멤버 변수 크기만큼의 메모리를 확보합니다.

kim의 구조체 변수는 구조체의 멤버 변수 그기만큼 즉, 포인터 변수 name, address와 정수형 변수 age의 크기만큼 메모리를 연속적으로 확보합니다. 즉, 구조체 변수의 전체 크기는 총 12byte의 메무리로 할당됩니다.

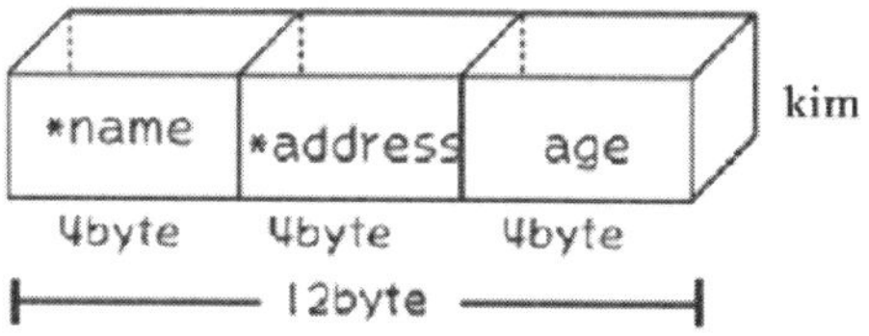

구조체 변수를 구성하는 멤버변수에 데이터를 초기화하는 방법은 다음과 같습니다.

```
구조체 변수 . 멤버변수 = 데이터;
```

다음 예제와 같이 구조체 멤버변수에 값을 대입할 수 있습니다.

예)
```
kim.name = "홍길동";
kim.address = "서울시";
kim.age = 22;
```

이와 같이 구조체 변수의 멤버를 참조하기 위해서는 구조체 변수와 멤버 변수 사이에 마침표를 찍어서 명시하게 됩니다.

12.1 구조체란?

- 구조체를 선언하는 여러 가지 방법
  - 구조체를 정의하면서 동시에 변수를 선언

```
struct 구조체 이름 {
        멤버 목록
}변수이름 ;
```

(예)

```
struct point{
    int x;
    int y;
}start_point ;
```

  - 구조체 데이터 타입의 이름 생략 가능

```
struct {
        멤버 목록
}변수이름 ;
```

(예)

```
struct {
    int x;
    int y;
}start_point ;
```

구조체 변수를 선언하는 또 다른 방법은 구조체를 정의하면서 동시에 변수를 선언하는 방법입니다.

```
struct point{
        int x_axis;
        int y_axis;
} start_point;
```

또한, 구조체를 정의하면서 동시에 변수를 선언할 때는 구조체 데이터 타입의 이름을 생략할 수 있습니다.

C Programming

12.1 구조체란?

- 구조체의 변수를 초기화 하는 여러 방법
  - 구조체 정의 후 변수 선언하는 경우

```
struct 구조체 이름 {
멤버 목록
};
Struct 구조체 이름 변수 이름 = {데이터, ..., 데이터}
```

  - 구조체를 정의하면서 동시에 변수를 선언

```
struct 구조체 이름 {
멤버 목록
} 변수 이름 = {데이터, ..., 데이터};
```

  - 구조체를 정의하면서 동시에 변수를 선언(구조체 이름 생략)

```
struct {
멤버 목록
} 변수 이름 = {데이터, ..., 데이터};
```

구조체 변수를 초기화 하는 일반적인 방법은 구조체를 정의하고 나서 구조체 변수를 선언과 동시에 멤버변수에 데이터를 초기화 합니다.

```
struct person
{
        char *name;
        char *address;
        int age;
};
struct person  kim = { "홍길동", "서울시", 22 };
```

구조체로 만든 변수들은 위와 같은 방법으로도 데이터를 대입할 수 있지만 다음과 같이 구조체 정의와 동시에 변수를 선언하고 데이터를 초기화 하는 방법도 가능합니다.

```
struct person
{
        char *name;
        char *address;
        int age;
}kim = { "홍길동", "서울시", 22 };
```

또는, 구조체 정의 후 구조체 변수를 선언과 동시에 각각의 멤버변수에 값을 초기화 할 수 있습니다.

```
struct person kim = { "홍길동", "서울시", 22 };
```

예제 12-1 구조체 초기화

```
1   #include <stdio.h>
2   struct person
3   {
4     char *name;
5     char *address;
6     int age;
7   };
8   int main()
9   {
10    struct person park = {"박철수" , "인천시" , 20};
11    struct person ji;
12    ji.name = "지미희";
13    ji.address = "도봉구";
14    ji.age = 22;
15    printf("이름 : %s , 주소 : %s , 나이 : %d₩n" , park.name ,
16    park.address , park.age);
17    printf("이름 : %s , 주소 : %s , 나이 : %d₩n" , ji.name ,
18    ji.address , ji.age);
20
21    return 0;
22  }
```

실행결과

```
이름 : 박철수 , 주소 : 인천시 , 나이 : 20
이름 : 지미희 , 주소 : 서울시 , 나이 : 22
```

2행~7행 : struct person { ... };

char *name , char *address , int age의 멤버를 모아서 person이라는 이름의 구조체를 정의 합니다.

10행 : struct person park = {"박철수" , "인천시" , 20};

park이라는 구조체 변수 선언과 동시에 각각의 구조체 멤버 변수에 데이터를 초기화 합니다. *name 에 "박철수"의 저장 메모리 주소와, *address 에 "인천시"가 저장된 메모리 주소, age에 20 값을 저장합니다.

11행 : struct person ji;
ji 라는 구조체를 선언합니다. 구조체 멤버변수 ji.name, ji.address, ji.age에 각각 "지미희", "서울시", 22의 데이터를 대입해 줍니다.

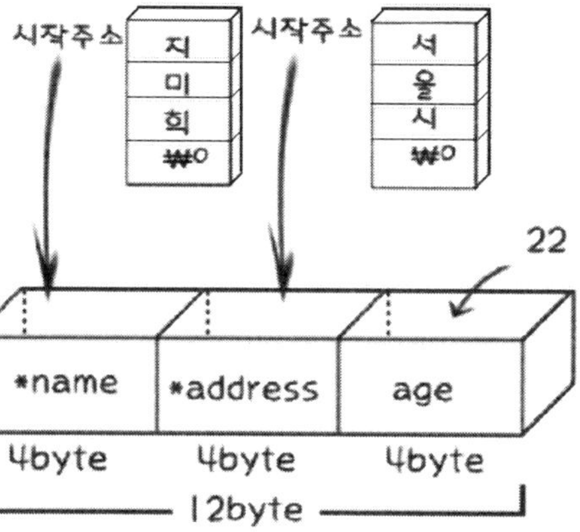

15행 ~ :
구조체 변수에 대입된 멤버 변수 데이터를 확인합니다.

예제 12-2 구조체 초기화

```
1  #include <stdio.h>
2  struct point
3  {
4    int x;
5    int y;
6  };
7  int main()
8  {
9    struct point A;
10   struct point B = {5, 8};
11   A.x = 2;
12   A.y = 4;
13   printf("A점의 좌표값 :(%d, %d) ₩n", A.x, A.y);
14   printf("B점의 좌표값 :(%d, %d) ₩n", B.x, B.y);
15
16   return 0;
17 }
```

실행결과

```
A점의 좌표값 :(2, 4)
B점의 좌표값 :(5, 8)
```

9, 11, 12행 :

2차원 좌표의 점을 구조체 point로 정의하였고 구조체 변수 점 A를 선언하였습니다. A.x = 2, A.y =4와 같이 구조체 변수의 멤버변수에 데이터를 대입하여 초기화 하였습니다.

10행 : struct point B = {5, 8};

구조체 변수 B를 선언과 동시에 구조체 변수 B의 멤버변수 x, y에 5와 8값을 초기화 하였습니다.

실습 12-1

책제목, 가격, 저자에 멤버로 구성된 Book 이라는 구조체를 만들고, 구조체 변수를 선언 후 각각의 멤버변수에 데이터를 초기화 하세요. 결과를 모니터에 출력하세요.

12.2 구조체 배열

- 구조체 배열 선언 형식(다른 데이터 타입과 동일)

```
struct 구조체이름 변수이름[크기];
```

- struct book libry[2] ={{"회로",10},{"전자",11}} ;
  -
  -

```
struct book
{
  char *name;
  int number;
};
```

```
libry[0].name="    ";
libry[0].number=10;

libry[1]. name="    ";
libry[1]. number=11;
```

12.2 구조체 배열

다음의 구조체 정의를 예로 구조체 배열을 알아보겠습니다.

예)
```
struct person{
     char *name;
     char * address;
     int age;
};
```

다른 데이터 타입과 마찬가지로 구조체도 배열로 선언하여 쓸 수 있습니다. 다음과 같은 형식으로 구조체 배열을 선언합니다.

```
struct 구조체이름 변수이름[크기] ;
```

예) struct person student[3];

위 예와 같이 구조체 배열을 선언하면, 구조체 변수 3개가 생성되며, 각 구조체 배열 변수의 멤버 변수들은 다음과 같습니다.

```
student[0].name, student[0].address, student[0].age
student[1].name, student[1].address, student[1].age
student[2].name, student[2].address, student[2].age
```

배열에서 초기화 방법과 마찬가지로, 구조체로 배열을 선언한 경우 각 구조체 배열 변수의 멤버변수 역시 다음과 같이 초기화 할 수 있습니다.

```
struct person student[3] = {{"지미희", "1번지", 22},
                            {"남기준", "2번지", 21},
                            {"박명흠", "3번지" , 20}};
```

이렇게 초기화를 하면 각 배열 구조체 변수의 멤버변수에는 다음과 같이 각각의 구조체 변수의 멤버변수에 데이터가 초기화 됩니다.

```
student[0].name="지미희"; student[0].address="1번지"; student[0].age=22;
student[1].name="남기준"; student[1].address="2번지"; student[1].age=21;
student[2].name="박명흠"; student[2].address="3번지"; student[2].age=20;
```

예제 12-3 구조체 배열

```
#include <stdio.h>
struct person
{
  char *name;
  char *address;
  int age;
};

int main()
{
  int a;
  struct person student[3] = {{"지미희" , "1번지" , 22},
                              {"남기준" , "2번지" , 21},
                              {"박명흔" , "3번지" , 21}};
  for(a = 0 ; a < 3 ; a ++ )
  {
     printf("이름 : %s , 주소 : %s , 나이 : %d₩n" ,
     student[a].name , student[a].address , student[a].age);
   }

   return 0;
}
```

실행결과

```
이름 : 지미희 , 주소 : 1번지 , 나이 : 22
이름 : 남기준 , 주소 : 2번지 , 나이 : 21
이름 : 박명흠 , 주소 : 3번지 , 나이 : 20
```

12.3 구조체의 중첩 사용

- 구조체의 멤버 변수로 다른 구조체 변수를 포함
  (예) 직선에 대한 구조체(두 점으로 표현)

```
struct point{
    int x_axis;
    int y_axis;
};
struct line{
    struct point start;
    struct point end;
};
```

- 변수 선언

```
struct line line_1;
```

- 구조체의 멤버를 참조

```
line_1.start.x_axis = 5;
```

12.3 구조체의 중첩 사용

구조체는 그 멤버 변수로 다른 구조체 변수를 포함할 수 있습니다.

만약 직선을 나타내는 구조체를 정의한다고 하면, 직선은 시작점과 끝점의 두 점으로 표현할 수 있습니다. 따라서 직선을 표현하려면 시작섬의 x좌표, y좌표와 끝점의 x좌표, y좌표를 나타내는 4개의 변수를 가져야 합니다. 직선에 대한 구조체를 정의하면 다음과 같습니다.

```
struct line{
        int start_x;
        int start_y;
        int end_x;
        int end_y;
};
```

그러나, 한 점의 위치를 나타내는 구조체 point가 정의되어 있다면, 다음과 같이 구조체 point의 변수를 멤버로 사용하여 구조체 line을 선언하면 직선을 간단하게 표현할 수 있습니다.

```
struct point {
        int x_axis;
        int y_axis;
};
```

```
struct line{
        struct point start;
        struct point end;
};
```

구조체 변수가 다음과 같이 선언되어 있다면,

```
struct line line_1;
```

이 구조체의 멤버를 참조하기 위해서는 아래와 같이 단순히 두 개의 마침표를 사용하면 됩니다.

```
line_1.start.x_axis = 5;  line_1.start.y_axis = 5;
line_1.end.x_axis = 8;    line_1.end.y_axis = 8;
```

예제 12-4 구조체 중첩사용

```
#include <stdio.h>
struct person
{
  char *name;
  char *address;
  int age;
};
struct school
{
  struct person student;
  struct person teacher;
};
int main()
{
  struct school kpu;

  kpu.teacher.name = "선생님";
  kpu.teacher.address = "숙직실";
  kpu.teacher.age = 30;

  kpu.student.name = "학생";
  kpu.student.address = "집";
  kpu.student.age = 18;
  printf("%s %s %d₩n%s %s %d₩n",
  kpu.teacher.name , kpu.teacher.address , kpu.teacher.age,
  kpu.student.name , kpu.student.address , kpu.student.age);

   return 0;
}
```

실행결과

```
선생님 숙직실 30
학생 집 18
```

2행~7행 : struct personl{...}
struct person { ... };와 같이 person형 구조체를 정의하였습니다.

8행 ~ 12행 : struct school { ... };
구조체 변수 struct school을 선언하였으며, 멤버변수로 구조체 변수 struct person student와 struct person teacher를 포함하고 있습니다.

15행 : struct school kpu;
구조체 struct school에 대한 구조체 변수 kpu를 선언합니다.

실습 12-2

위 구조체 line를 이용하여 한 직선을 저장하고 그 직선의 길이를 구하는 프로그램을 작성해 보세요.
(두 점 사이의 길이를 구하는 공식과 sqrt()함수를 이용하세요)

C Programming

12.4 구조체와 포인터

- **구조체 포인터 변수**
  - 구조체 변수를 가리키는 포인터 변수 선언 및 초기화

```
struct point A;
struct point * sptr;
sptr = &A;
```

  - 구조체 포인터 변수 활용(A.x =3, A.y=5)

```
(* sptr). x = 3;        (* sptr). y = 5;
sptr -> x =3;           sptr -> y = 5;
```

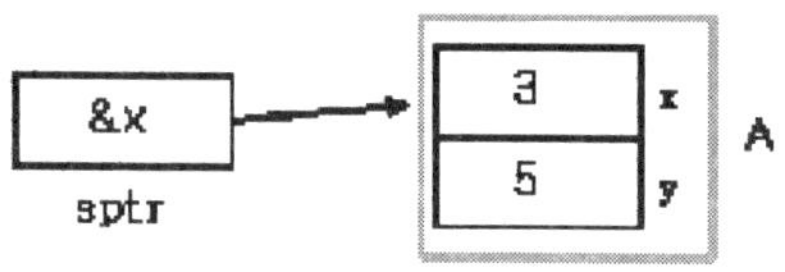

12.4 구조체와 포인터

구조체 포인터 변수는 가리키는 대상이 구조체 변수이며, 따라서 구조체 변수를 가리키는 포인터 변수입니다.

다음의 구조체 정의를 예로 구조체 포인터에 대해서 알아보도록 하겠습니다.

```
struct point{
        int x;
        int y;
};

struct point A;
```

2차원 좌표의 점을 표현하는 구조체를 정의하였고 정의된 구조체에 대한 점 A라는 구조체 변수를 선언하였습니다. 구조체 변수 A를 가리키는 구조체 포인터 변수를 선언하면 다음과 같습니다.

```
struct point *sptr ;
sptr = &A;
```

구조체 포인터 변수 sptr을 선언하였고 포인터 변수에 구조체 변수 A의 주소 값을 초기화 하였습니다. 이처럼 구조체 변수를 가리키는 포인터 변수를 구조체 포인터 변수라고 합니다.

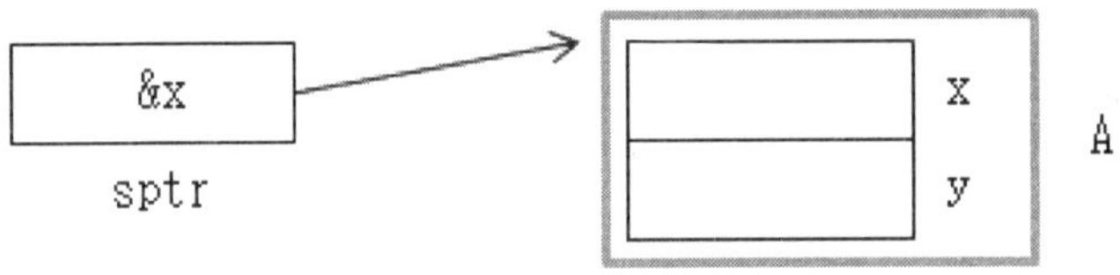

구조체 포인터 변수 sptr은 구조체 변수 A를 가리키고 있으며 포인터 변수를 이용하여 구조체 변수의 멤버 변수에 접근 할 수 있습니다.

구조체 변수의 멤버 변수에 값을 초기화 하는 방법은 다음과 같습니다.

```
A.x = 3;
A.y = 5;
```

구조체 포인터 변수를 이용하여 구조체 변수에 값을 초기화 할 수 있습니다.

```
(*sptr).x = 3;
(*sptr).y = 5;
```

*sptr은 포인터 변수 sptr이 가리키는 대상 구조체 변수 A와 같은 의미가 됩니다. 또한 '->' 기호를 이용하여 다음과 같이 구조체 변수에 접근 할 수 있습니다.

```
sptr -> x = 3;
sptr -> y = 5;
```

예제 12-5 구조체 포인터 변수

```
1   #include <stdio.h>
2   struct point
3   {
4       int x;
5       int y;
6       int z;
7   };
8
9   int main()
10  {
11      struct point A = { 3, 4, 5 };
12      struct point B = { 1, 5, 9 };
13      struct point *ptr1, *ptr2;
14      ptr1 = &A;
15      ptr2 = &B;
16      printf("A점 좌표 (%d, %d, %d) ₩n", (*ptr1).x, (*ptr1).y, (*ptr1).z);
17      printf("B점 좌표 (%d, %d, %d) ₩n", ptr2->x, ptr2->y, ptr2->z);
18
19      return 0;
20  }
```

실행결과

```
A점 좌표 (3, 4, 5)
B점 좌표 (1, 5, 9)
```

11, 12행 : struct point A = { 3, 4, 5 };
struct point B = { 1, 5, 9 };

3차원 좌표계의 점 A, B를 구조체 변수로 선언하고 구조체 멤버 변수에 좌표 값을 초기화 하였습니다.

13행 : struct point *ptr1, *ptr2;

구조체 포인터 변수 ptr1과 ptr2를 선언하였습니다.

16행 : printf("A점 좌표 (%d, %d, %d) ₩n", (*ptr1).x, (*ptr1).y, (*ptr1).z);
구조체 포인터 변수 ptr1이 가리키고 있는 구조체 변수 A의 멤버값을 출력하고 있습니다. *ptr1은 구조체 변수 A를 의미합니다.

17행 : printf("B점 좌표 (%d, %d, %d) ₩n", ptr2->x, ptr2->y, ptr2->z);
구조체 포인터 변수 ptr2는 구조체 변수 B를 가리키는 포인터 변수이며 '->' 기호를 이용하여 구조체 변수 B의 멤버 변수에 값을 출력하고 있습니다.

B.x는 (*ptr2).x, ptr2->x와 같은 의미로 사용할 수 있습니다.

1. 멤버로 name(이름), id(학번), year(학년), age(나이)을 가지고 있는 student라는 구조체를 정의하고, 이 구조체에 대한 변수를 std_1, std_2, std_3,std_4, std_5와 같이5개 선언하여 급우 5명의 신상을 저장(변수를 선언하면서 초기화 합시다)하고, 저장된 5명의 신상을 출력하는 프로그램을 만드세요.

2. 문제1에서 구조체 변수를 std라는 이름의 배열로 선언하여 이 배열에 5명의 신상을 저장하세요. 루프문을 이용하여 구조체에 저장된 5명의 신상을 출력하세요.

3. 문제2를 키보드로부터 학생 정보를 입력하는 형태로 바꾸세요.

4. 문제3에서 나이가 가장 많은 학생을 찾아 그 이름을 출력하세요.

5. 문제 4에서 5명의 신상을 학번 순(오름차순)으로 출력하세요.

6. 2절의 구조체 point를 멤버로 갖는 새로운 구조체 triangle를 정의합니다. 구조체 triangle은 삼각형의 3 꼭지점을 저장합니다. 구조체 triangle의 변수를 선언하여 삼각형의 꼭지점에 대한 정보를 저장한 후 삼각형의 면적을 계산하여 출력하는 프로그램을 작성하세요.

7. x, y, z의 좌표 값을 갖는 3차원 좌표계를 구조체로 정의하고, 임의 좌표 값을 키보드로부터 입력 받아 4개의 점을 설정하고 4개의 좌표값을 출력하는 프로그램을 작성하세요.

제 13 장

파일 입출력

13.1 파일 열기와 닫기

13.2 파일 입•출력 함수

13.3 오류 처리 함수

개 요

파일의 자료를 읽거나 쓰기 위해서는 접근(access)할 파일을 열고 닫습니다. C 언어는 파일 자료의 입출력을 위한 많은 함수를 제공합니다.
fopen()함수를 이용하여 파일을 열고 그 파일에 대한 포인터를 얻습니다. 파일에 자료를 입출력하기 위하여 이 파일 포인터를 사용합니다. 입출력이 끝난 파일에 대하여 fclose()함수를 이용하여 닫아 주어야 합니다.
파일에 대한 자료 입출력 함수에는 바이트 단위로 입출력하는 함수, 문자열 단위로 입출력하는 함수, 블록단위로 입출력 하는 함수들이 제공됩니다. 또한, 파일의 임의의 위치에 있는 자료에 접근할 수 있도록 하기 위하여 접근 위치를 임의의 위치로 이동하도록 하는 함수를 사용합니다.

학습목표

* 파일의 열기와 닫기, 파일 포인터에 대하여 이해합니다.
* 파일 자료 입출력 함수들에 대하여 이해합니다.
* 파일 접근 시 발생하는 오류를 처리하는 방법을 익힙니다.
* 파일의 임의 접근 함수들에 대하여 이해합니다.

C Programming

제 13 장 : 파일 입출력

13.1 파일 열기와 닫기

13.2 파일 입 출력 함수

13.3 오류 처리 함수

13.4 임의 접근 함수

제13장. 파일 입출력

C 언어는 파일 자료의 입출력을 위한 많은 함수를 제공합니다. 파일 입출력에 관련된 여러 함수를 알아보도록 하겠습니나.

13.1 파일 열기와 닫기

- 파일의 자료를 읽거나 쓰기 위해서는 접근할 파일을 열어야 함.
- 파일 열기 : fopen()
  - 기본형식 :

```
FILE *fopen(const char *filename, const char *mode);
```

  - 파일의 자료를 읽거나 쓰기 위해 파일을 여는(open) 함수
  - FILE형 구조체를 생성하고 그 포인터를 리턴함
  - 파일의 데이터를 잠시 버퍼에 저장한 후, 파일의 현재 위치(File Position)를 초기화함
  - 리턴 값을 FILE 형 포인터로 받은 후 각종 함수로 전달하여 사용

13.1 파일 열기와 닫기

■ 파일 열기

파일의 자료를 읽거나 쓰기 위해서는 우선 접근할 파일을 열어야 합니다. 파일을 여는 작업은 다음과 같은 fopen()함수를 이용하여 이루어집니다.

◉ fopen() 함수

```
# include<stdio.h>
FILE *fopen(char *filename, char *openmode);
```

■ 설명 : filename에 지정한 파일을 openmode 에 지정한 모드로 엽니다.

■ 인수 : filename - 접근 할 파일의 이름, 절대 경로와 상대 경로로 지정
openmode - 파일을 어떻게 열 것인지 접근 모드 지정

■ 반환값 : 정상 개방시 - 개방한 파일의 포인터
오류 개방시 - 널포인터(NULL)

파일의 접근(access)은 파일포인터(file pointer)를 이용하여 이루어집니다. 파일포인터란 파일의 크기, 현재 위치, 접근 방법 등 파일에 관한 여러 정보를 저장하고 있는 구조체의 포인터를 말합니다. 이 구조체는 stdio.h 파일에 FILE형으로 정의되어 있습니다.

또한, 파일을 열 때는 그 사용 용도를 명시해야 합니다. 즉, 파일에 자료를 저장할 것인가 파일에 있는 자료를 읽어올 것인가 아니면 파일에 어떤 자료를 추가할 것인가에 따라 파일의 접근 모드를 지정하여야 합니다.

아래 코드는 test.dat 란 파일을 읽기 모드로 파일 열기에 대한 예를 보여주고 있습니다. 이와 같이 읽기모드로 연 파일은 파일에 자료를 저장하거나 추가할 수 없고, 단지 기존의 자료를 읽어올 수만 있습니다.

```
FILE *fp;
if((fp = fopen("test.dat", "r")) ==NULL){
        printf("File open Error₩n");
        exit(1);
}
```

파일을 열기 위해서는 우선 파일포인터를 저장할 변수(fp)를 선언해야합니다. 파일 열기하는 도중 오류가 발생하면(파일 열기가 실패하면) NULL를 반환하기 때문에 반드시 이를 점검하여야 합니다.

파일의 접근모드를 정리하면 다음 표와 같습니다.

◉ 파일의 접근 모드

모드	내용	처리방법
r	읽기로 텍스트 파일열기	지정한 파일이 없을 경우 NULL반환
w	쓰기로 텍스트 파일열기	파일이 없을 경우 파일을 생성하고, 파일이 있을 경우 기존의 자료는 지움
a	추가로 텍스트 파일열기	파일이 없을 경우 파일을 생성하고, 파일이 있을 경우 기존의 자료 뒤에 추가함
r+	읽기와 쓰기로 텍스트 파일열기	r 모드와 같음
w+	쓰기와 읽기로 텍스트 파일열기	w 모드와 같음
a+	추가를 위한 읽기 쓰기로 텍스트 파일열기	a 모드와 같음
rb	읽기로 이진 파일 열기	r 모드와 같음
wb	쓰기로 이진 파일 열기	w 모드와 같음
ab	추가로 이진 파일 열기	a 모드와 같음
r+b	읽기와 쓰기로 이진 파일 열기	r 모드와 같음
w+b	쓰기와 읽기로 이진 파일 열기	w 모드와 같음
a+b	추가를 위한 읽기 쓰기로 이진 파일 열기	a 모드와 같음

C Programming

13.1 파일 열기와 닫기

- 모드의 파일 형식
  - 텍스트 모드
    : 개행문자('₩n', Line Feed, LF)를 파일에 기록할 때
    CR(Carriage Return, 0x0D, '₩r', 행리턴)을 연결하여
    2문자 길이로 기록함
    : 읽을 때는 '₩r₩n'을 자동으로 '₩n'으로 변환하여 읽음
  - 이진 모드
    : 모든 데이터를 변경하지 않고 쓰고 읽음

파일 입출력에는 텍스트 모드와 이진 모드가 있습니다. 텍스트 모드인 경우 뉴 라인 문자(₩n)를 파일에 저장할 때 캐리지리턴(CR)과 라인피드(LF)두 문자로 번역하여 저장합니다. 파일에서 읽을 때도 캐리지리턴(CR)과 라인피드(LF) 두 문자는 뉴 라인 문자 한 문자로 번역하여 읽어냅니다.

이와 같이 텍스트 모드인 경우 읽거나 쓸 때 일부 문자에 대해서 번역이 일어나나 이진 모드일 경우 이와 같은 번역을 하지 않습니다.

C Programming

13.1 파일 열기와 닫기

- 더 이상 입출력이 필요치 않은 파일을 닫아 주어야 함.
- 파일 닫기 함수 : fclose()

```
int fclose(FILE *fp);
```

- 파일의 자료를 다 읽고 쓴 후 파일을 닫는(close) 함수
- 버퍼에 남아 있는 출력용 데이터를 모두 파일에 기록하고 입력용 데이터를 모두 지움
- 파일 닫기가 성공하면 0을 리턴하고 실패하면 EOF(-1)를 리턴함
- 프로그램 종료 시 열려있던 파일은 자동으로 닫힘

■ 파일 닫기

더 이상 입출력이 필요치 않은 파일은 닫아 주어야 합니다. 파일을 닫는 작업은 다음과 같은 fclose() 함수를 이용하여 이루어집니다.

◉ fclose()함수

```
# include<stdio.h>
int fclose(FILE *fp);
```

■ 설명 : 열려 있는 파일(fp)를 닫습니다.

■ 인수 : fp는 파일에 대한 파일 포인터

■ 반환값 : 정상 수행시 - 0, 오류 발생시 - EOF

fclose() 함수는 버퍼의 내용을 자동으로 디스크에 쓰고 버퍼를 비웁니다. 프로그램 종료 시 열려 있는 모든 파일은 자동적으로 닫힙니다.

C Programming

13.2 파일 입출력 함수 : 바이트 단위 입출력

- fgetc()함수

```
#include<stdio.h>
int fgetc( FILE *fp);
```

- 설명 : fp가 가리키는 파일에서 한 바이트를 unsigned char 형으로 읽어 정수로 반환

- fputc()함수

```
#include<stdio.h>
int fputc( int ch, FILE *fp);
```

- 설명 : **fp**가 가리키는 파일에 **ch**를 **unsigned char** 형으로 쓴다.

13.2 파일 입·출력 함수

■ 바이트 단위 입·출력

열려 있는 파일의 자료를 입출력하는 함수에 대하여 알아보겠습니다. 우선 바이트 단위의 입, 출력 함수로는 fputc()와 fgetc() 함수가 있습니다.

◉ fgetc()함수

```
# include<stdio.h>
int fgetc(FILE *fp);
```

■ 설명 : fp가 가리키는 파일로부터 한 바이트를 unsigned char 형으로 읽어 정수로 반환합니다.

■ 인수 : fp는 파일에 대한 파일 포인터

■ 반환값 : 정상 수행시 - 읽은 문자 반환, 오류 발생시 - EOF

◉ fputc()함수

```
# include<stdio.h>
int fputc(int ch, FILE *fp);
```

■ 설명 : fp가 가리키는 파일에 ch를 unsigned char 형으로 씁니다.

■ 인수 : ch - 파일에 쓸 문자
　　　　fp - 자료를 쓸 파일 포인터

■ 반환값 : 정상 수행시 - 쓴 문자, 오류 발생시 - EOF

getc(), putc() 함수도 fgetc(), fputc()와 근본적으로 같은 역할을 하는 함수입니다. ANSI 표준 파일입출력 함수는 f로 시작하므로 통일성을 주기 위하여 fgetc(), fputc() 함수를 만든 것입니다. 예제 13-1은 test.dat파일에 문자열 s를 저장하고, 저장된 자료를 출력하는 프로그램입니다.

예제 13-1 파일 입·출력(1)

```
#include<stdio.h>
#include<stdlib.h>

int main()
{
        char *s = "KOREA POLYTECHNIC UNIVERSITY";
        char c;
        FILE *fp;
        if((fp = fopen("test.dat", "w")) ==NULL){
        printf("파일 읽기 에러₩n");
        exit(1);
```

```
12          }
13
14          while(*s){
15                  if(fputc(*s++, fp) ==EOF){
16                          printf(" 파일쓰기 오류₩n");
17                          exit(1);
18                  }
20          }
21
22          fclose(fp);
23
24
25          if((fp = fopen("test.dat", "r")) ==NULL){
26          printf("파일 읽기 에러₩n");
27          exit(1);
28          }
29
30          while((c = fgetc(fp))!= EOF)
31                  putchar(c);
32
33      return 0;
34  }
```

실행결과

```
KOREA POLYTECHNIC UNIVERSITY
```

2행 : #include<stdlib.h>
exit()함수를 사용하기 위한 헤더 파일입니다.

6행 : char *s = "KOREA POLYTECHNIC UNIVERSITY";
문자열 "KOREA POLYTECHNIC UNIVERSITY" 를 저장하기 위해서 포인터 변수 *s를 선언과 동시에 초기화를 시킵니다.

8행 : FILE *fp;
C 언어에서 이미 제공된 구조체 FILE입니다. 구조체 포인터 변수를 선언한 부분입니다.

9행 : if((fp = fopen("test.dat", "w")) ==NULL)
test.dat파일을 w모드로 엽니다. w모드는 파일이 없을 경우 파일을 생성하고, 파일이 있을 경우 기존의 자료를 지웁니다. 하지만 현재 test.dat는 없는 파일이므로 test.dat 파일을 생성 하고 개방한 파일을 포인터 주소를 fp포인터 변수에 대입합니다.

15행 : if((fp = fopen("test.dat", "r")) ==NULL)
문자열의 주소를 저장한 포인터 변수 s의 내용을 fp가 가리키는 주소의 파일(test.dat)에 한문자씩 씁니다.

25행 : if((fp = fopen("test.dat", "r")) ==NULL)
test.dat 파일을 읽기 모드로 텍스트 파일을 열고 개방한 파일의 포인터 값을 fp에 대입합니다.

30 ~ 31행 : while((c = fgetc(fp))!= EOF)   putchar(c);
fp가 가리키는 파일의 내용을 한 바이트씩 읽어 들여 변수 c에 반환합니다.

실습 13-1

키보드로부터 파일 이름을 입력 받아 그 파일의 자료를 모니터에 출력하는 프로그램을 작성해 보세요.

C Programming

13.2 파일 입출력 함수 : 문자열 단위 입출력

❑ fgets( ) 함수

```
#include<stdio.h>
char *fgets(char *s, int n, FILE *fp);
```

내용

❑ fputs() 함수

```
#include<stdio.h>
char *fputs(char *s, FILE *fp);
```

내용

■ 문자열 단위 입, 출력

파일에 문자열 단위로 입, 출력하는 함수로는 fgets(), fputs(), fprintf(), fscanf()가 제공되고 있습니다.

◉ fgets()함수

```
# Include<stdio.h>
char *fgets(char *s, int n, FILE *fp);
```

■ 설명 : fp가 가리키는 파일로부터 최대 n-1개의 문자를 읽어 s에 저장한 후 끝에 null에 붙입니다. (뉴 라인 문자를 만나거나, 파일의 끝에 도달할 때까지 읽어 들임)

■ 인수 : s - 읽은 문자열을 저장할 변수
n - 읽을 문자열의 최대 개수
fp - 자료를 읽을 파일의 파일 포인터

■ 반환값 : 정상 수행시 - 문자열 s, 오류발생시 - 널 포인터(NULL)

◉ fputs()함수

```
# include<stdio.h>
char *fputs(char *s, FILE *fp);
```

■ 설명 : fp가 가리키는 파일에 문자열 s의 자료를 저장

■ 인수 : s - 저장할 문자열 변수
fp - 자료를 읽을 파일의 파일 포인터

■ 반환 값 : 정상 수행시 - 문자열 s, 오류 발생시 - 널 포인터(NULL)

C Programming

13.2 파일 입출력 함수 : 문자열 단위 입출력

- fprintf()함수

```
#include<stdio.h>
int fprintf(FILE *fp, char *format, ....);
```

- 내용

- fscanf() 함수

```
#include<stdio.h>
int fscanf(FILE *fp, char *format, ....);
```

- 내용 : fp format

◉ fprintf()함수

```
# include<stdio.h>
int fprintf(FILE *fp, char *format,....);
```

- 설명 : fp가 가리키는 파일에 format 에 맞추어 저장
- 반환값 : 정상 실행시 - 저장한 바이트 수, 오류 발생시 - 음수

◉ fscanf()함수

```
# include<stdio.h>
int fscanf(FILE *fp, char *format,....);
```

■ 설명 : fp가 가리키는 파일에 format 에 지정한 변수에 자료 입력

■ 반환값 : 정상 수행시 - 입력한 바이트 수, 오류발생시 - EOF

fprintf(), fscanf() 함수는 입, 출력 파일을 지정한다는 것 이외에는 printf(), scnaf()와 동일한 기능을 가지고 있습니다. C 프로그램 언어는 다음과 같은 세 개의 파일을 기본으로 제공하고 있습니다. 파일 포인터는 열지 않아도 자동으로 개방됩니다.

stdin : 표준입력으로 작용하며 통상 키보드를 가리킵니다.
stdout : 표준출력으로 작용하며 통상 모니터를 가리킵니다.
stderr : 표준오류로 작용하며 모니터를 가리킵니다.

따라서 아래와 같은 문장은 동일한 작용을 합니다.

```
fprintf(stdout, "같은 문장"); ≡ printf("같은 문장");
fscanf(stdin,"%d",&n); ≡ scanf("%d", &n);
```

예제 13-2 파일 입·출력(2)

```
#include<stdio.h>
#include<stdlib.h>

int main()
{
        int i, j, k;
        char c, s[80];
        FILE *fp;

        if((fp = fopen("test.dat", "w")) ==NULL){
        printf("파일 읽기 에러₩n");
        exit(1);
        }

        i = 100000, j=20000;
        fprintf(fp, "%d₩n",i);
        fprintf(fp, "%d₩n",j);
        fclose(fp);

        if((fp = fopen("test.dat", "r")) ==NULL){
        printf("파일 읽기 에러₩n");
        exit(1);
        }

        fgets(s, 7, fp);
        fscanf(fp, "%d", &k);
        printf("%s,%d",s,k);

   return 0;
}
```

실행결과

```
100000, 20000
```

예제 13-2를 보면 알 수 있는 바와 같이 fprintf() 와 fscanf() 함수는 숫자를 파일에 저장하거나 읽어 올 때 숫자를 텍스트 형식으로 변환합니다.

C Programming

13.2 파일 입출력 함수 : 이진 자료의 입출력

❑ fread()함수

```
#include<stdio.h>
size_t fread(void *buffer, size_t size, size_t n, FILE *fp);
```

- 내용 : fp가 가리키는 파일로부터

❑ fwrite()함수

```
#include<stdio.h>
size_t fwrite(void *buffer, size_t size, size_t n, FILE *fp);
```

내용

파일에 자료를 입출력할 때, 입출력 크기를 지정할 수 있는 함수 fread(), fwrite() 가 제공됩니다.

◉ fread()함수

```
# include<stdio.h>
size_t fread(void *buffer, size_t size, size_t n, FILE *fp);
```

■ 설명 : fp가 가리키는 파일로부터 size 바이트의 자료를 n개(즉, size *n 바이트) 읽어 들여 buffer에 저장합니다.

■ 인수 : buffer - 읽은 자료를 저장할 변수
size - 자료 당 바이트 수
n - 읽을 자료의 개수
fp - 자료를 읽을 파일의 포인터

■ 반환값 : 정상 수행시 - 읽은 자료의 개수
오류 발생시 - 오류 발생시나 파일 끝일 경우 성공적으로 읽은 자료의 수 반환 (읽을 자료 수보다 작은 수)

◉ fwrite()함수

```
# include<stdio.h>
size_t fwrite(void *buffer, size_t size, size_t n, FILE *fp);
```

■ 설명 : buffer의 자료 중 size 바이트의 자료를 n개(즉, size *n 바이트) 읽어 fp가 가리키는 파일에 저장합니다.

■ 인수 : buffer - 읽은 자료를 저장할 변수
size - 자료 당 바이트 수
n - 저장할 자료의 개수
fp - 자료를 저장할 파일의 포인터

■ 반환값 : 정상 수행시 - 저장한 자료의 개수
오류 발생시 - n(저장할 자료 수)보다 작은 수

fread(), fwrite() 함수는 fprintf(), fscanf() 함수와 달리 파일에 자료를 입,출력할 때 자료를 텍스트 형태로 변환하지 않고 이진 자료를 그대로 입, 출력합니다.

예제 13-3 파일 입·출력(3)

```
#include<stdio.h>
#include<stdlib.h>

int main()
{
        int n[5] = {1,2,3,4,5};
        int i, m[5];
        FILE *fp;

        if((fp = fopen("test.dat", "w")) ==NULL){
        printf("파일 읽기 에러₩n");
        exit(1);
        }

        if(fwrite(n, sizeof(int), 5, fp)!=5){
                printf("오류");
                exit(1);
        }
        fclose(fp);

        if((fp = fopen("test.dat", "r")) ==NULL){
        printf("파일 읽기 에러₩n");
        exit(1);
        }

        if(fread(m, sizeof(int), 5, fp)!=5){
                printf("오류");
                exit(1);
        }
        for(i=0; i<5; i++)
                printf("%d",m[i]);

   return 0;
}
```

실행결과

```
1 2 3 4 5
```

15행 : fwrite(n, sizeof(int), 5, fp)

배열 n의 값을 sizeof(int)의 크기로 5개 (int 형이 2바이트인 경우, 2*5=10바이트) 즉, 정수를 5개 읽어 파일 fp에 저장하는 문장입니다. 저장할 때 이전 값이 그대로 저장되므로 읽은 바이트 수와 저장된 자료의 바이트 수는 같습니다.

27행 : fread(m, sizeof(int), 5, fp)

파일 fp로부터 sizeof(int)의 크기로 5개(int형이 2바이트인 경우,2*5=10바이트)를 읽어 배열 m에 저장하는 문장입니다.

C Programming

13.3 오류 처리 함수

- 파일에 자료를 입, 출력할 때 발생하는 오류를 검출할 수 있는 표준함수
- feof()함수

```
#include<stdio.h>
int feof(FILE *fp);
```

- 내용 : fp 가리키는 파일의 끝을 검출

- ferror()함수

```
#include<stdio.h>
int ferror(FILE *fp);
```

- 내용 : fp가 가리키는 파일의 오류 검출

13.3 오류 처리 함수

파일에 자료를 입, 출력할 때 발생하는 오류를 검출할 수 있는 표준 함수들이 제공되고 있습니다. 파일을 열 때 지정한 모드와 다른 모드로 파일에 접근한다든가 접근 범위를 벗어난 상황이 발생할 때, 혹은 파일의 끝에 도달했을 때, 이를 알아내어 적절한 처리를 해주어야 합니다. fgetc()함수의 반환 값으로는 파일 읽기 오류가 발생했는지 파일의 끝에 도달했는지를 분간할 수 없기 때문에 이와 같이 상황을 검출할 수 있는 함수 feof()와 ferror()가 사용됩니다.

◉ feof()함수

```
# include<stdio.h>
int feof(FILE *fp);
```

■ 설명 : fp가 가리키는 파일의 끝을 검출

■ 반환값 : 파일의 끝일 경우 - 0이 아닌 값
파일의 끝이 아닌 경우 - 0

◉ ferror()함수

```
# include<stdio.h>
int ferror(FILE *fp);
```

■ 내용 : fp가 가리키는 파일의 오류 검출

■ 반환값 : 정상 수행시 - 0, 오류 발생시 - 0이 아닌 값

예제 13-1에 이와 같은 함수를 이용하여 오류 검출 기능을 추가하면 예제 13-4와 같아집니다.

예제 13-4 파일 입·출력(4)

```
#include<stdio.h>
#include<stdlib.h>

int main()
{
        char *s = "KOREA POLYTECHNIC UNIVERSITY";
        char c;
        FILE *fp;
        if((fp = fopen("test.dat", "w")) ==NULL){
        printf("파일 읽기 에러₩n");
        exit(1);
        }

        while(*s){
                if(fputc(*s++, fp) ==EOF){
```

```
                    printf(" 파일쓰기 오류\n");
                    exit(1);
               }
          }

          fclose(fp);

          if((fp = fopen("test.dat", "r")) ==NULL){
          printf("파일 읽기 에러\n");
          exit(1);
          }

          while(!feof(fp)){
               c=fgetc(fp);
               putchar(c);
              if(ferror(fp)){
                printf("파일 오류\n");
                break;
          }
     }

     return 0;
}
```

실행결과

```
KOREA POLYTECHNIC UNIVERSITY
```

13.3 오류 처리 함수

❑ perror() 함수

```
#include<stdio.h>
void perror(char *s);
```

- 내용 : stderr 문자열 s와 발생한 시스템 오류 메시지를 출력

❑ strerror()함수

```
#include<stdio.h>
char *strerror(int errnumber);
```

- 내용 : 오류 번호 errnumber에 대한 오류 메시지 반환

이외에도 아래와 같은 여러 오류처리함수가 있습니다.

◉ strerror()함수

```
# include<stdio.h>
char *strerror(int errnumber);
```

■ 내용 : 오류 번호 errnumber 에 대한 오류 메시지 반환

■ 인수 : errnumber - 오류번호

■ 반환 값 : 오류 번호 errnumber 에 대한 오류 메시지 문자열

C Programming

13.4 임의 접근 함수

- 순차 접근(Sequential Access)
  - 파일의 처음부터 뒤쪽으로 순서대로 내용을 액세스하는 방식
  - fgets()등의 함수로 파일을 액세스할 때는 FP가 선두부터 차례대로 뒤로 이동함
  - 내용을 줄 단위로 읽고자 할 때 사용

- 임의 접근(Random Access)
  - 파일의 임의 위치로 이동하면서 원하는 내용을 액세스하는 방식
  - FP를 옮기면서 액세스 함수를 호출하는 방식으로 접근하게 됨

13.4 임의 접근 함수

지금까지 공부한 파일 입출력 함수들은 열려진 파일의 처음에서 끝까지 차례대로 자료를 입, 출력하는 함수들이었습니다. 이러한 파일 입출력 방식을 순차 접근 방식이라 합니다. C 언어는 이러한 순차접근 방식뿐만 아니라 파일의 임의의 위치에 자료를 입출력 힐 수 있는 임의 접근방식의 함수도 제공합니다. 이와 같이 파일의 임의의 위치로 이동할 수 있도록 하는 함수 fseek()입니다.

fseek() 함수를 이용하여 파일의 임의의 위치로 이동하여 그 위치에 자료를 입출력할 수 있습니다.

이러한 임의 접근 함수는 이진 모드의 파일에서만 정확한 위치로 이동할 수 있습니다. 텍스트 모인 경우 입, 출력할 때 자료의 변환이 일어나기 때문에 일반적으로 그 정확한 위치로 찾아가지 못합니다.

C Programming

13.4 임의 접근 함수

- 임의 접근 함수 fseek()

```
int fseek(FILE *fp, long offset, int origin);
```

  - FP를 원하는 위치로 옮겨주는 함수
  - fgets()등의 함수로 파일을 액세스할 때는 FP가 선두부터 차례대로 뒤로 이동함
  - 내용을 줄 단위로 읽고자 할 때 사용
- fseek() 함수의 인수
  - fp : 대상 파일의 FILE 구조체 포인터
  - offset : FP를 이동시킬 거리 (바이트 단위, 방향에 따라 양수 음수 구분)
  - origin : SEEK_SET(0), SEEK_CUR(1), SEEK_END(2)의 3종류가 있으며 FP 이동의 기준점

◉ fseek()함수

```
# include<stdio.h>
int fseek(FILE *fp, long offset, int origin);
```

■ 설명 : 파일 fp의 접근 위치를 origin을 기준으로 offset 바이트만큼 이동합니다.

■ 인수 : fp – 접근할 파일의 포인터

■ 반환 값 : 정상 수행시 – 0, 오류 발생시 – 0 이외의 값

fseek() 함수의 origin 값으로 사용하기 위하여 다음과 같은 매크로가 정의되어 있습니다.

매크로	값	의미
SEEK_SET	0	파일의 처음위치
SEEK_CUR	1	파일의 현재 접근위치
SEEK_END	2	파일의 끝

매크로를 사용한 fseek()함수의 사용 예를 열거해 보면 다음과 같습니다.

문장	의미
fseek(fp,0,SEEK_SET);	파일의 처음부터 0번째 바이트 즉, 처음으로 접근 위치를 옮김
fseek(fp,100,SEEK_CUR);	현재 위치에서 100바이트 뒤로 접근 위치를 옮김
fseek(fp,-100,SEEK_END);	파일의 끝에서 앞으로 100바이트 접근 위치를 옮김

C Programming

13.4 임의 접근 함수

❑ ftell()

```
long ftell(FILE *fp);
```

- fp가 가리키고 있는 현재 FP를 조사한다.
- 조사된 FP는 파일의 시작점에서부터의 거리를 바이트 단위로 표시한다.
- 성공하면 FP를, 실패하면 -1을 리턴한다.

❑ rewind()

```
void rewind(FILE *fp);
```

- fp가 가리키고 있는 FP를 시작점으로 되돌린다.
- fseek(f,0,SEEK_SET)과 동일한 명령

이 외에도 자주 사용하는 임의 접근 함수를 소개하면 다음과 같습니다.

◉ ftell()함수

```
# include<stdio.h>
long ftell(FILE *fp);
```

■ 설명 : 파일 fp의 현재 접근 위치를 반환한다.

■ 반환 값 : 정상 수행시 - 현재 접근 위치, 오류 발생시 - -1L

◉ rewind() 함수

```
# include<stdio.h>
void rewind(FILE *fp)
```

■ 설명 : 파일 fp의 접근 위치를 처음으로 되돌림

예제 13-5 파일 입·출력(5)

```
#include<stdio.h>
#include<stdlib.h>

typedef struct book{
char title[41];
char author[41];
unsigned int value;
}BOOK;

#define RECLEN 86
#define FORMAT "%-40s%-40s%6d"
FILE *fp;
void datawrite(int,char *, char *, int);
void dataread(BOOK *);

int main()
{
        int i;
        BOOK text;

        if((fp = fopen("test.dat", "wb")) ==NULL){
        printf("파일 읽기 에러₩n");
        exit(1);
        }

datawrite(0, "C소개","임근희",15000);
```

```
datawrite(1," 자료구조" , "김시연",20000);
datawrite(2,"네트워크", "지미희", 25000);
fclose(fp);

        if((fp = fopen("test.dat", "rb")) ==NULL){
        printf("파일 읽기 에러₩n");
        exit(1);
        }

        for(i=0; i<3; i++){
                dataread(&text);
                printf("제목 = %40s₩n 작가 = %20s ₩n 가격 =%d ₩n",
text.title, text.author, text.value);
        }
}

void datawrite(int recno, char *title,char *author, int value)
{
        fseek(fp, RECLEN *recno, SEEK_SET);
        fprintf(fp, FORMAT, title, author, value);
}

void dataread(BOOK *text)
{
        fgets(text ->title,41,fp);
        fgets(text->author,41,fp);
        fscanf(fp,"%d",&text->value);

    return 0;
}
```

예제 13-5는 자료를 레코드 단위로 저장하고, 저장된 자료를 레코드 단위로 읽어 구조체 변수에 저장하는 형태의 프로그램을 보여주고 있습니다. 여기서, 한 레코드는 title 40바이트, author 40바이트, value 6바이트의 총 86바이트로 저장됩니다.

실행결과

```
제목 = c소개
작가 = 임근희
가격 = 15000
제목 = 자료구조
작가 = 김시연
가격 = 20000
제목 = 네트워크
작가 = 지미희
가격 = 25000
```

실습 13-2

예제 13-5의 dataread()함수를 원하는 레코드 번호를 받아 그 레코드의 값을 읽는 형태로 바꾸어 봅시다.

dataread()함수의 함수원형 : void dataread(int recno, BOOK*);

1. 키보드로부터 파일 이름을 입력 받아 파일의 자료를 행 단위로 행의 번호를 붙여 모니터에 출력하는 프로그램을 작성하세요.

2. 파일을 복사하는 프로그램을 작성하시오. 키보드로부터 원시 파일과 목적파일의 이름을 입력 받아 원시 파일의 내용을 목적 파일에 복사하세요.

3. 이름(name), 학번(id), 학년(year), 나이(age)를 키보드로부터 입력 받아 파일(student.dat)에 저장하는 프로그램을 작성하시오. 최대 5명까지 입력할 수 있도록 프로그램 하시오. 자료의 길이는 이름 20바이트, 학번 10바이트, 학년 2바이트, 나이 4바이트로 한 레코드가 총 36바이트가 되도록 하세요.

4. 이름(name), 학번(id), 학년(year), 나이(age)를 멤버로 갖는 구조체 student를 정의하고, 위 문제3번에서 저장한 레코드를 읽어 이 구조체 변수에 저장하는 함수를 작성하고, 이 함수를 이용하여 문제 3번 저장 결과를 모니터에 출력하도록 문제3번 프로그램을 고치세요.

5. 문제4번 결과에 키보드로부터 입력 받은 이름을 이용하여 파일에 저장되어 있는 같은 이름을 갖는 레코드를 찾아 출력하는 함수를 작성하세요.
(같은 이름이 없을 경우 "No Match"라 출력할 것)

(힌트)
이름을 비교하기 위하여 strncmp()함수를 사용할 것.

제 14 장

동적 메모리 할당

14.1 메모리의 할당 방식

14.2 동적 할당의 필요성

14.3 동적 메모리 생성과 해제

개 요

프로그램이 실행되면 프로그램 내에 선언되어 있는 변수들에 대하여 기억장소를 할당합니다. 이와 같이 이미 선언되어 있는 변수들에 대하여 메모리를 할당하는 것을 정적 할당이라고 합니다.

C 언어에서는 자료를 저장하기 위하여 프로그램의 실행 도중에 메모리의 할당을 요구할 수 있고 이렇게 할당받은 기억장소를 해제할 수 있습니다. 이를 기억장소의 동적 할당이라고 합니다.

이와 같은 동적 할당은 자료 구조에서 많이 사용되는 연결 리스트 등의 구현에 매우 유용하게 쓰입니다.

학습목표

* C 언어에서의 메모리 할당 방식에 대하여 학습합니다.
* 기억장소의 동적 할당 함수에 대하여 학습합니다.
* 동적 할당 함수의 구현 방법을 이해합니다.

C Programming

제 14 장 : 동적 메모리 할당

14.1 메모리 할당 방식

14.2 동적 할당의 필요성

14.3 동적 메모리 생성과 해제

제14장. 동적 메모리 할당

이번 장에서 배울 동적 메모리 할당(dynamic memory allocation)은 프로그램을 실행하면서 필요에 따라 메모리 공간을 할당받을 수 있는 프로그래밍 기법입니다. 동적으로 메모리를 할당하는 방법을 사용하면 프로그램에 사용되는 메모리의 크기를 줄일 수 있으면서도, 사용자의 요구에 맞는 프로그램을 작성하는데 유용합니다. 동적 메모리 할당에 대한 내용을 배우기에 앞서 컴퓨터의 메모리의 할당 방식, 그리고 동적 메모리 할당을 사용해야 하는 이유에 대해서 알아보도록 하겠습니다.

C Programming

14.1 메모리의 할당 방식

- 메모리의 정적 할당(Static Allocation)
  - 프로그램을 실행하기 위해 필요한 메모리의 양을 **프로그램 작성 시에 지정**하는 방식
  - 필요한 메모리의 한계 크기를 정확하게 알고 있을 때 사용
  - 프로그램의 실행 코드가 메모리에 로드 될 때 할당
  - 크기가 정해진 각종 변수(외부, 자동, 정적 등)가 선언될 때 할당

- 메모리의 동적 할당(Dynamic Allocation)
  - 프로그램의 실행 도중 **사용자의 필요에 의해** 메모리의 양을 할당 받는 방식
  - 프로그램 실행 도중 함수를 통하여 할당을 요구하게 됨

14.1 메모리의 할당 방식

프로그램은 하드 디스크와 같은 보조기억장치에 저장되어 있다가, 실행을 하면 프로그램의 전체 내용이 메모리로 로드(load)됩니다. 여기서 메모리로 로드되는 내용은 프로그램 코드와 코드에서 선언한 데이터 항목(변수, 구조체, 배열 등)이 포함되는데, 이 때 이 내용들은 프로그램을 작성할 때 미리 정해놓게 됩니다. 이 때 이러한 할당을 정적 할당(static allocation)이라고 합니다. 지금까지 사용하였던 변수들이 정적 할당에 의해서 선언된 변수입니다.

이에 반해 동적 할당(dynamic allocation)이란, 정적 할당과는 달리 프로그램을 사용하면서 사용자의 요구에 따라 메모리의 필요량이 달라질 때 컴퓨터에 요구해서 메모리를 할당받는 방법을 말합니다.

정적 할당은 하나의 프로그램에서 사용되는 메모리의 사용량을 프로그램을 실행하기 전(Compile Time)에 미리 필요량을 지정해놓고 할당을 받는 반면, 동적 할당은 프로그램 실행시(Run Time)에 메모리를 할당 받으며 그 양은 정해진 한도 내에서 자유롭게 변할 수 있습니다.

C Programming

14.1 메모리의 할당 방식

□ 메모리의 영역

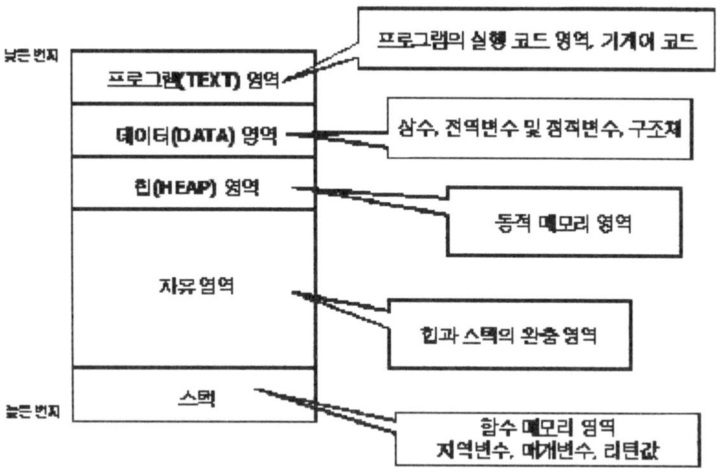

또한 프로그램의 외부변수와 정적 변수도 기억장소를 할당받아 그 값을 저장하게 됩니다. 프로그램 내의 자동변수들은 프로그램 실행 중 필요할 때 기억장소를 할당받고 그 변수의 통용범위를 넘어서면 기억장소에서 지워지게 됩니다. 이와 같이 프로그램의 실행 코드나 모든 변수들은 프로그램이 실행될 때 기억장소에 그 값을 저장하게 됩니다.

실제로 변수의 종류에 따라 메모리 영역에서 기억장소의 할당 영역이 구분되어 있습니다. 이를 요약하면 다음과 같습니다.

- 프로그램(TEXT) 영역 : 기계어 코드, 프로그램의 실행 코드가 저장되는 영역, 프로그램 명령이 위치하는 곳으로 기계어로 제어되는 영역
- 데이터(DATA) 영역 : 상수, 전역변수, 구조체가 할당된 영역, 프로그램 시작과 동시에 메모리에 할당되고 종료시 메모리 소멸
- 힙(HEAP) 영역 : 동적 메모리 영역, runtime시 크기 결정
- 스택(STACK) 영역 : 함수가 호출되는데 필요한 메모리 영역 (지역변수, 매개변수, 리턴 값)

C Programming

14.2 동적 할당의 필요성

- 메모리의 동적할당

  프로그램이 실행되는 도중에 메모리의 크기가 결정되어 메모리가 확보되는 것

- 동적 할당의 필요성
  - 실행 도중 메모리의 크기가 결정
  - 메모리가 부족하거나 낭비 되는것 없이 효율적으로 관리를 할 수 있음
  - 사용 후 메모리 공간을 반납

14.2 동적 할당의 필요성

메모리의 동적 할당이라는 개념은 프로그램이 실행되고 있는 도중에 즉, 실행 타임에 메모리의 크기가 결정되어 메모리가 확보되는 것입니다. 일반적인 정적 할당 즉, 지금까지 사용해온 일반 변수선언과 비교하여 동적 할당의 유용성을 알아보겠습니다.

만약 어떤 학교에서 전교생 1000명의 점수를 저장해야 하는 프로그램을 만들어야 한다고 가정해봅시다.

예) int number[1000];

위와 같이 정수형 배열을 선언해서 여기에 학생 한 사람 한 사람의 점수를 저장한다고 합시다. 얼핏 보기에는 별 무리 없이 사용할 수 있을 것 같은 코드입니다.

그러나 기대와는 달리 그 학교는 이 프로그램이 만들어진 다음 해에 전교생의 정원이 200명 늘어서 1200명이 되어 버렸습니다. 그런데 이 프로그램은 점수를 저장하기 위한 공간이 1000명분 밖에 없으므로 나머지 200명의 점수를 저장할 수 없게 되었습니다. 따라서 부득이하게 프로그램 소스 코드를 수정해야 하고 다시 프로그램을 만들어야 하는 불필요함이 생깁니다. 반대의 문제점으로는, 전교생이 500명으로 줄 게 된다면 나머지 500개의 공간은 쓰이지 않을 것이고, 메모리의 낭비가 일어납니다.

메모리는 무한한 자원이 아니므로 항상 효율적으로 분배하여 낭비되는 공간이 없도록 해야 합니다.

이와 같은 문제점을 해결하기 위하여 C 언어에서는 프로그램 실행 시 필요할 때마다 새로운 메모리의 공간 할당을 요구하고 필요 없을 시에는 다시 메모리 공간을 반납할 수 있는 동적 할당의 방법을 제공하고 있습니다.

14.3 동적 메모리 생성과 해제

- 프로그램 실행 시 필요할 때 마다 기억장소의 할당을 요구하고 필요 없을 시 기억장소 반납

- malloc()함수

```
#include <stdlib.h>
void *malloc(size_t size);
```

 – 설명 : 인수 size 바이트 크기의 기억장소를 할당

- void * 형 : 모든 데이터 타입과 호환되는 것으로 반환 값을 받기 전에 cast연산자를 이용하여 적절한 데이터 타입으로 변환

- size_t형 : 일반적으로unsigned 형과 동일

14.3 동적 메모리 생성과 해제

동적 할당 함수들은 stdlib.h파일에 선언되어 있으며, 함수의 반환 값은 void *형으로 선언되어 있습니다. 이 데이터 타입은 모든 데이터 타입과 호환되는 것으로 반환 값을 받기 전에 cast 연산자를 이용하여 적절한 데이터 타입으로 변환시켜야 합니다. 이 파일에는 size_t형이 정의되어 있습니다. 이는 일반적으로 unsigned int형과 동일합니다.

■ 동적 메모리 할당 함수 : malloc()

함수 malloc()은 프로그램 사용 중에 운영체제로부터 동적으로 메모리 할당을 받는데, 바이트 단위로 받도록 요청하는 함수입니다. 기본 원형은 다음과 같습니다.

◉ malloc() 함수

```
#include <stdlib.h>
void *mallloc(size_t size);
```

■ 설명 : 인수 size 바이트 크기의 기억장소 할당

■ 반환값 : 정상 실행시 - 할당한 기억장소의 시작주소를 반환
오류 발생시 - 널 포인터 반환

예) ptr = malloc(4);

동적 할당과 관련된 함수를 사용하기 위해서는 stdlib.h 헤더파일을 포함시켜야 합니다. 함수 malloc()은 인수로 동적으로 할당받을 메모리의 바이트 크기를 입력받고, 그 할당된 영역의 첫 주소를 포인터로 반환합니다. 만약 동적 할당에 실패하면 NULL포인터 값을 반환합니다.

malloc() 함수가 반환하는 void *형은 아직 형태가 정해지지 않은 포인터 즉, void 형 포인터를 나타내는 것입니다.

malloc() 함수는 직접 바이트 값을 입력받아서 메모리를 할당하는 함수이기 때문에 이 할당된 바이트들은 아직 데이터 형이 정해지지 않은 상태입니다. 이 때 void 형 포인터는 어떤 데이터 유형이라도 저장하는데 사용될 수 있기 때문에 void 형 포인터로 반환을 하는 것입니다.

대신 sizeof() 함수와 cast연산자를 같이 사용하여 동적으로 할당하는 메모리가 몇 개의 데이터 타입으로 구성되는지를 확실히 해주어야 합니다.

■ malloc() 함수의 사용

malloc() 함수는 동적 메모리를 할당하고 포인터 값 즉, 메모리의 주소 번지를 반환하므로 이를 받아줄 포인터 변수가 필요합니다. malloc() 함수를 사용하려면

```
char *ptr ;
```

와 같이 포인터 변수를 선언해야 합니다. 그 다음 malloc() 함수를 호출하고 인수로 할당받을 만큼의 바이트 수를 전달합니다. 예를 들어 1바이트를 할당받고 싶으면

```
ptr = (char *)malloc(1*sizeof(char));
```

와 같은 형식으로 사용하면 됩니다.

위 문장은 1바이트의 char형 메모리 공간을 동적으로 확보한 다음, 확보된 공간의 첫 메모리 주소를 포인터 ptr에 저장합니다. 반환 값이 (void *)형이므로 cast 연산자를 사용하여 (char *)형으로 형변환을 했으며, sizeof(char)를 통해 프로그램이 사용되는 시스템의 char형 변수의 크기를 알아내고, 그것에 1을 곱해서 1개의 char 형 데이터를 담을 공간을 확보합니다.

할당된 동적 공간에 데이터를 대입하려면 포인터의 이름에 간접 연산자(*)를 붙여서 사용하면 됩니다.

```
*ptr = 'a';
```

C Programming

14.3 동적 메모리 생성과 해제

- 동적 메모리 해제 : 동적으로 할당받은 메모리를 반환

- free()함수

```
#include <stdlib.h>
void  *free(void *ptr);
```

– 설명　malloc()이나 calloc()함수에 의하여 할당된 기억장소를 해제
　　　　ptr이 가리키는 기억 공간을 해제

■ 동적 메모리 해제 함수 free()

메모리를 동적으로 할당받았으면, 프로그램을 종료할 때 반드시 할당받은 메모리를 반납해야 합니다. 이 때 메모리 해제 함수인 frce() 함수가 사용됩니다. free() 함수는 동적으로 할당받은 메모리를 다시 운영체제에 반환하는 역할을 합니다.

◉ free() 함수

```
#include <stdlib.h>
void *free(void *ptr);
```

■ 설명 : malloc()이나 calloc()함수에 의하여 할당된 기억장소를 해제합니다. 즉 포인터 ptr이 가리키는 기억장소를 해제합니다.

예) **free(ptr);**

free() 함수는 ptr이 가리키고 있는 메모리를 해제합니다. 이 때 이 메모리는 malloc() 이나 뒤에 나올 realloc(), calloc()으로 할당된 것이어야 합니다.

예제 14-1 malloc() 함수와 free() 함수를 이용한 동적 메모리 할당

```
#include <stdio.h>
#include <stdlib.h>

int main()
{
   int i, *p;
   p = (int *)malloc(5*sizeof(int));
   for( i = 0 ; i < 5 ; i++ )
   {
      p[i] = i;
      printf("p[%d]에는 %d이 들어있습니다. \n", i, p[i]);
   }
   free(p);

   return 0;
}
```

실행결과

```
p[0]에는 0이 들어있습니다.
p[1]에는 1이 들어있습니다.
p[2]에는 2이 들어있습니다.
p[3]에는 3이 들어있습니다.
p[4]에는 4이 들어있습니다.
```

예제 14-1은 malloc() 함수를 이용해서 int형 크기의 공간 5개를 동적으로 생성한 다음, 그 메모리 주소를 포인터 p에 대입합니다. 포인터 변수 p에는 malloc() 함수에 의해 동적 할당된 메모리의 시작주소가 할당됩니다. 마지막 부분에는 free()함수를 이용해서 p가 가리키고 있는 동적 메모리 공간을 해제합니다.

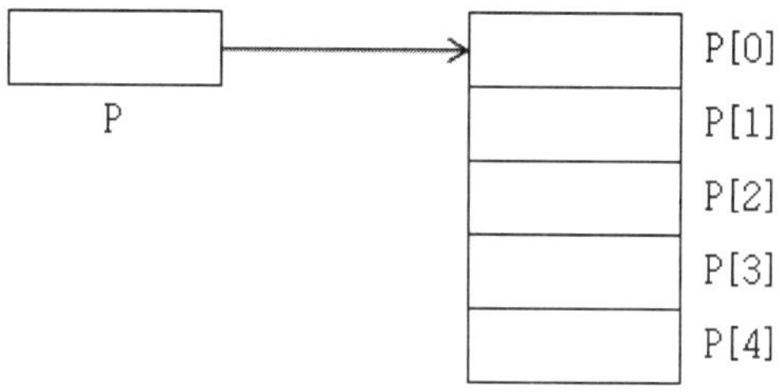


```
*P == P[0]
*( P + 1 ) == P[1]
*( P + 2 ) == P[2]
*( P + 3 ) == P[3]
*( P + 4 ) == P[4]
```

C Programming

14.3 동적 메모리 생성과 해제

- calloc() 함수

```
#include <stdlib.h>
 void  *calloc(size_t  num, size_t  size);
```

– 설명

(예)

→ p = (int *)calloc(10, sizeof(int))

■ calloc() 함수

calloc() 함수도 동적으로 메모리를 할당합니다. 단, malloc() 함수가 바이트 단위로 메모리를 할당하는 것에 비하여 calloc() 함수는 개체 단위로 메모리를 할당합니다.

◉ calloc() 함수

```
#include <stdlib.h>
void *callloc(size_t num, size_t size);
```

■ 설명 : 인수 size크기의 기억장소를 num 개수만큼, 즉 size*num바이트의 기억장소를 할당하고 그 시작 주소를 반환합니다.

■ 반환값 : 정상 수행시 - 할당한 기억장소의 시작주소 반환
오류 발생 시 - 널 포인터 값 반환

예) `ptr = calloc(10, 4);`

size_t num의 개수만큼 size_t size 바이트 크기의 메모리를 할당하며, 예에서 calloc(10, 4)는 10개의 4바이트 메모리 즉, 40바이트의 메모리를 동적으로 할당하라는 것을 의미합니다. 예제 14-1에서 malloc() 부분을 calloc() 함수를 이용하여 바꾸어보면 다음과 같습니다.

```
p = (int *)malloc(5*sizeof(int)); ↔ p = (int *)calloc(5, sizeof(int));
```

calloc() 함수도 마찬가지로 동적으로 할당받은 메모리의 사용이 종료되면 free() 함수로 이를 해제해주어야 합니다.

14.3 동적 메모리 생성과 해제

❑ realloc() 함수

```
#include <stdlib.h>
void *realloc(void *originalblock, size_t size);
```

– 설명 :

■ 메모리 재할당 함수 realloc()

realloc() 함수는 malloc()이나 calloc()을 이용하여 동적으로 할당받았던 메모리의 크기를 재조정할 때 사용합니다. 함수의 형태는 다음과 같습니다.

◉ realloc() 함수

```
#include <stdlib.h>
void *reallloc(void *pointer, size_t size);
```

■ 설명 : malloc()이나 calloc()함수에 의하여 할당된 기억장소의 크기를 줄이거나 늘린다. 즉 이미 기억장소를 할당 받은 포인터 pointer가 가리키는 기억장소의 크기를 size바이트 크기로 변경하여 그 시작 주소를 반환한다. 기

억장소 할당이 완료되면 pointer는 없어진다.

■ 반환값 : 정상 수행시 - 할당한 기억장소의 시작주소 반환
　　　　　오류 발생 시 - 널 포인터 반환

예) `ptr = realloc(ptr, 4);`

realloc() 함수의 인수 중 void *pointer는 원래 동적으로 할당받았던 메모리를 가리키고 있는 포인터입니다. 새로 할당할 메모리의 크기는 size로 지정합니다. realloc() 함수를 사용해서 메모리를 재할당하면 원래 할당되어 있던 메모리 공간이 아닌 새로운 곳에 새로운 메모리 공간을 확보하게 되는데, 이 때 원래 메모리 공간에 있던 내용들을 새로운 공간에 복사하게 되므로 데이터의 손실은 발생하지 않습니다. 만약 메모리 공간이 부족하다면 NULL 포인터 값을 반환합니다.

예제 14-2 realloc() 함수를 이용한 메모리 재할당

```
#include <stdio.h>
#include <stdlib.h>
#include <string.h>

int main()
{
  char *str;
  str = (char *)malloc(6*sizeof(char));
  strcpy(str, "Korea");

  str = (char *)realloc(str, 7);

  strcat(str, ".");
  puts(str);
  free(str);

  return 0;
}
```

실행결과

```
Korea.
```

예제 14-2는 malloc() 함수를 이용하여 6바이트의 메모리 공간을 확보하여 문자형 포인터 str이 가리키게 한 후에, strcpy()함수를 이용하여 문자열 "Korea"를 str이 가리키는 곳 즉, 동적으로 할당된 공간에 복사했습니다. 그리고 realloc() 함수를 호출하여 새로운 메모리 공간을 7바이트로 확장한 후에 "."를 넣었습니다. 그리고 free() 함수로 동적 할당한 메모리를 해제합니다.

1. 정수 10개를 저장할 수 있는 배열을 동적으로 할당하여 임의의 수를 저장한 후 오름차순으로 정렬하는 프로그램을 작성 해보세요.

2. 본인의 신상 정보(학교명, 과명, 학번, 이름)을 동적으로 할당된 메모리에 저장한 후 출력하는 프로그램을 작성해 보세요.

3. 동적 메모리 함수를 이용하여 학생의 신상 정보(학교명, 과명, 학번, 이름)를 구조체로 정의하고 5명의 학생 이름을 변수 선언하여 임의 멤버 정보를 입력하여 정보를 출력하는 프로그램을 작성하세요.

4. 문자열의 길이를 malloc()함수를 이용하여 확보한 후, 입력된 문자열에시 빈 공백을 세이 출력하는 프로그램을 작성하세요.

제 15 장

비트(Bit)야 놀자!

15.1 10진수와 2진수

15.2 시프트 연산자

15.3 비트 논리 연산자

개 요

C 언어에서는 변수를 비트 단위로 처리할 수 있습니다. 비트 연산을 사용하는 이유는 컴퓨터가 인식하기에 더 쉬운 하위레벨의 프로그래밍을 하기 위해서입니다. 각 비트를 프로그래밍으로 조작해서 하드웨어 디바이스를 제어합니다. 비트 연산은 빠른 속도 처리가 요구되는 신호 해석 및 하드웨어 개발에 주로 사용됩니다.

학습목표

* 10진수와 2진수의 개념을 이해합니다.
* 시프트 연산자를 익히고 활용합니다.
* 비트 논리 연산자를 활용합니다.

C Programming

제 15 장 : 비트야 놀자!

15.1 10진수와 2진수

15.2 시프트 연산자

15.3 비트 논리 연산자

제15장. 비트(Bit)야 놀자!

비트(bit)란 컴퓨터에서 정보를 처리하는 가장 작은 기본 단위이며, 컴퓨터가 동작하는 기본 언어 입니다. bit로 표현 가능한 값은 0과 1 두 가지가 있습니다.

지금까지 보아온 것 처럼 프로그래밍을 할 때 처리하는 데이터는 대부분 Byte 단위로 처리를 하게 됩니다. char는 1Byte, int는 4Byte, double은 8Byte와 같이 Byte 단위로 메모리가 할당 되었습니다. 0과 1을 이용하는 비트 연산자를 사용하는 이유는 좀 더 하위 레벨의 프로그래밍을 하기 위해서입니다. 여기서 하위 레벨이란 컴퓨터가 이해하기 좀 더 쉬운 즉, 기계어에 가까운 레벨이란 것입니다.

비트 연산의 사용 예는 암호화 프로그래밍, 프로토콜 처리 시, 네트워크 프로그래밍 하드웨어 드라이버를 만들 때에도 비트 데이터를 다루기 때문에 비트 연산자를 사용하게 됩니다. 특히 빠른 속도 처리가 요구되는 신호해석 및 하드웨어 개발에서 주로 많이 사용됩니다.

C Programming

15.1 10진수와 2진수

- 10진수(Decimal)
  - 일상생활에서 많이 사용하는 수의 형태
  - 0~9까지의 숫자를 사용하여 10의 거듭제곱 형태로 수를 표현

예) 97을 10진수로 표현 : $97 = 9 \times 10^1 + 7 \times 10^2$

- 2진수(Binary)
  - 0과 1의 숫자만을 사용하여 2의 거듭제곱 형태로 수를 표현하는 체계
  - 컴퓨터 내부의 메모리와 같은 하드웨어가 동작하는 디지털 방식
  - 예) 97을 2진수로 표현 :

$$97 = 1\times2^6 + 1\times2^5 + 0\times2^4 + 0\times2^3 + 0\times2^2 + 0\times2^1 + 1\times2^0$$

15.1 10진수와 2진수

우리가 일상생활에서 수를 표현할 때 10을 기반으로 하는 10진법 체계를 사용합니다. 10진수 역시 2진수를 사람이 사용하기 편한 진법으로 변환시킨 것뿐입니다. 10진법에서 숫자는 0~9까지의 숫자를 사용하고, 10의 n제곱으로 표현됩니다. 오른쪽부터 첫 번째 숫자는 10의 0제곱, 두 번째 숫자는 10의 1제곱, 세 번째 숫자는 10의 2제곱이 각각의 숫자에 곱해져있는 형태입니다. 예를 들어 숫자 97을 10진법으로 표현하면 다음과 같습니다.

$$97 = 9 \times 10^1 + 7 \times 10^0$$

이에 비해 2진법 체계는 2를 기반으로 하여 0과 1만을 사용하여 숫자를 표현하는 체계입니다. 2진법은 하드웨어 시스템 프로그래밍을 하는 경우 주로 사용되는데 그것은 컴퓨터의 내부 부품과 메모리가 동작하는 방식이 2진수의 디지털

C Programming

15.1 10진수와 2진수

❑ 메모리의 저장형식

- 8개의 비트가 모인 1바이트 단위로 취급
- 실제로는 2진수 형식으로 저장됨

$97 = 1\ 2^6 + 1\ 2^5 + 0\ 2^4 + 0\ 2^3 + 0\ 2^2 + 0\ 2^1 + 1\ 2^0$

2^7	2^6	2^5	2^4	2^3	2^2	2^1	2^0
0	1	1	0	0	0	0	1

← 각각의 비트는 **2**의 거듭제곱을 표현

1바이트 단위로 묶어 **97**을 표현

방식이기 때문입니다. 2진수는 2의 n제곱으로 표현됩니다. 예를 들어 10진수 숫자 97을 2진수로 표현한다면 다음과 같습니다.

$$97 = 1\times2^6 + 1\times2^5 + 0\times2^4 + 0\times2^3 + 0\times2^2 + 0\times2^1 + 1\times2^0$$

아래 그림에서 비트번호 6, 5, 0이 1로 세트되었고 이 바이트의 값은 10진수로 64+32+1, 즉 97이 됩니다. 10진수 97은 실제로 1바이트의 메모리에 0110001로 저장됩니다. 1바이트로 표현할 수 있는 수의 범위는 다음과 같습니다.

비트번호	6	5	4	3	2	1	0
	1	1	0	0	0	0	1
비트값	2^6	2^5	2^4	2^3	2^2	2^1	2^0

여기서 각각의 칸은 1비트를 가상적으로 표현한 것입니다.

15.1 10진수와 2진수

- 부호 있는(signed) 형태
  - 음수를 나타낼 경우에는 2의 보수의 형태로 표현함
  - 2의 보수는 같은 값의 양수를 모두 반전시킨 다음 1을 더한 형태

2^7	2^6	2^5	2^4	2^3	2^2	2^1	2^0

0이면 양수, **1**이면 음수 상태

나머지 **7**비트로 수를 표현(-128~127)

- 부호 없는(unsigned) 형태
  - 모든 비트를 양수로 표현
  - 2의 (비트수 ? 1)만큼의 거듭제곱까지 숫자 표현 가능

2^7	2^6	2^5	2^4	2^3	2^2	2^1	2^0

8비트 전부를 수로 표현(**0~255**)

■ 부호를 사용할 때(signed)

최상위 비트 -128부터 127까지의 수를 표현할 수 있으며 음수는 양의 보수 형태로 저장됩니다. 최상위 비트는 부호비트로 사용을 하며 양수는 0, 음수는 1이 됩니다.

■ 부호를 사용하지 않을 때(unsigned)

음수는 사용하지 않고 0부터 255사이의 수를 표현 할 수 있습니다.

비트 연산자로 개별 비트를 조작할 수 있는 데이터 타입은 char, int 형 등의 정수 계통의 유형뿐입니다. 비트 연산자는 일반적으로 C 언어로 만들어진 프로그램을 이용하여 시스템의 하드웨어를 제어할 때 주로 사용됩니다.

C Programming

15.1 10진수와 2진수

- 오버플로우(overflow)
  - 변수가 기억할 수 있는 최대 표현 범위를 넘어선 경우
  - 변수의 타입에 따라 할당되는 바이트(비트)가 한정되어 있기 때문에 발생하는 현상
  - 표현하고자 하는 값의 최대값을 잘 고려하여 데이터 타입을 선택하는 것이 중요함

◉ 오버플로우(Overflow)와 언더플로우(Underflow)

예를 들어 정수형 변수가 unsigned short형으로 선언되어 있고 65535라는 값이 담겨진 변수에 1을 더할 경우 다음과 같은 오버플로우가 발생합니다.

65535		1	1	1	1	1	1	1	1	1	1	1	1	1	1	1	1
+1																	
65536=0	1	0	0	0	0	0	0	0	0	0	0	0	0	0	0	0	0

↑ 16비트 범위를 벗어나기 때문에 기억할 수 없음

15.2 시프트 연산자

- 비트를 오른쪽 왼쪽으로 지정된 수만큼 위치를 이동 시키는 연산자
  -
  -
- 예)

0101110 >> 1 → 0010111 (십진수 23)

0101110 >> 4 → 0000010 (십진수 2)

0101110 << 2 → 0111000 (십진수 56)

0101110 << 3 → 1110000 (십진수 112)

15.2 시프트 연산자

시프트 연산자는 비트들을 오른쪽이나 왼쪽으로 지정된 수의 위치만큼 이동시킵니다. 여기서 이동시킨다는 것은 모든 자리의 숫자를 지정된 방향으로 이동 한다는 의미입니다. 시프트 연산자의 사용은 다음과 같습니다.

```
변수명 << 숫자 (좌측 이동)
변수명 >> 숫자 (우측 이동)
```

좌측 시프트연산자(<<)는 지정된 자리숫자 만큼 변수에 비트들을 왼쪽으로 이동시키며, 우측 시프트연산자(>>)는 변수에 비트들을 지정된 숫자만큼 오른쪽으로 이동시킵니다. 예를 들어 숫자 97(01100001)을 담고 있는 1바이트 char형 변수에 시프트 연산자를 적용하면 다음과 같습니다.

```
01100001 >> 1 ==> 00110000 (십진수 48)
01100001 >> 4 ==> 00000110 (십진수 6)
01100001 << 2 ==> 10000100 (십진수 132)
01100001 << 3 ==> 00001000 (십진수 8)
```

예제 15-1 시프트 연산자

```c
#include <stdio.h>

int main()
{
    int x = 97;
    int a, b, c, d;
    a = x >> 1;
    printf("정수 97에 대해 오른쪽 1비트 이동 결과 : %d\n", a);
    b = x >> 4;
    printf("정수 97에 대해 오른쪽 4비트 이동 결과 : %d\n", b);

    return 0;
}
```

실행결과

```
정수 97에 대해 오른쪽 1비트 이동 결과 : 48
정수 97에 대해 오른쪽 4비트 이동 결과 : 6
```

15.3 비트 논리 연산자

□ AND 연산자 : &

- 두 피 연산자의 대응 비트(같은 자리 비트)가 모두 1이면 결과 비트를 1로 만들고, 그렇지 않으면 결과 비트를 0으로 만듬

수식	결과
0 & 0	0
0 & 1	0
1 & 0	0
1 & 1	1

- 적용된 예 **x= 240(11110000), y= 85(01010101)**
- x & y는 **11110000 & 01010101 == 01010000B(80D)**

15.3 비트 논리 연산자

■ AND 연산자 : &

& 연산자는 AND 연산자로고도 하며 두 피연산자의 대응 비트(같은 자리의 비트)가 모두 1이면 결과 비트를 1로 만들고, 그렇지 않으면 결과 비트를 0으로 만듭니다.

수식	결과
0 & 0	0
0 & 1	0
1 & 0	0
1 & 1	1

적용된 예를 살펴보면

```
x = 240 (11110000)
y = 85 (01010101)
```

일 때 x & y는

```
11110000 & 01010101 == 01010000
```

즉, 십진수로는 80의 결과가 됩니다.

예제 15-2 비트 AND연산자

```c
#include <stdio.h>

int main()
{
  int x = 240;
  int y = 85;
  int z;
  z = x & y;
  printf("x=%d, y=%d, x&y=%d \n", x, y, z);

  return 0;
}
```

실행결과

```
x=240, y=85, x&y=80
```

15.3 비트 논리 연산자

- OR 연산자 : |
  - 두 피 연산자의 대응 비트(같은 자리 비트)가 0이면 결과 비트를 0으로 만들고, 그렇지 않으면 결과 비트를 1으로 만듬

수식	결과
0 | 0	0
0 | 1	1
1 | 0	1
1 | 1	1

  - 적용된 예 **x= 240(11110000), y= 85(01010101)**
  - x | y는 **11110000 & 01010101 == 11110101B(245D)**

■ OR 연산자 : |

| 연산자는 OR 연산자라고도 하며 두 피연산자의 대응 비트가 0이면 결과 비트를 0으로 만들고, 그렇지 않으면 결과 비트를 1로 만듭니다.

수식	결과
0 | 0	0
0 | 1	1
1 | 0	1
1 | 1	1

예를 들면

```
x = 240 (11110000)
y = 85 (01010101)
```

일 때 x & y의 결과는

```
11110000 | 01010101 == 11110101
```

가 되며 십진수로는 245를 의미합니다.

예제 15-3 비트 OR연산자

```c
#include <stdio.h>

int main()
{
  int x = 240;
  int y = 85;
  int z;
  z = x | y;
  printf("x=%d, y=%d, x|y=%d \n", x, y, z);

  return 0;
}
```

실행결과

```
x=240, y=85, x|y=245
```

C Programming

15.3 비트 논리 연산자

- 배타적 OR 연산자 : ^
  - 두 피연산자의 대응 비트가 서로 다르면(하나는 0, 하나는 1) 결과 비트를 1으로 만들고, 그렇지 않으면(둘 다 같은 값) 결과 비트를 0으로 만듬

수식	결과
0 ^ 0	0
0 ^ 1	1
1 ^ 0	1
1 ^ 1	0

  - 적용된 예 **x= 240(11110000), y= 85(01010101)**
  - x ^ y는 **11110000 & 01010101 == 10100101B(165D)**

■ 배타적 OR 연산자 : ^

^ 연산자는 배타적 OR 연산자(XOR 연산자)라고도 하며 두 피연산자의 대응 비트가 서로 다르면(즉, 하나는 0이고 하나는 1이면) 결과 비트를 1로 만들고, 그렇지 않으면(즉, 둘 다 같은 값이면) 결과 비트를 0으로 만듭니다.

수식	결과
0 ^ 0	0
0 ^ 1	1
1 ^ 0	1
1 ^ 1	0

예를 들면

```
x = 240 (11110000)
y = 85 (01010101)
```

일 때 x ^ y는

```
11110000 ^ 01010101 == 10100101
```

즉, 십진수로는 165를 의미합니다.

예제 15-4 비트 배타적 OR연산자

```c
#include <stdio.h>

int main()
{
   int x = 240;
   int y = 85;
   int z;
   z = x ^ y;
   printf("x=%d, y=%d, x^y=%d \n", x, y, z);

   return 0;
}
```

실행결과

```
x=240, y=85, x^y=165
```

15.3 비트 논리 연산자

- 반전 연산자 : ~
  - 피 연산자의 모든 비트를 반대로(0 -> 1, 1 -> 0) 바꾸어 주는 연산자
  - 형식은 변수 앞에 (~)를 붙임
  - 1의 보수 연산자로 주로 사용됨
  - 색에 대한 정보 즉, RGB색에 대한 보색을 만들 때 자주 사용

■ 반전 연산자 : ~

~ 연산자는 반전 연산자라고 하며 그 동작은 피 연산자의 모든 비트를 반대로 즉, 0은 1로 1은 0으로 바꾸어 주는 연산자를 말하며 형식은 변수 앞에 (~)를 붙이면 됩니다.

예를 들어 ~254(이진수 11111110)는 반전 연산자를 사용하면 1(이진수 00000001)이 됩니다. 1의 보수 연산자로 주로 사용되며 색에 대한 정보 즉, RGB색에 대한 보색을 만들 때 자주 사용되기도 합니다.

연습문제

1. 10진 정수 60을 좌측으로 3비트 이동시킨 결과를 그림으로 나타내어 보고 프로그램으로 결과를 확인해 보세요.

2. 정수 3, 5에 대한 AND연산과 XOR연산, 7, 6에 대한 OR연산하는 프로그램을 작성하고 그 결과를 나타내세요.

3. 키보드로부터 입력받은 정수를 우측으로 2비트 이동한 결과 값이 50보다 크고 짝수인 경우에만 그 값을 출력하는 프로그램을 작성하세요.

4. 키보드로부터 임의의 정수 2개를 입력받아 저장하고 두 변수에 대하여 AND, OR, XOR, NOT 비트 연산을 수행한 결과를 출력하는 프로그램을 작성하세요.

제 16 장

선행처리기 (Preprocessor)

16.1 #define문

16.2 매크로 함수

16.3 SWAP 함수

16.4 #includ 문

16.5 #unde 문

16.6 #if, #elif, #else, #endif, #ifdef, #ifndef문

16.7 기타 선행처리기

16.8 그 밖의 기능

개 요

선행처리기는 소스 프로그램을 컴파일하기 전에 #으로 시작하여 정의되어 있는 매크로(macro), 파일 포함, 조건부 컴파일 등을 처리합니다. 이 선행처리기를 이용하여 더욱 간결하고 확장성 있는 프로그램을 개발할 수 있습니다.

학습목표

* 선행처리기의 기능을 이해합니다.
* #define을 이용한 매크로의 정의 및 치환에 대하여 알아봅니다.
* #include를 이용하여 외부 파일을 포함하는 방법 및 자신의 헤더파일 작성 방법을 이해합니다.
* 주어진 조건에 따라 달리 컴파일할 수 있는 조건부 컴파일에 대하여 이해합니다.
* 내장 매크로에 대하여 알아봅니다.

제 16 장 : 선행처리기

16.1 #define 문
16.2 매크로 함수
16.3 SWAP 함수
16.4 #include 문
16.5 #undef 문
16.6 #if, #elif, #else, #endif, #ifdef, #ifndef 문
16.7 기타 선행처리기
16.8 그 밖의 기능

제16장. 선행처리기(Preprocessor)

C 언어에서 컴파일러가 소스 프로그램을 컴파일하기 전에 프로그램에 대한 일련의 작업을 수행하는 것을 선행처리기라고 부릅니다.

선행처리기 → C 컴파일러 → 링커 → 수행 화일(.exe)

C 프로그램(.c) 선행처리된 C 화일 목적 프로그램(.obj)

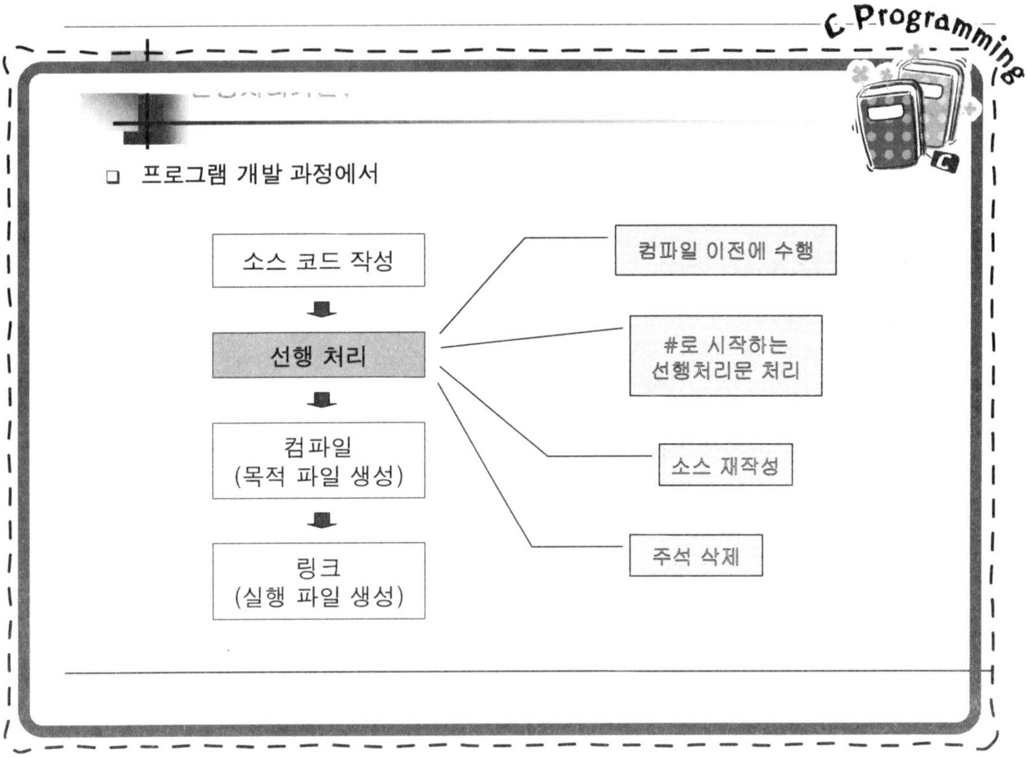

선행처리기는 소스 코드가 컴파일되기 전에 동작합니다. 선행처리기가 하는 일은 고정되어 있는데, 이른바 선행처리문이라고 불리는 문장들을 처리하는 역할을 하며, 또한 주석(comment)을 지우는 역할도 하고 있습니다. 따라서 C 컴파일러는 주석이 있었는지 조차 알지 못하며 주석이 없는 순수한 C 프로그램을 전달하게 되는 것입니다. 그리고 선행처리문은 선행처리기가 처리하는 문장이기 때문에 C의 문장과는 다른 형태로 되어 있으며, 반드시 '#'으로 시작하도록 되어 있습니다.

'#' 다음에는 다음과 같은 미리 정해진 문장들이 올 수 있습니다.

```
define, undef, include, if, ifdef, ifndef, elif, else, endif, line, error, pragma
```

C Programming

16.1 #define 문

- #define 문
  - 문자열을 치환하거나, 매크로 상수 등을 정의할 때 사용

#define 매크로명 실제값

  - 선행처리 시 매크로명은 실제 값으로 치환됨
  - 코드에서는 매크로명을 실제 값과 동일한 값으로 사용할 수 있음

(예) #define PI 3.14 // PI라는 문자열은 실수 값 3.14로 평가됨

16.1 #define문

대표적인 선행처리문으로 #define 문은 다음과 같이 두 가지의 형태로 사용할 수 있습니다.

```
(1) #define 이름  의미
(2) #define 이름(매개변수)  의미        /*  매크로 함수  */
```

(1)은 오른쪽의 의미로 사용하여야 할 것을 대신 앞의 이름으로 사용하겠다는 뜻입니다.

예를 들어 다음과 같이 사용한 경우,

```
#define PI 3.141592
```

선행처리기는 이다음부터 나타나는 모든 PI를 3.141592로 바꾸게 됩니다. 따라서 사용자는 3.141592 대신에 PI라고 사용하면 됩니다.

```
l = 2.0 * PI * r;
a = PI * r * r;
```

선행처리기는 이를 처리하여 다음과 같이 바꾸어 C 컴파일러에게 전달하기 때문에

```
l = 2.0 * 3.141592 * r;
a = 3.141592 * r * r;
```

컴파일러는 PI라는 값에 대해서 알 지 못하게 되는 것 입니다. 따라서 PI는 3.141592를 대신한 하나의 상수라 볼 수 있으며, 숫자가 아닌 기호 형태로 되어 있기 때문에 이를 기호 상수라고 부릅니다.

예제 16-1 define문 연습

```
#include <stdio.h>
#define PI 3.141592

int main()
{
   int r;
   printf("반지름 값을 입력하세요 :");
   scanf("%d", &r);
   printf("원의 넓이 :%lf \n", r*r*PI);

   return 0;
}
```

실행결과

```
반지름 값을 입력하세요 :5
원의 넓이 :78.539800
```

C Programming

16.1 #define 문의 특징

- 행 끝에 세미콜론(;)을 붙이지 않는다
  - #define 문을 비롯한 선행처리기는 실행 코드가 아니기 때문
- 스트링 안이나 이름 안에 있는 것은 치환되지 않음
  - #define MSG "Hello!"
  - printf("MSG"); ⟷
- 기호 상수를 정의할 때 앞에서 정의한 상수를 사용 할 수 있음
  - #define TWO 2
  - #define FOUR TWO*TWO

반면에 스트링 안이나 이름 안에 있는 것은 치환되지 않습니다. 예를 들어 다음과 같이 정의되어 있다고 할 때, MSG는 스트링 내에 있기 때문에 선행처리기에 의해 치환되지 않습니다.

```
#define MSG "Hello!"
void main() {
   printf("MSG");
}
```

기호 상수를 정의할 때 이미 앞에서 정의한 상수를 사용할 수 있습니다.

```
#define TWO 2
#define FOUR TWO*TWO
```

이때 x = FOUR;로 사용하면 이는 전처리기에 의해 x = 2*2;로 바뀌게 됩니다.

이밖에도 #define명령은 사용자가 기억하기 힘든 수치나 데이터들을 알아보기 쉽게 나타낼 때에도 사용할 수 있습니다.

예제 16-2 define문 연습

```
#include <stdio.h>
#define TWO 2
#define MSG "KPU"
#define FOUR TWO*TWO

int main()
{
   int x = TWO;
   printf("%d \n", x);
   x = FOUR;
   printf("%d \n", x);
   printf("%s \n", MSG);

   return 0;
}
```

실행결과

```
2
4
KPU
```

C Programming

16.2 매크로 함수

- 인수를 포함하는 매크로 정의
  - 선언형식

    #define 매크로이름(인수) 인수를 포함한 문자열

  - (예1)

    →

  - (예2) " "

    "

  -

16.2 매크로 함수

매크로는 함수와 유사한데, 다음 그림은 매크로 함수의 선언 방법을 설명한 것입니다.

```
#define SQ(x) ((x) * (x))
```

- ((x) * (x)) 부분의 (x) — 형식 인자 양쪽에는 괄호를 쳐주는 것이 좋습니다.
- ((x) * (x)) — 형식 인자
- SQ(x) — 매크로 함수이름(함수 이름과 뒤에 오는 괄호에 공백을 두어서는 안됩니다)

매크로 함수라고 해서 특별한 것은 아닙니다. 단지 #define문을 사용하여 함수와 같은 효과를 거둔 것에 불과합니다. 다음은 위 예가 프로그램 상에서 어떻게 사용되는가를 보여주는 것입니다.

```
x = SQ(3)   ──────────→   x = ((3)*(3))
y = SQ(9)   ──────────→   y = ((9)*(9))
z = SQ(a)   ──────────→   z = ((a)*(a))
제곱한 값을 되돌린다        선행처리기를 통과한 후
```

매크로 함수를 사용할 때 한 가지 주의할 점이 있는데, 바로 함수부분의 변수 'x'에 괄호를 친 것입니다. 만약 괄호를 없애고 프로그램을 한다면 다음과 같이 잘못된 결과가 나타날 것입니다.

```
#define SQ(x) (x * x)
[ SQ() 를 사용한 예 ] ──────────────────────────

x = SQ(3)       ──────→    x = (3 * 3);          /* 답 : 9  */
y = SQ(4 + 5)   ──────→    x = (4 + 5 * 4 + 5);  /* 답 : 29 */
```

사용 예 부분을 보면 첫 번 째 경우는 결과가 정상적으로 나오지만 두 번 째 경우에서는 원하는 값이 나오지 않고 있음을 알 수 있습니다. 즉 9의 제곱한 값 '81'을 원했는데 결과는 곱하기의 연산 우선순위 때문에 답이 '29'가 나옴을 볼 수 있습니다. 이러한 오류를 막기 위해서 매크로 함수의 형식 인자양쪽에는 괄호를 반드시 해 주어야 하는 것이 원칙으로 되어 있습니다.

매크로 함수를 사용함으로써 생기는 이점은 실행속도가 빨라진다는 것입니다. 이유는, 일반 함수의 경우 함수를 호출할 때 시간이 걸리는데 반해 매크로 함수는 사실 함수가 아니기 때문에 함수 호출 시간이 소모되지 않는 것입니다(매크로 함수는 함수처럼 보일 뿐이지 사실은 연속적인 프로그램일 뿐입니다).

예제 16-3 define문 연습

```c
#include <stdio.h>
#define SQUARE(x) ((x)*(x))
#define PR(x) printf("x is %d \n, x")

int main()
{
   int x, z;
   x = 3;
   z = SQUARE(x);
   PR(z);
   z = SQUARE(2);
   PR(Z);
   PR(SQUARE(x));

   return 0;
}
```

실행결과

```
x is 9
x is 4
x is 9
```

C Programming

16.3 SWAP 함수

❑ SWAP( ) 함수

- 두 개의 변수 값을 바꿀 때 사용하는 함수 이름으로 많이 사용
- 두 변수의 값을 바꿀 경우 보통 함수 안에 일시적 변수를 만들어 한 변수의 값이 사라지는 것을 방지

```
void swap(int *a, int *b)
{
    int temp;
    temp = *a;
    *a = *b;
    *b = temp;
}
```

16.3 SWAP 함수

SWAP이란 바꾼다는 뜻으로 두 개의 변수 값을 바꿀 때 사용하는 함수의 이름으로 많이 사용됩니다. 두 변수의 값을 바꿀 때는 보통 함수 안에 다음과 같이 일시적 변수를 만들어 한 변수의 값이 없어지지 않도록 보관합니다.

```
void swap(int *a, int *b)
{
        int temp;
        temp = *a;
        *a = *b;
        *b = temp;
}
```

위 함수는 두 개의 정수 포인터를 받아 그 값을 바꾸어 주는 함수입니다. 이 함수의 단점은 지역변수 temp를 사용한다는 점과 단지 두 개의 변수값을 바꾸기 위해 함수 호출을 해야 한다는 것인데, 이것을 비트연산인 XOR를 이용하여 매크로 함수로 만들면 다음과 같습니다.

```
#define swap(a,b) { a ^= b; b ^= a; a ^= b; }
```

다음은 이것을 가지고 초기값이 5, 6인 변수의 값을 바꾸는 것을 나타낸 것입니다.

```
초기값   a = 5(이진수:101),  b = 6(이진수:110)

         a = a ^ b;  (101 xor 110 = 011) ──────→ a = 3, b = 6
         b = b ^ a;  (110 xor 011 = 101) ──────→ a = 3, b = 5
         a = a ^ b;  (011 xor 101 = 110) ──────→ a = 6, b = 5
```

결과적으로 두 변수의 값은 바뀌었습니다. 이 매크로 함수의 특징은 함수 호출이 되지 않고, 프로그램 중간에 끼어 들어가므로 실행 속도도 빠릅니다. 뿐만 아니라 이 알고리즘은 조금만 수정하면 정수형뿐만 아니라 다른 데이터 유형에도 적용시킬 수 있답니다.

16.4 #include 문

❑ #include 문

- “”
-
-
-

16.4 #include 문

우리는 지금까지 프로그램을 작성할 때 마다 매번 맨 앞부분에 #include <stdio.h> 라는 문장을 사용하였습니다. 이의 의미는 stdio.h 파일을 복사해 와서 이곳에 붙여 놓기 하는 것입니다.

즉, 이곳에 stdio.h 파일의 내용을 그대로 써주는 것과 같은 효과를 가져옵니다.

C Programming

16.4 #include 문

- #include 문의 사용 형식
  - 사용하는 괄호에 따라 두 가지 형식이 존재함

사용 형식	설명	검색 위치
#include <file.h>		
#include "file.h"		

#include 문은 #define 문과 마찬가지로 선행처리기의 일종입니다. #include문은 다음과 같이 두 가지 형태로 사용됩니다.

```
(1) #include <파일 이름>          /* 시스템 제공 파일 */
(2) #include "파일 이름"          /* 사용자 정의 파일 */
```

#include는 두 가지 형식이 있는데, (1)과 같이 < >로 둘러싸여 있는 파일은 C에서 미리 정해놓은 디렉토리에서 헤더파일을 찾게 됩니다. 설정 디렉토리에 해당 파일이 있으면 이를 읽어 들이고 없으면 에러가 발생됩니다. 반면에 (2)와 같이 " "로 둘러싸여 있는 파일은 현재의 작업 디렉토리에서 헤더파일을 찾게 됩니다.

#include라는 명령어는 뒤에 쓰인 파일을 현재 파일의 윗부분으로 포함 시키는 기능을 합니다. 이렇게 해서 헤더파일을 소스코드에 포함한 다음 컴파일하게 됩니다.

그리고 #include로 포힘한 화일 내에 또 #include 문이 있을 수 있으며, 이 경우 해당 파일을 마찬가지로 읽어 들이게 됩니다.

예를 들어 다음과 같은 파일들이 존재한다고 가정할 때,

```
/*  def.h  */
#define MAX 100
#define MIN  10

/*  main.c  */
#include "def.h"
void main()
{
   printf("max = %d, min = %d\n",MAX,MIN);
}
```

main.c의 소스파일에서 #include "def.h"를 만나게 되면 전처리기는 def.h란 파일을 읽어 들여 #include 문이 있는 위치에 삽입하게 됩니다. 그러면 다음과 같이 됩니다.

```
/*  def.h  */
#define MAX 100
#define MIN  10
                        삽입
/*  main.c  */
#define MAX 100
define MIN  10
void main()
{
  printf("max = %d, min = %d\n",MAX,MIN);
}
```

그러면 결국 컴파일러에게는 다음과 같은 프로그램이 전달되는 것입니다.

```
void main()
{
    printf("max = %d, min = %d\n",100,10);
}
```

만약 #include 문이 없다면 처리되지 않은 문장 MAX, MIN이 컴파일러에게 전달되어 컴파일시 에러가 발생하게 될 것입니다.

```
void main()
{
    printf("max = %d, min = %d\n",MAX, MIN);
}
```

▣ 시스템에서 제공하는 include 디렉토리에 있는 헤더파일들은 다음과 같습니다.

헤더파일명	헤 더 화 일 의 내 용
alloc.h	메모리의 할당 및 해제와 관련된 메모리 관리함수 선언
assert.h	assert 디버깅 매크로의 정의
bios.h	ROM BIOS루틴의 호출시 사용되는 함수 선언
conio.h	Console 입출력 루틴의 호출함수 선언
ctype.h	문자분류 및 문자변환 매크로에 의해 정의된 정보 포함
dir.h	디렉토리 및 경로명에 대한 구조체, 매크로, 함수 등을 포함
dos.h	MS-DOS와 8086의 특정 호출 및 다양한 상수의 정의
errno.h	각종 에러코드에 대한 상수 부호 정의
float.h	부동소수점 루틴을 위한 파라메터 포함
graphics.h	그래픽 함수들을 위한 프로토타입 선언
io.h	낮은 차원의 입출력을 위한 구조체 및 선언을 포함
limits.h	컴파일시 제약에 관한 사항 포함
math.h	수학 함수에 대한 프로토타입 선언 포함
mem.h	메모리 처리 함수의 선언
share.h	파일의 공유에 사용되는 함수의 파라메터 변수의 정의
signal.h	signal과 raise함수 사용에 대한 선언 및 상수의 정의
stdio.h	표준 입출력을 위하여 필요한 형 및 매크로 정의
stdlib.h	변화루틴, 검색루틴, 소트루틴 등 일반적으로 사용되는 루틴 선언
string.h	메모리 처리루틴과 문자열 처리루틴 (mem.h의 내용 대부분을 포함)
time.h	시간 변화루틴인 asctime, localtime, gmtime에 의해 채워지는 구조체 및 ctime, difftime, gmtime, localtime, stime루틴에 의해 사용되는 형의 정의 및 이들 루틴의 프로토타입 제공

확장자가 h로 끝나는 파일들을 헤더파일(header file)이라 부릅니다. 이 헤더파일은 라이브러리 함수에 대한 함수 원형의 선언을 제공하고 있습니다. 물론 사용자가 필요에 따라 헤더파일을 만들 수도 있습니다.

C Programming

16.5 **#undef**문

- 매크로 취소 : #undef
- #define과 정 반대의 역할(정의된 기호 상수를 취소)
  - 선언형식

```
#undef  매크로이름
```

  - (예)

```
#define  MAX 100
#undef  MAX
#define  MAX 200
```

16.5 #undef 문

#undef는 #define과는 정 반대의 역할을 하는 것으로 이미 정의된 기호 상수를 취소시켜 정의되지 않은 상태로 만들고자 할 때 사용합니다.

예를 들어 다음 프로그램에서,

```
#define SIZE 100
i = SIZE;
#undef SIZE
j = SIZE;
```

i = SIZE;를 수행할 때에는 SIZE가 100으로 정의되어 있으므로 i = 100;과 같지만, 그 다음 문장 #undef SIZE에 의해 SIZE의 정의가 취소되었기 때문에 j = SIZE;에서는 SIZE가 모르는 기호라고 에러가 발생됩니다.

#undef를 사용하면 프로그램의 부분에 따라서 같은 이름의 기호를 다른 의미로 지정할 수도 있습니다. 예를 들어 다음과 같이 사용할 수 있습니다.

```
#define SIZE 100
i = SIZE;
#undef SIZE
#define SIZE 200
j = SIZE
```

만약 위에서 #undef를 사용하지 않고 다음과 같이 그냥 사용하게 되면,

```
#define SIZE 100
i = SIZE;
#define SIZE 200
j = SIZE;
```

SIZE를 중복 정의한 것이 되어 컴파일 시에 에러가 발생하게 됩니다. 특히 시스템 헤더 파일을 포함할 때 자신이 정의한 기호 상수와 같은 이름의 상수가 정의되어 있을 때, 이와 같은 에러가 발생할 수 있습니다. 이때에도 #undef를 사용하면 이와 같은 에러를 방지할 수 있습니다.

C Programming

16.6 #if, #elif, #else, #endif, #ifdef, #ifndef

- #if, #elif, #else, #endif
  - 조건부 컴파일을 위한 것으로 특정 조건이 만족하면 컴파일 작업을 수행하고 그렇지 않으면 수행하지 않도록 하기 위해 사용

```
#if MAX > 100     /* MAX는 #define에 의해 정의되어 있어야 함*/
   size = 100;
#elif MAX > 10    /* elif는 else if의 약자*/
   size = 10;
#else
   size = 0;
#endif
```

16.6 #if, #elif, #else, #endif, #ifdef, #ifndef 문

이들 문장들은 이른바 조건부 컴파일을 위한 것으로 특정 조건이 만족하면 컴파일 작업을 수행하고 그렇지 않으면 수행하지 않도록 하기 위해 사용됩니다. 예를 들어 다음 프로그램의 경우를 생각해 보겠습니다.

```
#if MAX > 100          /* MAX는 #define에 의해 정의되어 있어야 합니다 */
    size = 100;
#elif MAX > 10         /* elif는 else if의 약자입니다 */
    size = 10;
#else
    size = 0;
#endif
```

위의 의미는 if 문과 유사합니다. 단 위의 문장이 전처리기에 의해 처리되는 것이 다른데, if 다음의 조건이 만족되면 전처리기는 size = 100;을 처리하여 컴파일러에게 넘겨주게 됩니다. 만약 조건이 만족되지 않으면 그 다음의 elif로 가서 조건이 만족되는지를 보고, 만족되면 전처리기는 size = 10;을 처리하여 컴파일러에게 전달하게 됩니다. 계속 그렇게 해 나가다가 만족되는 조건이 없으면 else 다음의 size = 0;을 처리하여 전달하게 됩니다. 만약 else 또한 없는 경우에는 위의 문장들을 하나도 처리하지 않게 되므로 컴파일러에게는 문장들이 하나도 전달되지 않아 마치 프로그램에 아예 없는 것과 같은 결과를 낳게 됩니다. 반면에 #if 나 #else 다음에 또 #if가 올 수 있기 때문에 위 프로그램은 다음과 같이 다르게 만들 수도 있습니다.

```
#if MAX > 100
   size = 100;
#else
   #if MAX > 10
     size = 10;
   #else
     size = 0;
   #endif
#endif
```

C Programming

16.6 #if, #elif, #else, #endif, #ifdef, #ifndef

- #ifdef, #ifndef, #endif
  - #ifdef은 뒤의 기호가 #define에 의해 정의되어 있으면 참이 되어 그 다음의 문장들을 처리하게 되고, 그렇지 않으면 #endif 다음으로 넘어가게 됩니다.

```
#ifdef 기호
    문장들;
#endif
```

  - #ifndef은 뒤의 기호가 #define에 의해 정의되어 있지 않으면 참이 되어 그 다음의 문장들을 처리하게 되며, 정의되어 있으며 #endif 다음으로 넘어가게 됩니다.

```
#ifndef 기호
문장들;
#endif
```

그리고 #ifdef와 #ifndef는 #endif하고만 같이 사용하며 다음과 같은 형태로 사용합니다.

```
#ifdef 기호
      문장들;
#endif
```

#ifdef은 뒤의 기호가 #define에 의해 정의되어 있으면 참이 되어 그 다음의 문장들을 처리하게 되고, 그렇지 않으면 #endif 다음으로 넘어가게 됩니다.

```
#ifndef 기호
      문장들;
#endif
```

#ifndef은 뒤의 기호가 #define에 의해 정의되어 있지 않으면 참이 되어 그 다음의 문장들을 처리하게 되며, 정의되어 있으면 #endif 다음으로 넘어가게 됩니다.

예제 16-4

```
1   #include <stdio.h>
2   #define MAX 100
3
4   int main()
5   {
6      int size;
7      #ifdef MAX
8        size = 10;
9      #endif
10       size = 0;
11     printf("size is %d", size);
12
13     return 0;
14  }
```

실행결과

```
size is 0
```

7행에서 #ifdef MAX는 #define문에서 MAX가 정의 되어 있으면 참이 되어 size =10 문장을 선택하고 정의되어 있지 않으면(#endif) size =0문장을 선택하게 된다.

▣ 선행처리문을 위한 연산자

선행처리문 내에서만 사용할 수 있는 연산자들이 있는데, 다음과 같이 3개가 있습니다.

```
#, ##, defined
```

#과 ##은 주로 #define을 사용하여 매크로를 정의할 때 사용되는 연산자들로 #은 바로 뒤의 인자를 스트링으로 바꾸어주는 역할을 합니다. 예를 들어 어떤 정수 변수의 이름과 그 값을 출력시키는 매크로를 작성하고자 할 때 다음과 같이 하면 됩니다.

```
#define PRI(x) printf(#x "= %d₩n",x)
```

위 예에서 x앞에 '#' 연산자를 사용하고 있습니다. 위와 같이 정의한 후 다음과 같이 매크로를 사용하게 되면,

```
PRI(i);
```

이는 다음과 같이 바뀌게 됩니다.

```
printf("i" "= %d₩n",i);
```

즉 #x에 의해 x가 스트링 x, 즉 "x"로 바뀌게 되어 "i"가 되며 두 개의 스트링을 연접해서 사용하면 이는 하나의 스트링으로 간주되므로, 다음과 같은 결과가 됩니다.

```
printf("i = %d₩n",i);
```

'#' 연산자는 위와 같이 인자의 이름을 출력하거나 스트링에 포함시키고자 할 때 주로 사용하고 있습니다.

반면에 '##' 연산자는 x##y의 형태로 사용하는데, x와 y를 붙여 하나의 이름으로 만듭니다. 예를 들어 다음과 같이 사용할 수 있습니다.

```
#define CON(x,y) (x##y)
```

위와 같이 정의해 놓고 다음과 같이 사용하면,

```
CON(i,1) = 100;
```

이는 다음과 같이 바뀌게 됩니다.

```
i1 = 100;
```

즉 변수의 이름들을 둘로 나눌 수 있을 때, 또는 상황에 맞게 서로 다른 변수들을 사용하고자 할 때 ## 연산자를 사용하면 편한 경우가 많습니다.

마지막으로 defined 연산자는 #if 문에서 사용하는 것으로 다음과 같이 사용합니다.

```
#if defined(이름)
```

이는 이름 그대로 이름이 정의되어 있는가를 물어보는 것으로서 정의되어 있으면 참이 되고 정의되어 있지 않으면 거짓이 됩니다. 따라서 위의 문장은 다음과 같습니다.

```
#ifdef 이름
```

그러나 여러 개의 이름이 동시에 정의되어있는 지를 조사하고자 할 때에는 다음과 같이 defined를 사용하는 것이 편리한 경우가 많습니다.

```
#if defined(OS) && defined(MACHINE)
```

16.7 기타 선행처리기 : #line 문

- #line 문
  - __LINE__ (코드가 위치한 줄) __FILE__ (코드가 사용되는 파일 이름) 매크로를 재정의함
  - 줄 수는 정수로, 파일 이름은 문자열 형태로 지정(생략 시 현재 상태 유지)

#line 줄수 파일이름

  - (예)

```
void main()
{
    ;
    printf("%d\n", __LINE__);
    printf("%s\n", __FILE__);
}
```

→

```
void main()
{
#line 123 "line.cpp"
    printf("%d\n", __LINE__);
    printf("%s\n", __FILE__);
}
```

16.7 기타 선행처리기

■ #line 문

#line 문은 사용사를 위한 문장이기 보다는 김파일러 자체를 위한 선행처리문입니다. 예를 들어 다음과 같이 test.c란 파일이 있다고 가정합니다.

```
void main() {                /* test.c 1번 라인 */
    int x, y;                /* test.c 2번 라인 */
    x = 1;                   /* test.c 3번 라인 */
    #line 100 "main.c"       /* test.c 4번 라인 */
    y = 1;                   /* main.c 100번 라인 */
    printf("%d, %d\n",x,y);  /* main.c 101번 라인 */
}                            /* main.c 102번 라인 */
```

처음 3줄을 처리할 때는 이 파일의 이름이 test.c가 되고 라인의 번호도 차례대로 1, 2, 3이 됩니다. 그런데 그 다음 #line 100 "main.c"를 만나면서 이 파일의 이름이 main.c로 바뀌고 라인 번호도 5가 아닌 100부터 시작하게 됩니다.

이는 다음과 같이 일부러 에러가 나게 만들고 컴파일 작업을 해보면 쉽게 알 수 있습니다.

```
void main() {
    int j = i;
    #line 100 "error.c"
    k = 1;
}
```

이와 같이 #line문은 에러 메시지를 출력하기 위해 사용합니다. 예를 들어 프로그램이 main.c란 이름으로 다음과 같이 작성되었을 때,

```
#include "my.h"
void main() {
    int k = i;
        :
}
```

맨 처음 #include 문에 의해 선행처리기가 이 파일을 읽어 들이고 읽어 들인 것을 컴파일러에게 전달하게 됩니다. 그런데 my.h에 에러가 있다고 가정한다면, 컴파일러는 my.h란 파일을 읽었는지 모르기 때문에 main.c에서 에러가 났다고 할 것입니다. 또한, my.h를 읽어 들이므로 해서 위의 main.c는 늘어나게 됩니다. 즉 라인 번호가 증가하기 때문에 만약 int k = i;에서 에러가 났다 하더라도 이는 라인 번호 3이 아닌 보다 큰 값으로 나오게 됩니다. 그렇기 때문에 사용자는 어디서 에러가 났는지 전혀 감을 못 잡게 될 것입니다. 그러나 위의 프로그램을 다음과 같이 작성하게 되면 에러가 나더라도 올바른 메시지를 얻을 수 있게 됩니다.

```
#line 1 "my.h"
#include "my.h"
#line 2 "main.c"
void main() {
   int k = i;
     :
}
```

실제로 사용자가 이와 같이 하지 않더라도 전처리기가 알아서 처리해 주기 때문에 사용자들은 올바른 에러 메시지를 얻을 수 있습니다.

C Programming

16.7 기타 선행처리기 : #error 문

❑ #error 문

- 지정한 에러 메시지를 출력하고 선행처리 과정에서 컴파일을 중지시킴
- 주로 조건부 컴파일 지시자와 함께 사용되어 컴파일이 불가능하다는 상황을 개발자에게 알림
- 기본 형식 : **#error** 에러메시지

■ #error 문

#error는 #if문과 같이 주로 사용되는데 컴파일시 어떤 조건에 의해서 컴파일을 중단하는데 사용하고, 독창적인 에러 메시지를 출력할 수도 있다. 일반적인 사용 형식은 다음과 같습니다.

```
#error [ 오류 메시지 ]
```

이때 오류 메시지는 이중 따옴표를 사용하지 않는 임의의 문자열입니다.

선행처리기가 #error를 만나면 다음과 같은 오류 메시지를 출력합니다.

```
Error xxxxx.c  #### : Error directive : 오류 메시지
                    ↳ 선행처리기가 #error를 만난 현재의 행 번호
↓
현재 처리중인 파일이름
```

C Programming

16.8 그 밖의 기능

- typedef 문 : 새로운 데이터 유형을 정의할 때 사용
- Typedef문을 이용하만 프로그램을 보다 쉽게 이해할 수 있을 뿐만 아니라 프로그램 변경 시에도 수정이 편리함

typedef <데이터 유형> <대표 문자열>

- 예)

```
typedef char byte;
typedef int word;

byte ch; -------→char ch;
word i;  -------→int i;
```

16.8 그 밖의 기능

■ typedef 문

typedef 문은 새로운 데이터 유형을 정의할 때 사용합니다. 그러나 실제로 완전히 새로운 데이터 유형을 만드는 것은 아니고 단지 기존에 있는 데이터 유형의 이름을 정의하는 것에 불과합니다. typedef 문은 다음과 같은 형태로 사용합니다.

```
typedef <여러 가지 데이터 유형> <대표하는 문자열>;
```

다음은 typedef를 사용하여 구조체를 선언한 예입니다.

구조체 택 (structure tag) 생략 가능

```
typedef   struct {
    char name[30];
    int kor;
    int eng;            구성요소
    int math;
    int total;
    float ave;
    } MAN;
```

typedef 문에 의해서 MAN이 점선 박스부분을 대표한다

```
void main(void) {
  MAN person;
    :
    :
  }
```

프로그램상에서 변수를 참조할 때 쓰는 변수이름 person이라는 구조체를 정의 하였다

typedef으로 대표된 구조체 이름

main 함수 안에서 마치 int형 변수나 char형 변수 등을 정의하는 것과 같이 구조체를 정의합니다.

typedef 문을 사용하면 프로그램을 보다 더 쉽게 이해할 수 있도록 만들 수 있을 뿐만 아니라 나중에 프로그램을 변경하거나 수정할 때에도 편리합니다. 반면에 #define 문을 사용해도 이와 비슷한 효과를 얻을 수 있습니다.

예제 16-5

```
#include <stdio.h>

int main()
{
   typedef char* PTR;
   PTR k;
   k = "C-Programming";
   printf("%s \n",k);

   return 0;
}
```

실행결과

```
C-Programming
```

C Programming

16.8 그 밖의 기능

- typedef와 #define의 같은 의미

```
typedef unsigned char BAR;
BAR d;
```

```
#define BAR unsigned char
BAR d;
```

→ **unsigned char BAR;**

```
typedef int vector[100];
typedef vector matrix[100];
```

→ **matrix**는 **int[100][100]**와 같은 배열을 가리키는 이름이 됨

※ **#define**으로 정의는 어려움

예를 들어 다음 프로그램은,

```
typedef unsigned char TEXT;
TEXT a, b, c;
```

다음과 같이 #define 문을 사용하여도 같은 의미를 갖게 됩니다.

```
#define TEXT unsigned char
TEXT a, b, c;
```

결과는 같지만 처리 과정이 다른데 #define 문은 선행처리기에 의해 처리되지만 typedef 문은 C의 문장이기 때문에 컴파일러에 의해 처리됩니다. 그리고 typedef 문은 데이터 유형만 정의할 수 있는데 반해 #dcfine 문은 어떠한 스트링도 정의할 수 있습니다. 그러나 typedef 문은 컴파일러에 의해 처리되기 때문에 C의 구조를 이용할 수 있습니다.(다음의 vector나 matrix를 #define 문으로

정의하기는 매우 어렵습니다).

```
typedef int vector[100];
typedef vector matrix[100];
```

vector는 int 유형의 원소 100개로 된 배열을 정의한 것이고 matrix는 vector 유형 100개로 된 배열을 정의한 것인데, vector 자체가 100개의 원소로 된 int 유형의 배열이므로 결국 matrix는 ia[100][100]과 같이 100 * 100개의 원소로 된 배열을 가리키는 이름이 됩니다.

C Programming

16.8 그 밖의 기능

- 열거형 : 구조 데이터 유형과 유사, 프로그램을 보다 더 쉽게 만들기 위해

- 정의 형식

```
enum 데이터 유형 이름{
   원소1, 원소2, ...
};
```

  - **enum** : 열거형 정의 예약어
  - **데이터 유형 이름** : 정의하는 자료형의 이름
  - **원소** : 열거형 데이터 유형 이름의 원소

■ 열거 데이터 유형(enumeration data type)

열거 데이터 유형의 사용 방법은 구조 데이터 유형과 유사한데 다음과 같은 형태로 사용합니다.

```
(1) enum 열거 데이터 유형 이름 { 원소1, ...,원소n } [ 변수1, ...,변수n ];
(2) enum 열거 데이터 유형 이름  변수1, ...,변수n;
```

(1)은 새로운 열거 데이터 유형을 정의하는 것으로 이는 중괄호 안의 원소들로 이루어진 데이터 유형이 됩니다. 그리고 그 뒤에 변수들을 정의하면 이 변수들은 모두 앞의 열거 데이터 유형의 변수들이 되며, 이 변수들은 중괄호 안의 원소들만 값으로 가질 수 있습니다. 예를 들어 다음과 같이 정의하였을 때,

C Programming

16.8 그 밖의 기능

- (사용 예)
  - 자료형 정의
    ```
    enum spectrum {
            red, orange, yellow, green, blue, violet
    };
    ```
  - 변수 선언
    ```
    enum spectrum color;
    ```
  - 값의 대입
    color = orange; 혹은 color = green;
  - 의미
    red == 0, orange == 1, yellow == 2, green == 3, blue == 4, violet == 5

```
enum weekend { Saturday, Sunday } d1, d2;
```

변수 d1과 d2는 Saturday나 Sunday를 값으로 가질 수 있게 됩니다. 그리고 주의할 것은 Saturday와 Sunday는 정수 상수이지 스트링이 아니라는 것입니다. 따라서 d1과 d2는 내부적으로 정수 유형의 변수가 됩니다.

반면에 (2)는 이미 열거 데이터 유형이 정의되어 있을 때 이 유형의 변수들을 별도로 정의할 때 사용합니다. 예를 들어 위와 같이 weekend란 열거 데이터 유형이 정의되어 있을 때.

```
enum weekend newday;
```

위에서 newday는 weekend 유형의 변수가 되어 Saturday나 Sunday를 값으로 가질 수 있습니다.

새로운 열거 데이터 유형을 정의하면 C 컴파일러는 이를 내부적으로는 0부터 시작하는 정수로 변환합니다. 예를 들어 다음과 같이 정의하였을 때,

```
enum days { Mon, Tue, Wed, Thu, Fri, Sat, Sun } d;
```

Mon부터 차례로 0, 1, 2, ... 의 값을 갖게 되어 Mon은 0, Tue는 1, Wed는 2, Thu는 3, Fri는 4, Sat은 5, 그리고 Sun은 6이 됩니다. 따라서 d = Sat;은 Sat이 5이기 때문에 실제로 d = 5;와 같습니다. 그러나 각 원소들의 값을 enum 데이터 유형으로 선언할 때 사용자가 지정할 수도 있는데, 다음과 같이 원소 = 값의 형태로 지정하면 됩니다.

```
enum days { Mon=1, Tue=3, Wed=3, Thu=-1, Fri=Mon+100, Sat=10, Sun=5 } d;
```

Tue와 Wed는 같은 값을 갖게 되는데, 이와 같이 같은 값을 가져도 상관은 없다. 또 특정 원소만 값을 지정하고 나머지는 안줄 수도 있는데, 이때 값이 지정되지 않은 원소들은 값이 지정된 가장 가까운 원소에서부터 1씩 증가하는 값을 갖게 됩니다.

```
enum days { Mon, Tue, Wed=5, Thu, Fri=100, Sat, Sun };
```

Mon은 지정된 값이 없고 맨 처음 원소이므로 0이 되며, 따라서 그 다음 원소인 Tue는 1이 됩니다. 그리고 Wed가 5이기 때문에 Thu는 값이 지정되지 않았어도 6이 되며, 마찬가지로 Fri가 100이기 때문에 Sat과 Sun은 각각 101과 102가 됩니다.

열거 데이터 유형을 사용하는 이유는 프로그램을 보다 더 알기 쉽게 만들기 위해서입니다. 예를 들어 다음과 같이 프로그램을 작성하는 것이,

```
if (day == Sun)
   weekend = true;
```

다음과 같이 작성하는 것 보다 훨씬 더 이해하기 쉽습니다.

```
if (day == 6)
  weekend = 1;
```

C Programming

const 지시어

- const 지시어
  - const를 데이터 유형 앞에 붙여 변수를 정의하게 되면 그 변수의 값은 바꿀 수가 없음

- 포인터와 관련한 const 사용 예

```
const char *s1 = "Test";          --> 스트링값 변경불가

char*const s2 = "Test";           --> s2자체 변경불가

const char*const s3 = "Test";     --> 스트링값과 s3자체 변경불가
```

■ volatile과 const 지시어

지금까지는 변수를 정의할 때 데이터 유형과 메모리 유형만 정의했었지만 실제로 하나가 더 있는데 그것이 바로 volatile과 const 지시어 입니다.

우선 const를 데이터 유형 앞에 붙여 변수를 정의하게 되면 그 변수의 값은 바꿀 수가 없게 됩니다. 예를 들어 다음과 같이 정의하게 되면

```
const int i = 10;
const float pi = 3.141592;      /* i와 pi의 값은 변경할 수 없다 */
```

위 두 변수의 값을 변화시키려고 하면 에러가 발생하게 됩니다.

또한 포인터와 관련해서 const 지시어를 사용할 때, 다음과 같이 3가지로 사용할 수 있습니다.

```
(1) const char *s1 = "Test";
(2) char *const s2 = "Test";
(3) const char *const s3 = "Test";
```

(1)의 경우는 s1이 가리키는 값이 const, 즉 변하지 않는 것이 됩니다. 따라서 s1이 가리키는 스트링 “Test"를 변경할 수 없으며 strcpy(s1,"Time");과 같은 것도 사용할 수 없습니다. 그러나 s1의 값은 바꿀 수 있기 때문에 s1 = "New string"과 같이 사용할 수 있습니다. 반면에 (2)는 s2 자체의 값을 변경할 수 없음을 의미합니다. 따라서 s2 = "New string”과 같이 사용할 수는 없으나 s2가 가리키는 스트링의 값은 바꿀 수 있기 때문에 strcpy(s2,"Time");의 사용이 가능하게 됩니다. 마지막으로 (3)은 s3의 값도 바꿀 수 없고 s3이 가리키는 스트링도 바꿀 수 없음을 의미합니다. 따라서 s3 = "New string"은 물론 strcpy(s3,"Time")도 사용할 수 없게 됩니다.

const 지시어는 이름 그대로 값을 변경해서는 안 되는 변수를 선언할 때 사용합니다. 특히 배열과 같이 받는 쪽에서 변경할 수 있는 데이터를 인자로 전달하는 경우 받는 쪽에서 이를 변경하지 못하도록 막고자 할 때 const 지시어를 사용하면 편리한 경우가 많습니다.

C Programming

16.8 그 밖의 기능

- volatile 지시어 : 변수가 프로그램의 외적인 요인에 의해 값이 변할 수 있음을 컴파일러에게 알려 주는 역할을 함

```
int i;
double j;

for (i=0;i<100;i++) {
        j=56;
        // do something
}
```

컴파일러가 바꿈 →

```
j=56;
for (i=0;i<100;i++) {
        // do something
}
```

- 특이한 상황에 의해서 최적화 코드가 원래 코드와 다른 동작을 할 경우 (루프를 도는 동안 j의 값이 프로그램의 외적인 영향으로 바뀌는 경우) volatile을 사용하여 최적화를 거치지 않게 함

volatile 키워드는 조금 특이한 것으로 뒤의 변수가 프로그램의 외적인 요인에 의해 값이 변할 수 있음을 컴파일러에게 알려 주는 역할을 합니다. 예를 들어 다음과 같이 정의하면

```
volatile int t;
```

변수 t의 값은 프로그램을 수행하는 어느 순간에나 외적인 요인에 의해 값이 변할 수 있음을 컴파일러에게 알려 주어, 컴파일러가 변수 t의 값을 사용할 때 주의하도록 만듭니다(주로 하드웨어를 제어하는 프로그램에서 발생하는데, 변수가 특정 하드웨어의 레지스터나 포트를 가리키는 경우). 특히 volatile로 정의된 변수는 레지스터에 할당되지 않습니다.

1. Welcome to my world ! Mr." 라는 문자열을 HELLO 라는 매크로명으로 정의하고, 사용자의 이름을 키보드로부터 입력받은 후 이를 HELLO 정의 뒤에 오도록 하세요.

2. FUN(a,b)는 a*2+ b*3을 수행하는 매크로로 정의한 후 FUN(1,2), FUN(3,4), FUN(5,6)의 값을 각각 구하세요.

3. FUN(a)는 a*30이다. 이때 FUN(3+ 3)의 결과는 180이 아닙니다. 180이란 값을 얻으려면 어떻게 해야 하나요?

4. 두 개의 값 중 작은 값을 구하는 매크로 함수 MIN을 정의한 후 이를 이용하여 입력된 x, y, z 세 수 중에 가장 작은 값을 출력하는 프로그램을 작성하세요.(매크로 함수 정의시 3항 연산자를 사용)

5. 사용자로부터 원의 반지름을 입력받아 원의 넓이 및 둘레를 알아내는 프로그램을 작성하시오.

6. 1에서 5까지의 숫자를 ONE, TWO, THREE, FOUR, FIVE로 각각 정의한 후 이들의 합을 구하는 프로그램을 작성하세요.

7. #define문을 이용하여 절대 값을 구하는 식을 정의하고 키보드로부터 임의의 정수를 입력하면 절대값을 출력하는 프로그램을 작성하세요.

부 록

부록 A : C 표준 함수

부록 B : ASC II CODE TABLE

부록 A : C 표준 함수

[stdio.h]표준입출력 함수

clearerr fclose fcloseall fdopen feofferror fflush fgetc fgetchar fgetpos fgets fileno flushall fopen fprintf fputc fputchar fputs fread freopen fscanf fseek fsetpos _fsopen _fstrncpy ftell fwrite getc getchar gets getw _pclose perror _popen printf putc putchar puts putw remove rename rewind rmtmp scanf setbuf setvbuf spawnl spawnle spawnlp spawnlpe spawnv spawnve spawnvp spawnvpe sprintf sscanf strerror _strerror strncpy tempnam tmpfile tmpnam ungetc unlink vfprintf vfscanf vprintf vscanf vsprintf vsscanf

[ctype.h]문자 평가 함수

isalnum isalpha isascii iscntrl isdigit isgraph islower isprint ispunct isspace isupper isxdigit toascii _tolower tolower _toupper toupper

[string.h]문자열 함수

strcat strchr strcmp strcmpi strcoll strcpy strdup stricmp strlen strlwr strncat strncmp strncmpi strncpy strnicmp strnset strpbrk setmem strrchr stpcpy strrev strset strspn strstr strtok strupr strxfrm

[stdlib.h]문자열 및 수치변환 함수

atof atoi atol calloc ecvt exit fcvt free ultoa qsort gcvt getenv itoa rand random

[math.h]수학연산 함수

abs acos asin atan atof cabs ceil cos cosh exp fabs floor fmod frexp hypot labs ldexp log log10 _matherr modf poly pow pow10 sin sinh sqrt tan tanh

[mem.h]메모리 관리 함수
_fmemccpy _fmemchr _fmemcmp _fmemcpy _fmemicmp _fmemmove _fmemset _fmovmem memccpy memchr memcmp memcpy memicmp memmove memset movedata movmem setmem

[conio.h]텍스트 화면 처리함수
cgets clreol clrscr cprintf cputs cscanf delline getch getche getpass gettext gettextinfo gotoxy highvideo inp inport inportb inpw insline kbhit lowvideo movetext normvideo outp outport outportb outpw putch puttext textattr textcolor textmode ungetch wherex wherey window

[time.h]시간함수
asctime clock ctime difftime gmtime localtime mktime randomize stime _strdate strftime _strtime time tzset

[입출력 함수]

구분	입력함수	출력함수	파일송류
문자 입출력	getc()	putc()	순차, 랜덤파일
	fgetc()	fputc()	
문자열 입출력	fgets()	fputs()	순차파일
서식지정 입출력	fscanf()	fprintf()	순차파일
블록 입출력	fread()	fwrite()	랜덤파일
정수 입출력	getw()	putw()	랜덤파일

함수이름	관련 헤더화일	형 식	내 용
_tolower	stdlib.h	int _tolower(c) int c;	문자 c가 대문자이면 소문자로 변환
_toupper	ctype.h	int _toupper(c) int c;	문자 c가 소문자이면 대문자로 변환
abort	process.h stdlib.h	void abort()	"Abnomal Program Termination" 이라는 메시지를 프린트하고 프로그램을 중단
abs	math.h	int abs(n) int n;	n의 절대값을 구한다
acos	math.h	double acos(x) double x;	n의 cos-1(x)의 값을 구한다
asctime	time.h	char* asctime(t) struct tm *t;	gmtine() 또는 localtine()으로 얻어진 t 시간을 문자열인 구조체에 저장된 시간 t로 변경
asin	math.h	double asin(x) double x;	x의 범위가 -?/2~?/2인 sin-1 (x) 값을 구함
assert	assert.h	void assert(ep) int ep;	ep 식이 거짓이면 호출한 프로세서를 끝내고, 아니면 메세지를 프린트
atan	math.h	double atan(x) double x;	x의 범위가 -?/2~?/2인 tan-1 (x) 값을 구함
atan2	math.h	double atan2(x) double x;	x의 범위가 -?~?인 tan-1(x) 값을 구함
atof	math.h	double atof(str) char* str;	문자열을 float형 수치로 변환
atoi	stdlib.h	int atoi(str) char* str;	문자열을 int형 수치로 변환
atol	stdlib.h	long atol(str) char* str;	문자열을 long형 수치로 변환
bsearch	search.h	char *bsearch(k,b,n,w,c) char *k, *b; usigned n,w; int* c();	n원소의 정렬된 배열을 2진 검색하고 크기는 w바이트이다. b는 검색된 배열의 기준 포인터이고 k는 검색키이며 c는 비교 함수에 대한 포인터
cabs	math.h	double cabs(z) struct complex z;	복소수의 절대값을 구함
calloc	stdlib.h	char* calloc(n, size) unsigned n; unsigned size;	메모리의 영역을 할당
ceil	math.h	double ceil(x) double x;	x를 넘지않는 최대 정수를 구함

함수이름	관련 헤더화일	형 식	내 용
clearerr	stdio.h	void clearerr(st) FILE *st;	주어진 st에 대하여 에어 감시기와 EOF 상태 를 0으로 해제시키는 매크로(macro)
cos	math.h	double cos(x) double x;	cos값을 구함
cosh	math.h	double cosh(x) double x;	x의 cosh값을 구함
ctime	time.h	char* ctime(t) long *t;	time() 함수를 이용하여 t를 읽고,1970년 1월 1일 부터 경과한 초수를 판정
ecvt	stdlib.h	char *ecvt(value, count, dec, sign) double value; int count, *dec, *sign;	float형 수치를 문자열로 변환
exp	math.h	double exp(x) double x;	지수 함수값 ex를 구함
math	math.h	double fabs(x) double x;	float형 수치 x의 절대값을 구함
fclose	stdio.h	int fclose(fp) FILE *fp;	fp로 지정된 화일을 닫음
fcloseall	stdio.h	int fcloseall()	모든 화일을 닫음
fcvt	stdlib.h	char* fcvt(value, count, dec,sign) double value; int count, *dec, *sign;	float형 수치를 문자열로 변환
fopen	stdio.h	FILE*fdopen(handle, type) int handle; char* type;	open,close등으로 이미 open한 표준 입력 화일로 다시 사용할 수 있도록 포인터를 반환
feof	stdio.h	int feof(fp) FILE *fp;	주어진 fp의 화일의 끝에 도달했는지 조사
ferror	stdio.h	int ferror(fp) FILE *fp;	주어진 fp내에서의 read-write중에 에러가 발 생한 일이 있는 경우는 0이 아닌 값을 반환하 고 에러가 없으면 0을 반환
fflush	stdio.h	int fflush(fp) FILE *fp;	출력 버퍼에 남아 있는 내용을 지정된 화일에 써 넣는다, 처리한 후에도 화일이 열려 있다

함수이름	관련 헤더화일	형 식	내 용
fgetc	stdio.h	int fgetc(fp) FILE *fp;	현재 위치에 있는 입력 fp에서부터 단일 문자를 읽는다. 다음 문자를 읽기 위해서는 화일포인터를 1 증가시킨다
fgetchar	stdio.h	int fgetchar()	fgetc(stdin)과 같은 기능을 하며 표준 입력장치에서 1 문자를 읽어 들인다
fgets	stdio.h	char* fgets(str,n,fp) char* str; int n; FILE *fp;	fp입력으로부터 문자열을 읽어 str 안에 저장한다. 단 개행문자 또는 최대문자수(n-1)에 도달할 때까지 입력하여 맨끝에 '₩0'을 덧붙인다
fmod	math.h	fmod(x,y)	float형 수치 나눗셈의 나머지를 구함
fopen	stdio.h	FILE *fopen(pathname, mode) char *pathname; chr *mode;	지정한 화일을 지정한 모드로 연다. 처리한 후에도 화일은 열려 있다.
fprintf	stdio.h	int fprintf(fp, format, arg1, arg2...) FILE *fp; char* format;	지정된 변환 사양으로 각 인수의 값이 지정 되어 이미 open된 fp로서 문자열 format을 출력
fputc	stdio.h	int fputc(c,fp) int c; FILE *fp;	현재 위치에 출력 fp화일로 단일 문자 c를 출력
fputchar	stdio.h	int fputchar(c) int c;	fputc(c,stdout)와 같은 기능을 하며 표준 출력 장치에 단일 문자 c를 출력
fputs	stdio.h	int fputs(str,fp) char* str; FILE *fp;	이미 지정되어 열려 있는 fp화일에 str영역의 문자열을 출력하는 함수로 출력시 '₩n' 은 붙지 않는다
fread	stdio.h	int fread(ptr,sz,nm,fp) char* ptr; int sz; int nm; FILE *fp;	주어진 fp화일로부터 지정된 갯수(nm)만큼의 데이타를 읽어서 ptr로 지정된 영역에 출력한다. 함수는 실제로 읽은 데이타의 갯수를 반환하며 sz는 0을 읽은 데이타의 크기이다
free	stdlib.h	void free(ptr) char *ptr;	할당된 메모리의 영역을 시스템에 반환

함수이름	관련 헤더화일	형 식	내 용
frexp	math.h	double frexp(x, ptr) double x; int *ptr;	지수부분과 소수부분을 분리
fscanf	stdio.h	int fscanf (fp, format, arg1, arg2,...) FILE *fp; char* format;	이미 열려져 있는 화일로부터 문자열 format 을 지정된 사양에 따라 포인터로 지정한 각 인수에 입력
fseek	stdio.h	int fseek(fp, offset, origin) FILE *fp; long offset; int origin;	기점(origin)으로부터 offset바이트 만큼의 새위치로 fp에 따른 화일 포인터를 이동시킴
ftell	stdio.h	long ftell(fp) FILE *fp;	fp가 지적하는 화일 포인터의 현제 위치를 읽음
fwrite	stdio.h	int fwrite(ptr,sz, nm,fp) char* ptr; int sz,nm; FILE *fp;	지정된 갯수(nm)만큼의 데이타를 fp화일에 기입
gcvt	stdlib.h	char* gcvt(value, digits,buffer) double value; int digits; char* buffer;	float형 수치를 아스키 문자열로 변한
getc	stdio.h	int getc(fp) FILE *fp;	지정되어 이미 열려진 화일에서 1 문자를 읽어들이는 함수
getchar	stdio.h	int getchar()	표준 입력 장치에서 1 문자를 읽어 들임
getenv	stdlib.h	char* getenv(var) char* var;	var변수에 해당하는 환경 변수의 리스트를 찾음
gets	stdio.h	char* gets(buf) cahr* buf;	표준 입력으로부터 한 라인의 내용을 읽고 buf에 저장
getw	stdi.h	int getw(fp) FILE *fp;	지정한 입력 fp로부터 int형태의 다음 2진수 값을 읽고 화일 포인터를 증가시킴
gmtime	time.h	struct tm *gmtime(t) long *t;	time() 함수로 얻은 시간을 구조체에 저장
hypot	math.h	double hypot(x,y) double x,y;	가로 x와 세로 y인 직각 삼각형의 대각선의 길이를 계산

함수이름	관련 헤더화일	형 식	내 용
isalnum	ctype.h	int isalnum(c) int c;	영문자 또는 숫자인지 판별
isalpha	ctype.h	int isalpha(c) int c;	영문자인지 판별
isascii	ctype.h	int isascii(c) int c;	아스키 문자인지 판별
iscbtrl	ctype.h	int iscntrl(c) int c;	컨트롤 문자인지를 판별
isdigit	ctype.h	int isdigit(c) int c;	숫자인지를 판별
isgraph	ctype.h	int isgraph(c) int c;	그래픽 문자인지를 판별
islower	ctype.h	int islower(c) int c;	영문 소문자인지를 판별
isprint	ctype.h	int isprint(c) int c;	인쇄 가능한 문자인지를 판별
ispunct	ctype.h	int ispunct(c) int c;	기호 문자인지를 판별
isspace	ctype.h	int isspace(c) int c;	공백 문자인지를 판별
isupper	ctype.h	int isupper(c) int c;	영어 대문자인지를 판별
isxdigit	ctype.h	int isxdigit(c) int c;	16진수인지를 판별
itoa	stdlib.h	char* itoa(value, string , radix) int value; char* string; int radix;	int형 수치를 문자열로 변환
labs	math.h	long labs(n) long n;	long형 수치 x의 절대값을 구함
ldexp	math.h	double ldexp(x,k) double x; int k;	x * 2k를 계산
localtime	time.h	struct tm *localtime(t) long *t;	구조체에 지역별 시간을 저장한다. 이 시간 을 time() 함수로 이용
log	math.h	double log(x) double x;	log x의 값을 계산
log10	math.h	double log10(x) double x;	log10x의 값을 계산

함수이름	관련 헤더화일	형 식	내 용
longjmp	setjmp.h	void longjmp(env,val) jmp_buf env; int value;	setjmp에 의해 env에 저장된 환경을 다시 저장
ltoa	srdlib.h	char* ltoa(value, string, radix) int value; char* string; int radix;	long형 수치를 문자열로 변환
malloc	stdlib.h	char* malloc(size)	메모리 영역을 할당
matherr	math.h	int matherr(x) struct exception *x;	연산 처리 에러
memccpy	memory.h	char* memccpy (d, s, c, cnt) char* d; char* s; int c; unsigned cnt;	s에서 d로 해당하는 문자를 복사하는데 c가 나타날 때까지 계속 찾고 없으면 cnt 바이트만큼 만 복사
memchr	memory.h	char* memchr(buf, c, cnt) char *buf; int c; unsigned cnt;	buf안에 있는 내용중 c에 해당하는 문자가 처 음 나타나는 것을 조사하여 c에 해당하는 문자 가 없으면 처음부터 cnt바이트 만큼 조사
memcmp	memory.h	int memcmp(buf1, buf2,cnt) char* buf1,buf2; unsigned cnt;	buf1과 buf2의 내용중 각각 cnt바이트 만큼 비교
memcpy	memory.h	char *memcpy(dest,src,cnt) char *dest,*src; usigned cnt;	메모리 데이타를 복사
memset	memory.h	char *memset(dest ,c,cnt) char *dest; int c; unsigned cnt;	c에 해당하는 문자를 메모리 위치 dest로부터 cnt바이트만큼 넣는다
modf	math.h	double modf(x,ptr) double x; double *ptr;	부동소숫점수의 정수 부분과 소수 부부을 분리

함수이름	관련 헤더화일	형 식	내 용
movedata	memory.h	void movedata(srcseg, srcoff, destseg,destoff, nbytes) int secseg, scroff, destseg, destoff; unsigned nbytes;	srcseg: scroff가 가르키는 근원지에서 nbytes 만큼을 최종지 (destseg : destoff)로 복사
pow	math.h	double pow(x,y) double x,y;	xy를 계산
printf	stdio.h	int printf(format, arg1, arg2,...) char *format;	지정된 변환 사양으로 각 인수의 값을 출력 화 일에 문자열로서 출력
putc	stdio.h	int putc(c,fp) int c; FILE *fp;	지정되어 열려진 fp화일에 단일 문자 c를 출력 하는 매크로 함수
putchar	stdio.h	int putchar(c) int c;	putc(c,stdout)와 동일하며 표준 출력에 단 일 문자 c를 출력하는 함수
putenv	stdlib.h	int putenv(env) char *env;	환경 변수를 env로 변경
puts	stdio.h	int puts(str) char *str;	표준 출력 장치로 주어진 문자열 str을 출력
putw	stdio.h	int putw(binint,fp) int binint; FILE *fp;	지정한 fp의 현재 위치로 int형의 2진수 값 을 출력
qsort	search.h	void qsort(b,n,w,c) char *b; unsigned n,w; int *c();	n원소의 배열을 quick sort기법으로 정렬한 다. 크기는 w바이트이며 b는 검색된 배열의 기준 포인터이고 c는 비교 함수 포이터이다
raise	signal.h	int raise(sig) int sig;	sig를 호출 프로그램으로 보낸다
rand	stdlib.h	int rand()	난수를 발생
realloc	stdlib.h	char *realloc(ptr,size) char *ptr; unsigned size;	메모리 영역을 재 할당
setbuf	stdio.h	void setbuf(fp ,buf) FILE *fp; char *buf;	지정된 fp에 대하여 buf 제어를 허용한다. 이미 열려져 있는 fp이어야 하고 buf는 BUFSIZ의 문자 배열 포인터를 갖고 있어야만 한다

함수이름	관련 헤더화일	형 식	내 용
setimp	setimp.h	void setimp(env) jmp_buf env;	스택 환경을 저장
signal	signal.h	int *signal(sig,func()) int sig; int *func();	OS로부터 인터럽트 신호를 처리한다. sig은 반드시 signal.h에 정의되어 있는 SIGINT 또 는 SIGFPE 중의 내용
sin	math.h	double sin(x) double x;	sin x의 값을 계산
sinh	math.h	double sinh(x) double x;	sinh x의 값의 계산
sprintf	stdio.h	int sprintf(str, format, arg1, arg2,...) char *str; char *format;	지정된 변환 사양으로 각 인수의 값이 지정 되어 str 문자열로 format을 출력
sqrt	math.h	double sqrt(x) double x;	x의 제곱근을 계산
srand	stdlib.h	void srand(seed) unsigned seed;	난수 발생 seed를 설정
sscanf	stdio.h	int sscanf(str, format, arg1, arg2,...) char *str; char *format;	지정된 주기억 안으로 문자열을 지정된 사양 에 따라 포인터로 표현된 각 인수에 입력
strcat	string.h	char *strcat(str1,str2) char *str1, *str2;	str1이 가리키는 문자열의 뒤에 str2기 가리 키는 문자열을 결합
strchr	string.h	char *strchr(str,c) char *str; inr c;	str이 기리키는 위치에서 문사 c가 가리키는 위치에 있는 문자를 복사
strcmp	string.h	char *strcmp(str1,str2) char *str1, *str2;	str1이 가리키는 문자열과 str2가 가리키는 문자열을 비교
stricmp	string.h	int stricmp(str1,str2) char *str1, *str2;	str1 문자열과 str2 문자열을 비교시 대문자 와 소문자를 구별하지 않고 비교
strcpy	string.h	char *strcpy (str1, str2) char *str1,*str2;	str2 문자열을 str1 이 가리키는 위치에 복 사
strcspn	string.h	int strcspn(str1,str2) char *str1,*str2;	str1 문자열에서 str2 문자열에 없는 문자가 나타 날 때까시 비교
strdup	string.h	char *strdup(str) char *str;	str 이 가리키는 위치에 있는 문자를 복사

함수이름	관련 헤더화일	형 식	내 용
strsrror	string.h	int strerror(str) char *str;	str이 가리키는 문자열이 NULL과 같으면 0을 갖고 개행 문자가 나타날 때까지 계속 처리
strlen	string.h	int strlen(str) char *str;	str 문자열의 길이를 구함
strlwr	string.h	char *strlwr(str) char *str;	str 문자열중 대문자를 소문자로 변환
strncat	string.h	int strncat(str1,str2,n) char *str1,*str2; usigned n;	str1이 가리키는 곳에 str2 문자열 중 n개의 문자를 뒤에 첨가
strncpy	string.h	char *strncpy(str1,str2,c) char *str1,*str2; unsigned c;	str2 문자열을 str1이 가리키는 곳에 c만큼 복사
strncmp	string.h	int strncmp(str1,str2, c) char *str1,*str2; unsigned c;	str1 문자열과 str2 문자열을 c갯수 만큼 비 교
strnicmp	string.h	int strnicmp (str1, str2,c) char *str1,*str2; unsigned c;	str1 문자열과 str2 문자열을 c갯수 만큼 비 교하는데 대문자와 소문자를 구별하지 않고 비교
strnset	string.h	char *strnset(str,c,n) char *str; int n,c;	str이 가리키는 곳에 n개를 문자 c로 초기화
strpbrk	string.h	char *strpbrk(str1,str2) char *str1,*str2;	str2가 가리키는 곳에 문자열이 str1이 가리 키는 문자열에서 첫번째 나타나는 것을 검색
strrchr	string.h	int strrchr(str,c) char *str; int c;	str이 가리키는 곳에 문자열에서 문자 c가 맨 마지막에 나타나는가를 검색
strrev	string.h	char *strrev(str) char *str;	str 문자열의 순서의 역순
strset	string.h	strset(str,c)	str이 가리키는 곳의 모든 문자를 c로 교환
strspn	string.h	strspn(str1,str2)	strcspn()과 동일
strstr	string.h	strstr(str1,str2)	str2가 가리키는 문자열이 str1이 가리키는 문자열에서 첫번째 나타나는 문자열을 검색
strtod	stdlib.h	strtod(np,exd)	np에 위해 지적된 문자열중 숫자를 문자로 변환
strtok	stdlib.h	strtok(str1,str2)	str1이 가리키는 문자열에서 str2가 가리키 는 문자열 검색

함수이름	관련 헤더화일	형 식	내 용
strupr	stdlib.h	strupr(str)	str이 가리키는 문자열중 소문자를 대문자로 변환
swab	stdlib.h	swab(s,d,n)	근원지 s에서부터 n바이트를 복사하고 각각 의 상위 바이트를 하위 바이트와 서로 교체 한 후 이 내용을 종착지 d에 저장
tan	math.h	tan(x)	tan x의 값을 계산
tanh	math.h	tanh(x)	tanh x의 값을 계산
time	time.h	time(tp)	시스템의 시각을 초단위로 판정
toascii	ctype.h	toascii(c)	ASCII 문자로 변환
tolower	ctype.h	tolower(c)	소문자로 변환
toupper	ctype.h	toupper(c)	대문자로 변환
tzset	time.h	tzset()	환경 변수에 의한 현재 시간을 이용
ultoa	stdlib.h	ultoa(value string, radix)	long형 수치를 문자열로 변환
ungetc	stdio.h	ungetc(c,fp)	주어진 입력 fp상으로 문자 c를 그 문자 앞 에 화일의 read 위치가 있는 그대로 둔다. 그 문자는 다음 getc를 호출해서 반환

부록 B : ASC II CODE TABLE

10진수	16진수	8진수	2진수	ASCII	10진수	16진수	8진수	2진수	ASCII
0	0×00	000	0000000	NULL	64	0×40	100	1000000	@
1	0×01	001	0000001	SOH	65	0×41	101	1000001	A
2	0×02	002	0000010	STX	66	0×42	102	1000010	B
3	0×03	003	0000011	ETX	67	0×43	103	1000011	C
4	0×04	004	0000100	EOT	68	0×44	104	1000100	D
5	0×05	005	0000101	ENQ	69	0×45	105	1000101	E
6	0×06	006	0000110	ACK	70	0×46	106	1000110	F
7	0×07	007	0000111	BEL	71	0×47	107	1000111	G
8	0×08	010	0001000	BS	72	0×48	110	1001000	H
9	0×09	011	0001001	HT	73	0×49	111	1001001	I
10	0×0A	012	0001010	LF	74	0×4A	112	1001010	J
11	0×0B	013	0001011	VT	75	0×4B	113	1001011	K
12	0×0C	014	0001100	FF	76	0×4C	114	1001100	L
13	0×0D	015	0001101	CR	77	0×4D	115	1001101	M
14	0×0E	016	0001110	SO	78	0×4E	116	1001110	N
15	0×0F	017	0001111	SI	79	0×4F	117	1001111	O
16	0×10	020	0010000	DLE	80	0×50	120	1010000	P
17	0×11	021	0010001	DC1	81	0×51	121	1010001	Q
18	0×12	022	0010010	SC2	82	0×52	122	1010010	R
19	0×13	023	0010011	SC3	83	0×53	123	1010011	S
20	0×14	024	0010100	SC4	84	0×54	124	1010100	T
21	0×15	025	0010101	NAK	85	0×55	125	1010101	U
22	0×16	026	0010110	SYN	86	0×56	126	1010110	V
23	0×17	027	0010111	ETB	87	0×57	127	1010111	W
24	0×18	030	0011000	CAN	88	0×58	130	1011000	X
25	0×19	031	0011001	EM	89	0×59	131	1011001	Y
26	0×1A	032	0011010	SUB	90	0×5A	132	1011010	Z
27	0×1B	033	0011011	ESC	91	0×5B	133	1011011	[
28	0×1C	034	0011100	FS	92	0×5C	134	1011100	₩
29	0×1D	035	0011101	GS	93	0×5D	135	1011101	]
30	0×1E	036	0011110	RS	94	0×5E	136	1011110	^
31	0×1F	037	0011111	US	95	0×5F	137	1011111	_
32	0×20	040	0100000	SP	96	0×60	140	1100000	`
33	0×21	041	0100001	!	97	0×61	141	1100001	a
34	0×22	042	0100010	"	98	0×62	142	1100010	b
35	0×23	043	0100011	#	99	0×63	143	1100011	c
36	0×24	044	0100100	$	100	0×64	144	1100100	d

10진수	16진수	8진수	2진수	ASCII	10진수	16진수	8진수	2진수	ASCII
	2					6			
38	0×26	046	0100110	&	102	0×66	146	1100110	f
39	0×27	047	0100111	'	103	0×67	147	1100111	g
40	0×28	050	0101000	(	104	0×68	150	1101000	h
41	0×29	051	0101001	)	105	0×69	151	1101001	i
42	0×2A	052	0101010	*	106	0×6A	152	1101010	j
43	0×2B	053	0101011	+	107	0×6B	153	1101011	k
44	0×2C	054	0101100	'	108	0×6C	154	1101100	l
45	0×2D	055	0101101	−	109	0×6D	155	1101101	m
46	0×2E	056	0101110	.	110	0×6E	156	1101110	n
47	0×2F	057	0101111	/	111	0×6F	157	1101111	o
48	0×30	060	0110000	0	112	0×70	160	1110000	p
49	0×31	061	0110001	1	113	0×71	161	1110001	q
50	0×32	062	0110010	2	114	0×72	162	1110010	r
51	0×33	063	0110011	3	115	0×73	163	1110011	s
52	0×34	064	0110100	4	116	0×74	164	1110100	t
53	0×35	065	0110101	5	117	0×75	165	1110101	u
54	0×36	066	0110110	6	118	0×76	166	1110110	v
55	0×37	067	0110111	7	119	0×77	167	1110111	w
56	0×38	070	0111000	8	120	0×78	170	1111000	x
57	0×39	071	0111001	9	121	0×79	171	1111001	y
58	0×3A	072	0111010	:	122	0×7A	172	1111010	z
59	0×3B	073	0111011	;	123	0×7B	173	1111011	{
60	0×3C	074	0111100	<	124	0×7C	174	1111100	|
61	0×3D	075	0111101	=	125	0×7D	175	1111101	}
62	0×3E	076	0111110	>	126	0×7E	176	1111110	~
63	0×3F	077	0111111	?	127	0×7F	177	1111111	DEL

실습문제 해답

실습 2-1

```
#include<stdio.h>

void main()
{
      int i,j;
      double f1, f2;

      printf("Input two integer :");
      scanf("%d%d", &i,&j);
      printf("%d + %d = %d ₩n", i, j, i+j);


      printf("Input two float :");
      scanf("%lf %lf", &f1,&f2);
      printf("%lf + %lf = %lf ₩n", f1, f2, f1+f2);
}
```

실습 3-1

```
#include<stdio.h>
void main()
{
  int a, b=10;

  /*b=b+1;
  a = b*2;  */
  a = ++b*2;
  printf(" a is %d ₩n b is %d₩n", a, b);
 }
```

실습 3-2

```
#include<stdio.h>
void main()
{
    int number,ch,q,k;

    number = 8; q = 10; k = 5; ch = 8;
    printf("(1) = %d ₩n", number>=1 && number<9);
    printf("(2) = %d", ch!=q || ch>k);
}
```

실습 4-1

```
#include<stdio.h>
void main()
{
    double f,g;

    printf("Input a real number:");
    scanf("%lf", &f);
    g = f>0 ? f : -f;

    printf("Absolute value of %lf is %lf",f, g);
}
```

실습 5-1

```
#include<stdio.h>
void main()
{
        int a;
        printf("정수를 입력하세요:");
```

```
        scanf("%d",&a);
        if(a<0)
                a=-a;
        printf(" 절대 값은 %d입니다.₩n",a);
}
```

실습 5-2

```
#include<stdio.h>
void main()
{
  int n1, n2, temp;

  printf("Enter two Integer:");
  scanf("%d%d",&n1,&n2);

  if ( n1>=n2 )
      printf("%d",n1);
  if ( n1 < n2)
      printf("%d",n2);
}
```

실습 5-3

```
#include<stdio.h>
void main()
{
  int n1, n2, temp;

  printf("Enter two Integer:");
  scanf("%d%d",&n1,&n2);

  if( n1<n2 ){
       temp = n1;
```

```
        n1 = n2;
        n2 = temp;
    }
    printf("n1 = %d, n2 = %d",n1,n2);
}
```

실습 5-4

```
#include<stdio.h>
void main()
{
    int n;

    printf("Enter an Integer:");
    scanf("%d",&n);

    if (n%2 )
        printf("Odd");
    else
        printf("Even");
}
```

실습 5-5

```
#include<stdio.h>
void main()
{
    int score;
    char grade;

    printf("Enter a score:");
    scanf("%d",&score);

    if (score<=100 && score>=90)
```

```
        grade = 'A';
    else if(score<90 && score>=80)
        grade = 'B';
    else if(score<80 && score>=0)
        grade = 'F';
    else
        grade = 'E';
    printf("Grade = %c",grade);
}
```

실습 5-6

```
#include<stdio.h>
void main()
{
    int sub_1, sub_2, sub_3, mean, total;

    printf("Enter score(3 subjects):");
    scanf("%d%d%d",&sub_1,&sub_2, &sub_3);

    total = sub_1 + sub_2 + sub_3;
    mean = total / 3;

    if (mean >= 60)
        if(sub_1>40 && sub_2>40 && sub_3>40)
                printf("Success");
        else
                printf("Subject Failure");
    else
        printf("Failure");
}
```

실습 5-7

```
#include<stdio.h>
void main()
{
        int n,m;
        char op;

        printf("연산자를 입력하세요(+,-,*,/):");
     op = getchar();
     printf("두 정수를 입력하세요 :");
        scanf("%d%d", &n, &m);

        switch(op){
                case '+':
                        printf("%d + %d = %d", n,m,n+m);
                        break;
                case '-':
                        printf("%d - %d = %d", n,m,n-m);
                        break;
                case '*':
                        printf("%d * %d = %d", n,m,n*m);
                        break;
                case '/':
                        printf("%d / %d = %d", n,m,n/m);
                        break;
                default:
                        printf("Unrecognized operator");
         }
}
```

실습 6-1

```
#include<stdio.h>
void main()
{
        int  c;

        while((c == -999)
        {
                if(c >= 'A' && c <= 'Z')      /* 대문자 일 때 소문자로 고침 */
                    c = 'a' + c - 'A';
                else if(c >= 'a' && c <= 'z')  /* 소문자 일 때 대문자로 고침 */
                    c = 'A' + c - 'a';
                putchar(c);
        }
}
```

실습 6-2

```
/* while 문을 이용한 경우 */
#include<stdio.h>

void main()
{
        int i, score, sum;

      i=0; sum = 0;
        while(i<5){
                scanf("%d", &score);
                sum = sum + score;
                ++i;
        }

        printf("sum = %d", sum);
```

```
}

/* do ~while문을 이용한 경우 */
#include<stdio.h>

void main()
{
        int i, score, sum;

     i=0; sum = 0;
        do{
                scanf("%d", &score);
                sum = sum + score;
                ++i;
        }while(i<5);

        printf("sum = %d", sum);
}
```

실습 6-3

```
#include<stdio.h>
void main()
{
        int n;

        while(1){
            scanf("%d",&n);
            if(n == -999)
                break;
            if(!(n%7) || !(n%9))
                printf("%d₩n",n);
        }
}
```

실습 6-4

```
#include<stdio.h>
void main()
{
        int i, n, sum=0;
      float mean;

        for(i=0; i<10;i++){
                scanf("%d",&n);
                sum += n;
        }
        mean = sum/i;
        printf("sum = %d, mean = %f ₩n", sum, mean);
}
```

실습 6-5

```
#include<stdio.h>
void main()
{
        int i;

        for(i = 3; i <=100; i=i+3)
                printf("%d, ",i);
}
```

실습 6-6

```
#include<stdio.h>

void main()
{
	int i,j;

	for(i=2;i<=9;i++){
		for(j=1;j<=9;j++)
			printf("%d * %d = %d,",i,j,i*j);
		printf("\n");

	}
}
```

실습 7-1

```
#include <stdio.h>
void main()
{
	big();
}

big()
{
	int m,n;

	scanf("%d%d",&m,&n);
	if(m > n)
		printf("%d \n", m);
	else
		printf("%d \n", n);
}
```

실습 7-2

```
#include <stdio.h>
void main()
{
        int big();
        int result;

        result = big();
        printf("Big = %d ₩n", result);
}

int big()
{
        int m,n;

        scanf("%d%d",&m,&n);
        if(m > n)
                return m;
        else
                return n;
}
```

실습 7-3

```
#include <stdio.h>
void main()
{
        float big(float, float);
    float f1, f2, result;

    scanf("%f%f", &f1, &f2);
```

```
        result = big(f1,f2);
     printf("Big = %f ₩n", result);
}

float big(float f1, float f2)
{
        if(f1 > f2)
                return f1;
        else
                return f2;
}
```

실습 7-4

```
#include <stdio.h>
void main()
{

     int sum(int);
     int n;

        scanf("%d", &n);
        printf("Sum(%d)= 1+2+..+%d = %d", n, n, sum(n));
}
int sum(int n)
{
        int i,m;

        for(i=0,m=0; i <= n; i++)
                m+=i;
        return m;
}
```

실습 8-1

```
#include<stdio.h>
void main()
{
        int i,m, n[20];

        /* 20개의 정수값 입력 */
        for(i = 0; i < 20; i++){
                printf("₩n n[%d] = ",i);
                scanf("%d",&n[i]);
        }

        /* 비교할 정수 입력 */
        printf("₩n m = ");
        scanf("%d", &m);

        /* 저장된 정수와 입력받은 정수 비교 */
        for(i=0; i<20; i++){
                if( m == n[i]){
                        printf("₩n m=%d, i=%d", m, i+1);
                        break;
                }
        }
        if(i==20)  printf("₩n Not Found");
}
```

실습 8-2

```
#include<stdio.h>
void main()
{
      int  i, j, max, l, m;
      int  n[5][5];

      /* 25개 정수의 입력 */
      for(i = 0; i < 5 ; i++){
          for(j = 0; j < 5; j++){
              printf("n[i][j]:");
              scanf("%d", &n[i][j]);
          }
      }

      /* 최대값 찾기 */
      max = n[0][0];
      for(i = 0; i < 5 ; i++){
          for(j = 0; j < 5; j++){
              if(n[i][j] > max){
                      max = n[i][j];
                      l - i;
                      m = j;
              }
          }
      }
      printf("Maximum value : n[%d][%d] = %d",l,m,max);
}
```

실습 8-3

```
#include<stdio.h>
void main()
{
        int  i, j, max, l, m;
        int  n[4][5];

        /* 20개 정수의 입력 */
        printf("Enter 20 Integer numbers:");
        for(i = 0; i < 4 ; i++){
            for(j = 0; j < 5; j++){
                scanf("%d", &n[i][j]);
            }
        }

        /* 출력 */
        for(i = 0; i < 4 ; i++){
            for(j = 0; j < 5; j++)
                printf("%d ₩t", n[i][j]);
            printf("₩n");
        }
}
```

실습 9-1

```
#include<stdio.h>
void main()
{
        int  x;
        int  *ptr;

        x = 10;
        ptr = &x;
        printf(" address of x = %u, ptr = %u ₩n", &x, ptr);
        printf(" x = %d, *ptr = %d ₩n", x, *ptr);
        *ptr = 30;
        printf(" x = %d, *ptr = %d ₩n", x, *ptr);
        *ptr = 100;
      printf(" *ptr = %d, ptr = %u ₩n",*ptr, &ptr);    /* &ptr: ptr의 저장주소
*/
}
```

실습 9-2

```
#include <stdio.h>

void main()
{
    double array[5] = { 0.0, 1.0, 2.0, 3.0, 4.0 };
    int index;

    for( index = 0 ; index < 5 ; index++ )
        printf("array[%d]의 값은 %lf, 주소는 %u ₩n",
                    index, array[index], &array[index]);
}
```

실습 9-3

```
#include<stdio.h>
void main()
{
	int *p, q;
	p = &q;
	q = 1;
	printf("%d %u ₩n", q, p);

	(*p)++;
	printf("%d %u", q, p);
}
```

실습 10-1

```
#include<stdio.h>
void main()
{
	int i=0;
	char s[80]="C-Language";

	while(s[i])
		printf("%c₩n", s[i++]);
}
```

실습 10-2

```
#include<stdio.h>
void main()
{
	char *s="ABCDEFGHIJ";

	while(*s){
		puts(s);
		s+ =2;
	}
}
```

실습 10-3

```
#include<stdio.h>
#include<string.h>
void main()
{
	char *pw = "password";
	char s[80];

	printf("Enter Password :");
	gets(s);

	if(strcmp(pw, s) == 0)
		puts("Ok");
	else
		puts("Invalid password");
}
```

실습 11-1

```
#include<stdio.h>
int i=100;
void func_1(void);
void func_2(void);
void main()
{
        printf("i = %d ₩n", i);
        i = 150;
        func_1();
        func_2();
}

int j=200;
void func_1(void)
{
        extern int k;

        printf("i = %d, j = %d ₩n", i, j);
        j = 250;
        printf("k = %d ₩n",k);
}
int k=300;
void func_2(void)
{
        int i = 500;
        printf("i = %d, j = %d, k = %d ₩n", i, j, k);
}
```

실습 11-2

```
#include<stdio.h>
void func(void);

void main()
{
	int i;

	for(i=0;i<5;i++)
		func();
}

void func(void)
{
	int i;
	static int num=2;
	for(i=0;i<num;i++)
		putchar('*');
	putchar('₩n');
	num += 2;
}
```

실습 12-1

```
#include<stdio.h>
struct  book{
	char *title;     /* 또는 char title[40];  */
	char *author;    /* 또는 char author[40];  */
	unsigned int  value;
};
```

```
void main()
{
        struct  book  c_lan = {"Introduction to C lan",
                                "Hong gil dong", 15000}; /* 변수의 초기화 */



        printf("Title = %s ₩nAuthor = %s ₩nvalue = %d ₩n", c_lan.title,
                c_lan.author, c_lan.value);  /* 출력  */
}
```

실습 12-2

```
#include<stdio.h>

struct member{
        int x;
        int y;
};

struct point{
struct member one;
struct member two;
};

void main()
{
        struct point where;
        where.one.x = 1;
        where.one.y = 2;
        where.two.x= 3;
        where.two.y =5;

        printf("첫번째 점의 좌표는 (%d,%d)₩n",  where.one.x,where.one.y);
        printf("두번째 점의 좌표는 (%d,%d)₩n",  where.two.x,where.two.y);
}
```

실습 13-1

```
#include<stdio.h>
#include<stdlib.h>

void main()
{
       char c, sour[40];
       FILE *fp;

       printf("Input Source File Name :");
       scanf("%s",sour);

       if((fp = fopen(sour, "r")) == NULL){
               printf("File open Error ₩n");
               exit(1);
       }

     while(( c=fgetc(fp)) != EOF)
               fputc(c,stdout);

}
```

실습 13-2

```
#include<stdio.h>
#include<stdlib.h>

typedef struct  book{
       char title[41];
       char author[41];
       unsigned int  value;
} BOOK;
```

```
#define RECLEN 86
#define FORMAT "%-40s%-40s%6d"
FILE *fp;
void datawrite(int, char *, char, int);
void dataread(int, BOOK *);
void main()
{
        int i;
        BOOK text;

        if((fp = fopen("test.dat", "wb")) == NULL){
                printf("File open Error ₩n");
                exit(1);
        }
      datawrite(0,"Introduction to C language","Hong gil dong", 15000);
        datawrite(1,"Fundamentals of Data Structure","Hong il dong", 20000);
        datawrite(2,"Computer Network", "Hong sam dong", 25000);
        fclose(fp);

        if((fp = fopen("test.dat", "rb")) == NULL){
                printf("File open Error ₩n");
                exit(1);
        }
        for(i=0;i<3;i++){
                dataread(i,&text);
                printf("Title  =  %40s  ₩nAuthor  =  %20s  ₩nvalue  =  %d
₩n",text.title,    text.author, text.value);
        }
}

void datawrite(int recno,char *title, char *author, int value)
{
        fseek(fp,RECLEN*recno,SEEK_SET);
        fprintf(fp,FORMAT,title, author, value);
}
```

```
void dataread(int recno,BOOK *text)
{
        fseek(fp,RECLEN*recno,SEEK_SET);
        fgets(text->title,41,fp);
        fgets(text->author,41,fp);
        fscanf(fp,"%d",&text->value);
}
```

찾 아 보 기

ㄱ

가인수 • 194
간접 연산자 • 236
관계 연산자 • 85
개행문자 • 33
구문 오류 • 19
구조체 • 307
구조체 배열 • 320
기억 클래스 • 280

ㄴ

나열연산자 • 47, 165
논리 오류 • 19
논리연산자 • 88

ㄷ

다중 조건문 • 125
다중 조건 분기문 • 132
다차원 배열 • 220
단항 증가 연산자 • 293
대입연산자 • 43, 44
대입문 • 75
데이터 타입 • 44
동적할당 • 371
디버깅 • 19

ㄹ

라이브러리 • 19, 181
레지스터 변수 • 295
로더 • 20
링커 • 18

ㅁ

매개변수 • 194
매크로 • 412
목적(object) 프로그램 • 18
문자열 상수 • 297
문자형 • 43

ㅂ

바이트 • 40
배열 • 207
변수 • 39
변수의 범위 • 283
변수의 선언 • 74, 280

변수의 유효범위 • 283
복합문 • 118
복합 대입연산자 • 97
부호 없는 정수형•44
비트 연산자 • 388, 391
비트 • 39, 109

ㅅ

산술연산자 • 78
상수 • 272
상수 포인터 • 242
선행처리기 • 29, 406
소수점 • 54
스택(stack) • 370
시프트 연산자 • 393
실수 • 43
실인수 • 194

ㅇ

알고리즘 • 15
언더플로우(underflow) • 68
연산자(operator) • 76
연산자의 우선순위 • 110
예약어 • 5
오버플로우(over-flow) • 68
오류처리 함수 • 354
외부 변수 • 283
외부 정적 변수 • 293
이식성 • 5
이스케이프 문자 • 51
이중 조건 if문 • 121
이진 모드 • 338
이진수 • 401
인자 • 412, 428
임의 접근 함수 • 358, 361

ㅈ

자동 변수 • 370
전역변수 • 282
전치 증가연산자 • 81, 83
정수 입력데이터 유형 • 50
정수형 • 43
정적 변수 • 291
정적 할당 • 369
제어문 • 114
제어변수 • 171
조건부 연산자 • 100
주석 • 31
주소연산자 • 55
중괄호 • 30
증가연산자 • 82
지수 표현 • 52
지역변수 •289
지역 정적변수 • 291

ㅊ

첨자 • 209
초기값 •158, 223

ㅋ

코딩 • 16
컴파일 • 13, 17

ㅍ

파일 입출력 함수 • 358
포인터 배열 • 242
포인터 변수 •214
포인터 연산 • 249
포인터 • 230
표준 입출력함수 •120
프로그래밍 • 5
프로세서 • 10

ㅎ

할당 • 42
함수 호출 •68
함수 • 74
함수의 원형선언 • 33
함수의 정의 • 184
헤더파일 • 29
변환 • 65
형식지정자 • 48
후치 증가연산자 • 83

A

abs( ) • 452
atan( ) • 452
auto • 46

B

bit • 65
byte • 39
break 문 • 133
buffer • 350

C

calloc( ) • 377
cast • 36
char • 36
coding • 16
compile • 13
const • 46
continue 문 • 135
cos( ) • 452
CPU • 10

D

define • 404
do-while 문 • 141

E

else if • 125
enum • 440
Escape Sequence 문자 • 51
exit • 119
exp( ) • 453
external static variable • 291
External variable • 282

F

fabs( ) • 453
fclose( ) • 339

feof( ) • 354
fgetc( ) • 340
fgets( ) • 344
float • 43
fopen( ) • 333
for • 115
fputc( ) • 340
fputs( ) • 344
fread( ) • 350
free( ) • 376
fscanf( ) • 344
fseek( ) • 358
fwrite( ) • 350

G

getch • 455
getchar • 455
global variable • 282

I

if문 • 114
int • 41
internal static variable • 291

L

local variable • 288
log( ) • 456
log10( ) • 456
logical error • 19
long • 44

M

main( ) • 2
malloc( ) • 373

N

NULL • 257

P

pow • 458
printf • 33
preprocessor • 29
putchar • 458

R

RAM • 10
Register • 295
return • 46

S

scanf • 49
sin( ) • 459
sizeof • 95
sqrt( ) • 459
static variable • 2991
stdio.h • 32
strcpy( ) • 270
structure • 310
SWAP 함수 • 415

switch 문 • 114

T

tan( ) • 461
typedef 문 • 435

U

ungetc • 461
unsigned int • 44

V

void • 183
volatile • 444

W

while 문 • 115

기 타

#define 문 • 405
#error 문 • 433
#if, #elif, #else, #endif, #ifdef,
#ifndef 문 • 424
#include 문 • 29
#line 문 • 430
#undef 문 • 422

원리가 보이는 **C프로그래밍** (개정증보판)

2011년 2월 25일 인쇄
2011년 2월 28일 발행
저 자 최 정 훈 · 김 석 우 공저
펴낸이 오 성 걸
펴낸곳 **오성미디어**
주 소 132-916 서울시 도봉구 창 3동 491-1
전 화 02)997-0136
F A X 02)997-0137
등 록 2000. 5. 12 제 7-212 호

ISBN 978-89-92583-97-8 값20,000원